语言文字翻译类　　专业性　　多语种

译苑新谭

《译苑新谭》2013年改为大16开，从2018年起，每年出两辑，上半年5月出版，下半年10月出版。已收入《中国翻译年鉴》，由连真然、孔令翠主编，四川省翻译协会主办，成都市思译翻译有限公司与四川师范大学外国语学院承办。辟有翻译理论、典籍翻译研究、中央文献翻译研究、翻译实证研究、科技译论、译技探讨、未来译论家论坛、译学园地等栏目。编辑部信箱：fyxh028@163.com；法律顾问：魏志刚、李玉红（四川联一律师事务所）；编辑部地址：成都市高新区高升桥东路1号长城金融大厦7楼（邮编：610041）。

《译苑新谭》已入选万方数据库、中国核心期刊（遴选）数据库、中国学术期刊网络出版总库。凡在《译苑新谭》上发表的论文，其全文可上网查询，网址是：(1) www.wanfangdata.com.cn（2）http://www.cnki.net

《译苑新谭》推荐优秀作者参加万方数据库学者联盟名单

第一批（2名）　任　文　廖七一

第二批（2名）　孙迎春　胡筱颖

第三批（2名）　邵　璐　罗　天

译苑新谭

学术性　专业性　引导性　实践性

译苑新谭

NEW PERSPECTIVES
IN TRANSLATION STUDIES

2019 · 第12辑

主　编　连真然　孔令翠
执行副主编　邵　璐
副主编　魏清光

四川大学出版社

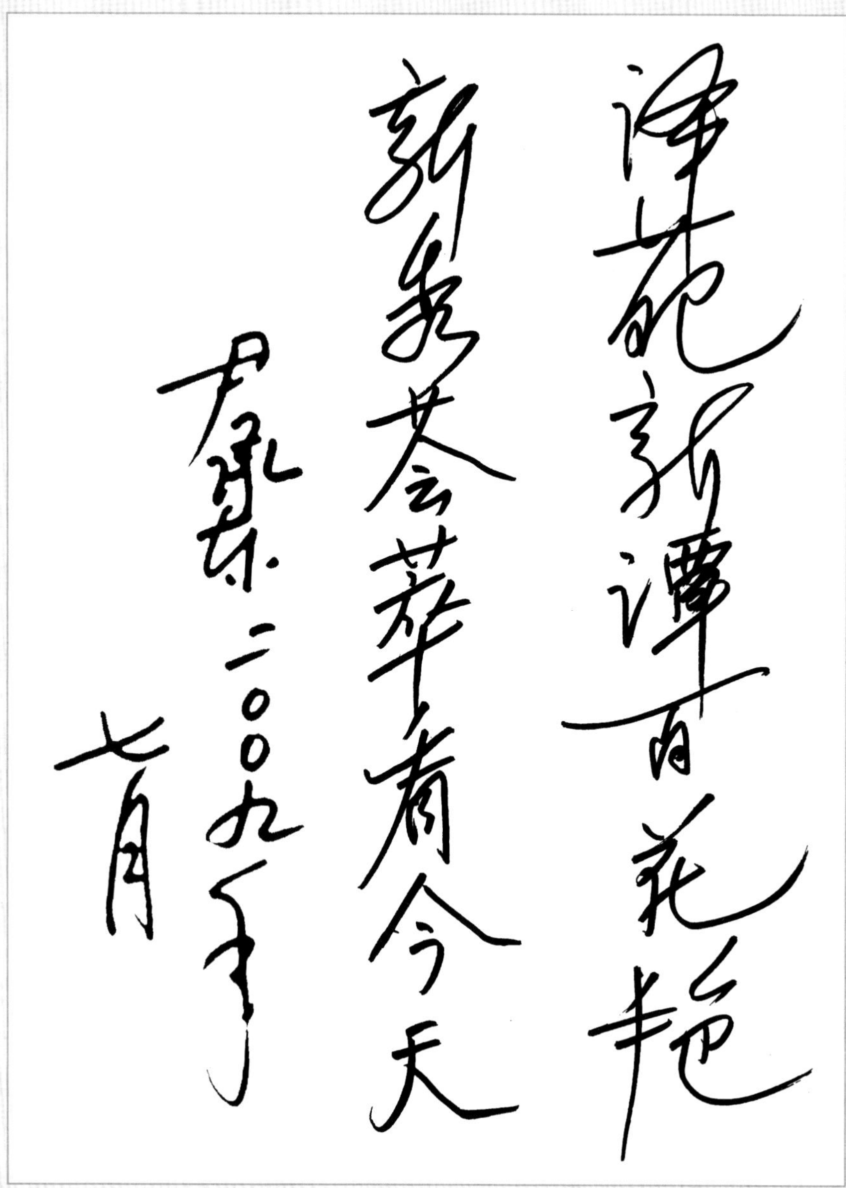

尹承东：
中共中央编译局原副局长
中国翻译协会原副会长

翻译研究的战略目的在提高全民族的跨文化对话能力，帮助中国有效整合全球资源，不断提高我国文化软实力，进而提高综合国力，为中华民族伟大历史复兴做出积极贡献！

我们共同努力！

谨以此祝贺《译苑新谭》正式出版！

傅勇林

2009年8月1日

傅勇林：
第十届、十一届、十二届全国人大代表
教授，博士生导师
享受国务院政府特殊津贴专家

由四川翻译协会主办、成都理工大学承办的“四川省翻译协会 2018 新时代翻译创新年会”于 2018 年 10 月 19 至 21 日在成都理工大学举行。大会以习近平新时代中国特色社会主义思想为指导，以推动翻译与语言服务行业创新、服务改革开放为主旨，致力于搭建国内外语言服务合作与交流的平台，提升翻译与语言服务业核心竞争力，推动翻译及语言服务行业更好地服务国家改革开放事业和对外话语体系建设，服务中外交流大局。来自省内外的 200 余名代表参加了本次年会。国际和平发展研究中心理事长张骏先生和四川大学博士生导师、成都翻译协会会长曹明伦教授在年会上分别致辞。四川省翻译协会张梦太会长做了译协年度工作报告。年会还进行了“第七届天府翻译奖”颁奖活动。在年会上，中共中央编译局原副局长、资深翻译审稿专家尹承东教授，香港岭南大学翻译系系主任、博士生导师陈德鸿教授，扬州大学博士生导师周领顺教授，香港城市大学博士生导师李波教授，暨南大学翻译学院院长、博士生导师赵友斌教授等知名专家做了专题讲座。

“第四届中西部外语翻译大赛”西南赛区决赛于 2018 年 12 月 9 日在西南民族大学主赛场和七个分赛场同步举行，西南赛区组委会设在四川省翻译协会。受中西部翻译共同体常务副主席、四川省翻译协会张梦太会长委托，四川省翻译协会副会长、西南交通大学外国语学院原常务副院长、成都文理学院外国语学院院长王维民教授在主赛场口译赛前动员会上致辞，中西部翻译协会共同体秘书长、四川省翻译协会郭加里书记担任主赛场总监，中西部翻译共同体副秘书长、四川省翻译协会秘书长江丽蓉教授任执行总监。本次大赛西南赛区初赛参赛人数突破 6000 人次，为历年最多。经过各赛区筛选，共有 225 名选手晋级英语口译决赛，1465 人晋级英语笔译决赛，另有 300 多人参加小语种翻译比赛。

首届“全国核行业科技英语演讲大赛联调会暨启动会”于2018年10月31日下午在四川语言桥信息技术有限公司九楼会议室召开。四川省科学技术协会副主席、一级巡视员黄竞跃，四川省科学技术协会学会部一级调研员孙丰忠，四川省翻译协会会长张梦太出席会议并对大赛的筹备工作发表指导讲话。首届“全国核行业科技英语演讲大赛”是为贯彻落实中国科学技术协会、国家能源局、国家原子能机构、国家核安全局举办的“科普中国——绿色核能主题科普活动”的理念，由中国核学会、四川省科学技术协会、四川省翻译协会共同主办，其目的是宣传、普及核能知识，发现和储备精通科技英语的优秀青年科技人才，为中国核电走向“一带一路”国际合作贡献力量。

《译苑新谭》供稿作者贾洪伟博士于2019年1月在泰国参加西那瓦大学（Shinawatra University）2018级博士生开学典礼，并为博士生讲授专业基础课“经典与批判分析”。贾洪伟博士为泰国西那瓦大学特聘博士生导师。西那瓦大学于1996年建校，是一所以商业和科技为主导的全英文授课的国际型大学，面向全球招生，培养本科生、硕士研究生和博士生。西那瓦大学积极响应我国的“一带一路”倡议，重视中泰友好合作。

2019 年 5 月 4 日，四川省翻译协会在《译苑新谭》编辑部举行“纪念五四运动一百周年”活动。四川省翻译协会副会长、《译苑新谭》主编连真然，四川省翻译协会党支部书记郭加里，四川省翻译协会秘书长江丽蓉，四川省翻译协会副秘书长刘春洋，四川省翻译协会常务理事童代丽，第三届天府翻译精英刘荣跃，《译苑新谭》编辑部主任黄昌佑以及四川省翻译协会青年志愿者和《译苑新谭》编辑部年轻译员共 80 余人参加了此次活动。

2019 年 9 月 27 日，由四川省翻译协会和四川省图书馆学会共同主办的“礼赞中国——隆重庆祝中华人民共和国成立 70 周年”演讲活动在四川省图书馆学术报告厅举行。四川省科协社会组织联合党委书记周之常、四川省翻译协会执行副会长李志民、四川省翻译协会党支部书记郭加里、四川省翻译协会秘书长江丽蓉、四川省翻译协会副秘书长刘春洋、四川省图书馆副馆长付玉贞、中国核动力研究设计院原党委副书记袁小刚、四川省科协党建指导员任雯、四川省翻译协会常务理事童代丽及《译苑新谭》编辑部主任黄昌佑等出席活动。来自西南石油大学、四川师范大学、成都理工大学等高校和四川省图书馆的 13 名青年演讲者用汉语、英语、俄语等语言表达了同一个心声：“我爱你，中国!”核动力专家袁小刚回顾了新中国成立以来我国科学家艰苦创业、发展核潜艇的故事，听众纷纷为这些英雄点赞。

译苑新谭 12
New Perspectives in Translation Studies

目录
CONTENTS

翻译理论

译介研究

未来译论家论坛

翻译技巧

CONTENTS

Translation Theory

Translation and Communication

Translation Forum for Prospective Scholars

Translation Techniques

本辑导引

本辑分“翻译理论”“译介研究”“未来译论家论坛”“翻译技巧”四个栏目。“翻译理论”栏目收录论文13篇，其中《新时代中国特色翻译学面临的任务与路径》一文从我国所处的新时代新背景出发，指出应从服务于国家战略的角度构建中国译学体系，通过弘扬传统译论、进行系统的翻译规划、创建协同创新机制来提升国家话语权。在《外来译家吴雪莉及其〈苦菜花〉译本》一文中，通过对外来译家吴雪莉“作者-读者-译者‘一人三体’”的译者生平及其译作《苦菜花》的评析，作者认为，《苦菜花》吴雪莉译本既达到了文化传真、符合国家主流意识形态的高度，又符合西方文学作品规范，吴雪莉的翻译策略对中国文学的外译具有很大的参考价值。《翻译符号学概念的确定性与符指过程之本质》一文从术语研究的现状出发，梳理了20世纪七八十年代以来翻译符号学概念的发展脉络，阐述了翻译符号学的概念关系，并以1994年以来翻译符指过程的相关阐述为基础，批判性地分析了翻译与符指过程相关的论点。《冰心翻译和创作语言特征对比：以明喻结构为例》一文，通过作者自建的冰心翻译与创作类比语料库，以“像……（似的、一样）”明喻结构为例，对冰心翻译和创作中的这种语言特征及其功能进行考察，发现与冰心创作相比，冰心翻译的明喻结构呈现出“变异”特征：使用频次增加、结构容量扩增、结构类型形式复杂化、相似点明示化。这种结构上的“变异”不是译者消极模仿原文结构的结果，而是与冰心的多元翻译风格有关。《经典译入小说女性形象构建与高校女性教师自我认同研究》一文通过问卷调查法、个案访谈法等，对经典汉译小说所塑造的女性形象对高校女性教师的影响、自我认知及其对汉译小说阅读现状进行了调查，发现经典汉译小说所塑造的女性形象对高校女性教师的个人价值观和人生观，尤其是个人成长、家庭生活和工作事业等方面有着较大影响；经典汉译小说女性形象对高校女性教师自我认同具有标杆作用、引领作用、对比作用和复制作用；绝大多数高校女性教师自我认同心理在（包括择偶标准、交友标准在内的诸多方面）一定程度上受到了其所阅读过的汉译小说中女性形象的影响。

“译介研究”栏目收录有4篇论文，其中《〈三国演义〉英译本在美国的接受情况研究（上）》一文以《三国演义》中“草船借箭”的三个英译本为案例，以普通美国读者为调查对象，采取定量分析的方法，考察了目的语读者对三个英译本的接受情况，发现《三国演义》三个英译本中杨宪益译本的可读性、语言流畅性以及可理解性最高，邓罗译本次之。在此基础上，该文从译介任务的发起人、译者、出版机构、读者群以及翻译策略等方面提出了助推中国文学文化“走出去”的对策、建议。

本辑“未来译论家论坛”栏目收录有西南民族大学外国语学院研究生李泽芳撰写的论文《诗歌中的概念隐喻翻译探析——以〈乡愁〉四个英译本为例》，该文从概念隐喻的视角对《乡愁》四个英译本思乡意象的翻译传达进行了评析，认为青年学者许景城的译本在传达意象隐喻含义的同时，更好地体现出了诗人对故乡的强烈感情。

本辑“翻译技巧”栏目继续由暨南大学翻译学院林巍教授主持。我们认为，林教授的翻译评析对提高翻译爱好者翻译能力大有助益。

翻译理论

Translation Theory

新时代中国特色翻译学的任务与路径[①]

◎胡　波　董晓波（南京师范大学外国语学院　南京　210097）

【摘　要】 本文从新时代的历史方位出发，指出发展中国特色翻译学所肩负的任务，即服务国家战略，参与全球治理，构建译学体系化格局，提升国家话语权，并给出了实现目标的路径，包括弘扬传统翻译理论，构建中国学术话语；对接国家战略，做好翻译规划；立足中国翻译实践，创建协同创新机制。

【关键词】 新时代，中国特色，翻译学，任务，路径

Abstract Starting from the historical location of the new era, this article points out the tasks for developing translation studies with Chinese characteristics, including serving national strategy, participating global governance, and constructing systematic translation theory to uplift our country's international power of discourse. To achieve these objectives, it also gives some approaches, such as advancing Chinese traditional translation theories and studies to construct Chinese academic discourse, making sound translation planning to live up to the national strategy, and building coordinated innovation mechanism based on the Chinese translation practice.

Key words new era, Chinese characteristics, translation studies, tasks, approaches

引言

翻译学科建设始于1987年全国翻译理论研讨会的召开。在过去30多年的实践与探索过程中，翻译学科建设虽然面临着诸多的争议与矛盾，但是，总体依然呈现出蓬勃发展之势。翻译学界整体呈现出学科自觉、理论自觉、体系自觉的状态，翻译学术研究队伍不断壮大，学术研究空间不断拓展，翻译人才培养取得了良好的成绩，翻译学科的社会认可度逐步提升，中国翻译学者的国际影响力逐步增强（蓝红军，2018：7）。全球化的进程不仅为翻译提供了广阔的发展前景，也为其赋予了更加宏大的使命。翻译是推动人类文化进步的重要力量，党的十八大、十八届三中全会提出“中华文化走出去”的号召，党的十九大提出“一带一路”“构建人类命运共同体”的倡议，新时代的历史方位也对翻译学研究提出了更高的要求，即翻译研究不仅要关注翻译学科内部发展所遇到的本体问题，也要迎接外部发展的机遇和挑战，主动肩负起服务国家战略的重任。

1. 新时代发展中国特色翻译学肩负的任务

1.1 服务国家战略，参与全球治理

翻译的价值是多方面的，其文化价值在过去

① 基金项目：江苏省高校哲学社会科学重点项目“面向‘一带一路’的我国翻译政策研究”（项目批准号：2017ZDIXM110）的阶段性成果。

被提及的更多一些，翻译的文化观甚至占据了统领的位置，“正是借助翻译，人类社会才从相互阻隔走向了相互交往，从封闭走向了开放，从狭隘走向了开阔”（许钧，曹丹红，2014：1）。除此之外，翻译也具有社会价值、历史价值等，学术的成长与变革历程总是深深地印刻着时代的痕迹。习近平总书记在哲学社会科学工作座谈会上指出：“只有聆听时代的声音，回应时代的呼唤，认真研究解决重大而紧迫的问题，才能真正把握住历史脉络、找到发展规律，推动理论创新。”新时代的翻译研究与实践不只是为实现不同文化之间的沟通和交流架起一座“桥梁”，也不仅是在为社会发展、经济建设、保护文化多样性服务，“中国广大的翻译人员不再简单地为了促进中外交流，为中国的社会发展和经济建设服务，他们正在通过自己的工作直接和间接地参与全球治理”（黄友义，2016：2）。

中国已经成为世界第二大经济体，在国际社会承担起越来越重要的责任，扮演着越来越重要的角色，然而，中国的国际话语权却与经济发展状况很不相符。党的十九大报告中提出，推进国际传播能力建设，讲好中国故事，展现真实、立体、全面的中国，提高国家文化软实力。讲好中国故事，传播好中国声音，就是一个话语主动建构的过程。通过表明中国立场和阐释中国经验，贡献中国智慧和中国方案，推动全球治理体系深刻调整，朝着“人类命运共同体”的方向发展。改革开放40年，中国翻译业界已经由输入型翻译进入输出型翻译的阶段，借助外语表达中国元素的需求增加，要打破不同文化的藩篱，消除不同语言带来的误解，就必须实现话语在不同文化环境之间的自由转换，翻译的重要性不言而喻。

中国参与全球治理尚处于初级阶段，还面临着诸多方面的限制与瓶颈，而人才问题则是关键性问题，参与全球治理需要一大批熟悉党和国家方针政策、了解我国国情、具有全球视野、熟练运用外语、通晓国际规则、精通国际谈判的专业人才。毋庸置疑，国家全方位“走出去”的战略对翻译人才培养提出了更高的要求，翻译学科建设要从增强国家文化软实力和提升国际传播能力、国际影响力的战略高度出发，把复合型、专业型翻译人才的培养和翻译能力的提高作为一项长期、系统、战略性的工作，从学科设置、资源配置、翻译事业与翻译产业规划与管理、翻译水平评价体系等诸多方面进行统筹规划，科学布局。翻译学研究也要具有超越学科的开放性、具备国际性的宽阔视野，以国家战略为创新的强劲动力，主动承担起新时代发展赋予的社会责任和历史使命。

1.2 构建译学体系化格局，提升国际话语权

“进行学科体系的理论建构是为了明确学科在整个人类知识图谱中的位置，论证学科必要性和可行性，规划学科建设蓝图，它反映的是学术共同体的学科意识，解决的是学科属性和学科结构问题。”（蓝红军，2018：8）任何一门学科的形成和确立都要经过学术界的认可，而稳固其学科地位、争取充分的话语权，既需要有核心的理论体系和实践成果，也需要有保证其持续发展的外部条件。经过几十年的建设与发展，翻译学科建立了行业协会团体，拥有专业的学术期刊，在高等教育体系内部有专门的系科、研究所、教授、研究生等，虽然外部条件一派繁荣，但是，羽翼未丰的翻译学科内部仍然面临着诸多的问题。

第一，译学理论仍以西方翻译理论为主导，理论自主性、主体性欠缺。过去的30年，西方翻译理论包括语言学派、阐释学派、功能学派、文化学派、解构学派、女性主义、后殖民翻译理论等纷至沓来，国内翻译界急于追赶国际翻译学界的步伐，这场大规模的“理论补课”（何刚强，2015：1）大大缩小了国内学术研究与国外的差距，启发了国内学者进行译学研究的思维，丰富了国内理论研究的内容架构，使得国内学者赢得了与国外同行对话与交流的机会，提升了学术话语权。但是，学术话语权的形成都是立足于特定的语言形态、文化场域、思维结构与本土实践基础之上的，一些国外理论在译介的过程中也出现了水土不服、与本土难以实现无缝融合，甚至停滞不前的现象。而学界对我国传统译论的研究缺乏系统性和传承性，中国特色翻译理论的创新与发展还处于初始阶段，要想取得长足的发展并扩大影响力，就必须努力提升中国特色翻译理论的国际话语权。

第二，翻译学研究正出现学科泛化的倾向，翻译学科的本体地位岌岌可危。早在 2003 年，许钧教授就曾说过：“翻译研究的领域看似不断扩大，但在翻译从边缘走向中心的路途中，却潜伏着一步步失去自己的位置的危险。”（许钧，2003：56）“泛译学学科化”的倾向虽然不断拓宽翻译研究的疆界，使得翻译学与社会学、心理学、哲学、传播学、政治学、经济学、管理学等学科之间相互渗透，却造成了翻译研究中“学”与“术”的彻底分野——“学”强势扩张，“术”相对萎缩（何刚强，2015：2），翻译学科的独立性、边缘化不断困扰着翻译学界，翻译学科“自成体系”的夙愿正经受着其他学科的挤压和翻译学界内部的喧嚣之阵痛，“翻译研究正逐渐从翻译学科泛化到文化学科和社会学科，乃至无学科”（叶友珍、赵正道，2017：83）。诚然，现代学科知识的进步导致学科交叉，任何一门学科都不能脱离其他学科知识而自给自足，学科的开放性为学科的发展拓宽了边界。但是，“翻译研究之所以得以创设，显然是因为翻译研究有其特殊性，而其他任何学科都难以全面有效地解决其中的问题，不能满足翻译研究的理论和实践之需要”（傅敬民，2016：102）。

2. 新时代发展中国特色翻译学的实现路径

2.1 弘扬传统翻译理论，构建中国学术话语体系

话语是一种权力结构，翻译理论研究是一种话语构建，唯有自成逻辑体系的话语建设才能体现出学科的内在张力和外部影响力。“翻译学研究要达至本质性的突破，就必须在多元体系的参照下有所偏重——偏重它的本质性的东西，以便建构出翻译学的理想化模型。”（赵彦春，2005：12）中国翻译学研究要赢得国际话语权，就需要原创性、创新性的话语构建，既符合国际主流话语，又具有本土话语的特色，“理论补课”、学习西方的翻译理论是中国翻译学迈向现代化进程的必经阶段。然而，“单纯译介西方的理论，我们只能跟在人家后面爬行”（高伟，2015：6）。赢得话语主动权，摆脱外来学术理论的“荫庇”，就需要我们弘扬传统译论，让传统文化中优秀的部分焕发出时代的风采。“一种翻译理论的产生并非是无源之水或无本之木，它必然与一定的翻译观（念）相联系，而一种翻译观（念）又至少与一个国家或民族的文字文化传统、世界观和艺术观（翻译属艺术）有紧密的关联。”（何刚强，2015：3）一方面，中国传统的翻译理论并不具备系统性，而是散见于典籍文论、诗论、艺术论之中，中国传统哲学、认知等方面的书籍可谓汗牛充栋，但很多都尘封于历史之中，还有待发掘、发现，对那些与翻译理论、翻译哲学相关的东西进行系统性整理和创新性阐释；另一方面，中国偏重于综合性的思维逻辑，使得前人在阐述其哲学理论时具有高度的概括性、简洁性，“信达雅”“神似化境论”“三美论”等都有其哲学、美学基础，是中国传统翻译译论中的核心要义，但其缺憾在于“不善于提炼，缺乏清晰的概念体系”（杨晓荣，2004：39），更需要后来者对其思想进行细细开凿、具体阐释，不断丰富其内涵与外延。“传统译论与现代译论是继承发扬和扬弃整合的关系。任何研究都应该是在历史的基础上发展起来的。”（傅敬民，2016：103）对国外翻译理论体系的考察，离不开一批批学者继往开来的努力。弘扬传统译论，既需要翻译学者个人发挥主动性、努力付出，又需要更多致力于传统文化、翻译研究的学者的共同努力。

中国传统译学与国外翻译研究属于不同的话语系统，新时代背景下，构建中国学术话语体系，并不是要彻底摒弃西方翻译理论，另起炉灶，而是要以学习借鉴为本，充分吸收有利的多元化成果，立足于中国传统译论基础之上，进行创新性、创造性的体系构建。中国翻译学研究要树立文化自信、理论自信、话语自信，进一步廓清翻译学科的边缘与界限，回归翻译学的本体认知与研究，兼容并包，充分借鉴国外翻译理论的优秀成果，熟悉国际主流的翻译话语，批判性地继承中国文化传统、哲学传统，进一步丰富和完善前人的研究成果，理顺现有译学研究与话语建设的逻辑关系，实现“秉承中国译学传统、借鉴西方研究成果、总结中国翻译实践”三个维度的多元融合，从而产生出原创

性、本土化、体系化的研究成果，建立自己的现代性知识话语体系，搭建起与国外学者平等对话交流的平台，真正走出“学术失语”的困境。

2.2 面向国家战略，做好翻译规划

翻译活动及其学术研究与其所处的历史时代、政治背景相互关联，受到诸多外在因素的影响。“翻译是一种文化传播，在任何翻译活动中都会存在规划。”（董晓波、胡波，2018：86）合理、完善的规划可以给翻译活动带来更多指引，使之更具有目的性，可以将繁杂、无序的翻译活动规整化、秩序化、标准化。“一带一路”倡议、推动中国文化“走出去”、加强国际传播、构建人类命运共同体等国家重大战略，都需要制定科学、合理的翻译政策，并通过有效执行来发挥翻译在国家战略中扮演的重要作用。“翻译规划是翻译政策的延伸与体现，是翻译立法的具体执行，翻译规划的理论可以为翻译政策、翻译法规的制定提供理论依据。”（董晓波、胡波，2018：88）

翻译规划既是一种语言行为，也是一种文化行为，不仅要立足于翻译选材、关键语言选择、译者选择等具体、微观内容，也要充分考虑到目标国家的风俗民情、宗教信仰、社会习惯等宏观因素。国家重大战略的实现，往往不能仅靠某个学者、某个学科的力量，而是需要多个学科、多元主体，从不同的角度与起点出发，从而汇聚成强大的合力。翻译规划具有复杂性、跨学科性的特征，这就决定其主体要由国家、行业、学术与媒体四个层面共同构成。新时代发展中国特色翻译学所肩负的任务决定翻译规划的内容包括话语规划、地位规划、教育规划和传播规划四个方面。在国际舆论场，议题设置能力是国家学术创新能力的体现，是国家软实力的重要组成部分，谁可以结合全球发展的现实，创新话语内容，使之符合人类的普遍需求，谁就掌握了话语的主动权。话语规划是翻译参与全球治理、提升国际话语权必不可少的内容。地位规划是提升翻译重视程度的必由之路，只有提升翻译的地位，才能吸引更多优秀的翻译人才主动参与这项宏伟事业。教育规划的核心是翻译人才的培养，涉及翻译学科与专业的建设，是为从事翻译活动、译学研究形成体系化理论蓄积后备力量的举措。翻译活动自身就具有文化传播性，是翻译主体主动从事的文化传播活动，在新兴媒体不断涌现、多元化媒介传播的今天，我们必须做好传播规划，将中国文化有步骤、有策略地对外传播。

2.3 立足中国翻译实践，创建协同创新合作机制

“译学体系化建设不能只关注翻译宏观理论的构建，而应该以翻译实践和教学为本体，切实加强中观和微观层面的研究，构建整体性的宏、中、微三环良性互动的译学体系。”（傅敬民、袁丽梅，2017：80）翻译理论源自翻译实践，中国翻译实践是中国特色翻译学研究的“源头活水”。中国特色的翻译学研究要走出自己的道路，必须扎根于中国大地，解决中国翻译实践中的现实需要问题。如果主观上忽略解释和解决实践中出现的新现象和新问题，那么，所谓的“体系化”构建将失去应有的学术内涵价值，只剩下空头的概念与理论躯壳。

翻译实践活动随着社会需求的变化而变化，新时代的翻译实践中旧有的矛盾并未消解，而新涌现的问题也层出不穷。随着“一带一路”倡议的深入推进，翻译实践正从传统的文学翻译向新兴的应用型翻译大规模拓展、延伸，文学翻译与非文学翻译之间的区隔依旧存在；工作量巨大、主题广泛、语种繁多、时间紧迫是全球化时代翻译的常态；大数据、人工智能、云计算等技术的发展、翻译业态的变化、工作方式与情境的变革，越来越快速地改变着中国翻译行业的现状；职业化、产业化、信息化带来的翻译实践大变化正在考验着翻译理论的根基与价值……当然，各个领域的翻译实践都是翻译自成体系建设之“源”。中国实践中所遭遇的新问题、新情况，不仅为翻译体系化的构建带来了挑战，也为翻译的学术研究带来更多创新的机遇，中国的翻译学研究更应该胸怀理想，面向问题，脚踏实地。

翻译学科内部，理论与实践“两张皮”的现象由来已久，要打通两者之间的“任督二脉”，就需要融通学术“象牙塔”与政府实务部门、翻译机构、企业之间的界限，探索学术机构体制机制的新思路，构建学科、政府、企业、市场要素互动的

新模式，建立起协同创新的合作机制。一方面，要对接国家战略，翻译学研究就应该重视国际化协同，跨行业合作，提高人才培育的国际化水平，提升学术成果的运用水平与实际成效；另一方面，要服务地方战略，翻译学研究就应该加强校企协同机制建设，搭建校企联合创新平台，共建研究中心、创新基地、社会实践基地等，实现学术研究成果的本土化，开展区域经济合作与发展的国际性论坛，加强国际合作与交流，促进优质合作项目在区域、本地落地生根，实现校企双方互惠互利，共同发展。新时代的翻译学研究要立足中国实践，通过机制体制的变革与创新，全方位、综合化开展学术研究、人才培养、国际交流、社会服务等活动，推进翻译学理论体系与人才培养创新模式的逐步形成。

3. 结语

发展中国特色翻译学，唱响翻译学研究的“中国声音”，是中国特色社会主义进入新时代所发出的时代呼唤和提出的历史要求，是中华文化和当代中国翻译学科获得现代性发展的内在要求，也是克服几十年来束缚中国翻译学术思想发展的“译学挪用”思维惯性、破茧成蝶实现创新性发展的现实途径。翻译学研究在新时代正承担着前所未有的历史任务，翻译学界必须要站得更高，看得更远，高点起步，高位谋划，以创新驱动发展。新时代的发展进程也为中国特色翻译学研究提供了良好的机遇和条件，翻译学者需要和全国广大哲学社会科学工作者一起，勇于担当，潜心研究，以“立足中国、借鉴国外，挖掘历史、把握当代，关怀人类、面向未来”的思路，谋求自身的理论发展，在服务国家战略需求、形成学术体系化以及追求学术自身价值之间保持良性的平衡。

【参考文献】

[1] 许钧，曹丹红. 翻译的使命与翻译学科建设——许钧教授访谈 [J]. 南京社会科学，2014 (2)：1-7.
[2] 董晓波，胡波. 面向“一带一路”的我国翻译规划研究：内容与框架 [J]. 外语学刊，2018 (3)：86-91.
[3] 傅敬民. 翻译研究：学科意识及学科体系化 [J]. 上海大学学报 (社会科学版)，2016 (5)：95-106.
[4] 傅敬民，袁丽梅. 新时期我国译学体系化的思考 [J]. 外语学刊，2017 (3)：80-84.
[5] 高伟. 翻译研究发展趋势·中国学术话语·MTI 翻译理论教学——廖七一教授访谈录 [J]. 山东外语教学，2015 (1)：3-7.
[6] 何刚强. 自家有富矿，无须效贫儿——中国的翻译理论应当独树一帜之理据 [J]. 上海翻译，2015 (4)：1-8.
[7] 黄友义. 迎接通过翻译参与全球化管理的新时代 [J]. 译苑新谭，2016：2-6.
[8] 蓝红军. 从学科自觉到理论建构：中国译学理论研究 (1987-2017) [J]. 中国翻译，2018 (1)：7-16.
[9] 许钧. 论翻译 [M]. 武汉：湖北人民出版社，2003.
[10] 杨晓荣. 略谈我国翻译研究中为什么没有流派 [J]. 外语与外语教学，2004 (2)：39-42.
[11] 叶友珍，赵正道. 翻译学研究的本体论思考 [J]. 外语研究，2017 (5)：83-86.
[12] 赵彦春. 翻译学归结论 [M]. 上海：上海外语教育出版社，2005.

【作者简介】

胡波，南京师范大学外国语学院博士生。主要研究方向：法律语言与翻译。电子邮箱：huboguanhu@126.com。

董晓波，南京师范大学外国语学院教授、博士生导师。主要研究方向：法律语言与翻译、语言政策与语言规划。电子邮箱：dongxiaobo@163.com。

外来译家吴雪莉及其《苦菜花》译本①

◎任东升　连玉乐（中国海洋大学外国语学院　青岛　266100）

【摘　要】　外来译家吴雪莉翻译了新中国“十七年”时期历史长篇小说《苦菜花》，吴雪莉译本 *Bitter Herb* 是该小说迄今为止的唯一英译本，于1966年出版。本文拟综述吴雪莉的生平、教育成就、社会活动，考察吴雪莉的翻译实践，运用定量统计与定性分析相结合的方法，对比《苦菜花》原文与译文的差别，进而从传译、萃取性删减和萃取性编译三个方面评析《苦菜花》英译本。

【关键词】　吴雪莉，《苦菜花》英译本，传译，萃取性删减，萃取性编译

Abstract　*Bitter Herb*, one of China's revolutionary history novels, was translated by Shirley Wood and published in 1966. The paper first reviews Shirley Wood's life, education achievements, social activities and translation practice. And then this paper applies the method of quantitative statistics and qualitative analysis to compare the original text and the English version of the novel, and analyzes the English version from interpretation, extracted deletion and extracted compiling.

Key words　Shirley Wood, English version of *Bitter Herb*, interpretation, extracted deletion, extracted compiling

引言

《苦菜花》是由作家冯德英创作并于1958年出版的一部30多万字的长篇小说，讲述了仁义嫂一家奋勇抗击国民党和日本侵略者的故事。在1959年新中国成立十周年之际，国家决定编写一套文集，这部革命历史题材小说虽然仅发行一年，但也被纳入其中，为了宣传中国革命精神，外文局邀请吴雪莉（Shirley Wood）翻译此小说，1966年吴雪莉译本 *Bitter Herb* 由外文出版社出版。除文学作品外，吴雪莉还翻译了传记、政治文献等，为外译中国文学做出了杰出贡献，但她并未像沙博理（Sidney Shapiro）一样受到翻译研究者的广泛关注，关于吴雪莉的文章多是访谈、纪实性文献（高毅哲，2017；刘德铭，2009：47－48），翻译学界对其学术研究关注不足。

1. 吴雪莉的教育成就及社会活动

吴雪莉（Shirley Wood），华籍美裔人。13岁时，吴雪莉阅读了作家斯诺的《西行漫记》（*Red Star over China*），随后还阅读了伊丽莎白·李维斯（Elizabeth Foreman Lewis，1958）的《长江上的小珂富》（*Young Fu of the Upper Yangtze*），

① 基金项目：本文为国家社科基金项目“国家翻译实践史书写研究”（18BYY019）的阶段性研究成果。

早期阅读的书籍，使她对中国革命、中国人民和中华民族渐渐产生了亲切感。1945年，吴雪莉与国民政府农业部特派的留学生黄元波先生结为夫妇。

1946年，吴雪莉与黄元波先生一起来到中国上海定居。随后夫妇二人辗转到达位于西安的西北农学院，吴雪莉被聘为外语系副教授。

1953年，吴雪莉进入河南大学外语系任教，成为河南大学首位外教，教授英国文学等课程，主要研究方向为英美文学。

1975年，经周总理批示，吴雪莉加入中国国籍，1979年起，连续担任河南省政协第4至8届常委。

吴雪莉中英文功底深厚，先后出版专著《英美文学批评史话》《美国的农业及其农业教育（英汉对照）》等；发表学术论文十余篇，主要有《中国学生与阅读技巧》《提高研究生教学质量，培养高层英语人才》等。吴雪莉因对教育事业的努力与付出而荣获“河南省优秀教育工作者”“十大功勋外教”等称号。

吴雪莉积极参与社会活动，宣传中国的时代变迁及文化。她于1958年出版第一本小说《中国的一条街》(*A Street in China*)，这本书被其出版商描述为“由一位在中国过着家庭主妇和母亲的生活的美国人所描述的一幅共产主义中国的日常生活画面”(刘祥瑞，2011)。她于1989年在美国14所大学讲学，介绍古老中国的文化及改革开放以来中国的变化，被誉为“中西方文化交流的使者”，但其作为国家翻译实践中外来译家的身份一直被忽略，以“吴雪莉”为关键词在中国知网检索发现，学术性质的文章为零篇，对其外来译家的身份更是从未提及。

2. 吴雪莉的翻译活动考察

外来译家可分三类：自主入境或受聘入境但保持外籍身份，翻译原所属国家典籍文本；受邀入境并获侨居国政治或文化身份，作为语言专家从事流程性服务但不具有“翻译主体”身份；自主入境且改变国籍，具有“独立译者”身份（任东升，2016：2）。吴雪莉属于最后一类，她以英语为母语，以外籍身份来华，以译者角色参与中国的翻译实践，是有影响和代表作且在我国国内享有一定政治地位的翻译家。

20世纪60年代，由于在中国生活的外籍专业人士稀缺，在河南大学任教的吴雪莉很快受到了外文出版社的赏识，受邀翻译杜鹏程的中篇小说《在和平的日子里》（*In Days of Peace*），该小说于1962年4月由外文出版社出版（未署名）；1966年，吴雪莉长篇小说《苦菜花》的英译本连载于*Chinese Literature*第4、5和6期。

1988年，吴雪莉受中共中央编译局马恩列斯著作编译部之邀，到北京参与翻译全国七届人大会议上李鹏总理、姚依林副总理的工作报告，她所翻译的“清正廉洁”“执法如山”“凝聚力”等新鲜词语受到国务院有关领导同志和中共中央编译局马恩列斯著作编译部专家的认可和称赞，并被定为这类词汇的标准译法（王业文、王永峰，2005）；吴雪莉在其编纂的《中国大百科全书》中翻译了45万字的材料（中国人物年鉴编辑部，1996：180）；并且完成了《陈云文选》（*Selected Works of Chen Yun*，1988，外文出版社）的初稿翻译工作。

吴雪莉的翻译活动涉及体裁广泛，包括文学作品、传记、政治文献等，为西方世界了解中国打开了“新大门”。下面我们具体评析吴雪莉翻译的文学作品之一——《苦菜花》。

3.《苦菜花》吴雪莉译本评析

“译者在翻译社会化过程中呈现的角色特征，直接导致了行文和译文的多样性。”（周领顺，2014：22）吴雪莉出生于美国，在中国生活将近70年，熟知中西方文化，“实现了作者-读者-译者的‘一人三体’”（任东升、张静，2011：52）。吴雪莉也是国家翻译实践中的“制度化译者”（任东升、高玉霞，2015：20），多重角色特征使得《苦菜花》吴雪莉译本既达到了文化“传真”、符合国家主流意识形态的效果，又符合西方文学作品规范。下面我们具体分析该译本的呈现。

《苦菜花》原文计20章，英译本萃取计14章，无第3、9、15、16、17、18章。英译本萃取的第1、2章为小说情节开端；第4—8为情节发展；第10—14章为高潮；第19、20章为结尾。译文的萃取章节构成小说的核心文本。第3、9、15、18章内容与作品抗日主题无甚重要关联，第16、17章为故事高潮前夕，译文均未呈现，此处理方法增强了小说的简明性。通过定量统计的方法我们得出《苦菜花》原书共计38.9万字，萃取字数21万，译文单词数为5.6万。汉译英文学作品翻译中，英汉词字数平均比例为1∶1.41（王克非，2003：415），则该小说的译文单词数应为14.9万。对比考察小说的原文与译文，发现译者删减了文本中次要人物、次要情节以及不符合国家外宣要求的内容，同时保证译文忠实于原文，十分有特色。下面我们选取译文的实例进行探究。

3.1 **传译性翻译，传达原作神韵**

小说中的俗语、民歌、呼语，极具地方特色，吴雪莉考虑到文化传真和读者取向的问题，对其进行恰当传译，以传播中国文化。下面是吴雪莉翻译的三个例子。

【例1】

“……哼！就给他个斩草除根，叫他知道知道厉害……”（冯德英，2007：16）

“... We'll rid ourselves of the weeds by killing the root. Teach him a lesson...”（Wood，1966：14）

【例2】

“妈，我不像俺爹一个人，拿着鸡蛋碰石头，……”（冯德英，2007：19）

“Mum，I am not alone like dad was. To act on your own is like throwing an egg at a rock...”（Wood，1966：15）

【例3】

柳树叶儿嫩又青
桃树花儿鲜又红
一个俊姑娘得了病
样样医生都请过
各种药儿也吃净
就是治不好她的病
嗳哟哟
她得的是相思病（冯德英，2007：200）

Willow leaves are green and tender,
Fresh and pink the peach trees bloom;
A pretty maid will droop and languish,
Nor leech nor drug can cure her gloom.
She answers to no physic's art,
Ai-yo-yo.
The maiden pines of a broken heart.（Wood，1966：83）

例1中“斩草除根”比喻除去祸根、以免后患，译文中直接采用对应的英文单词“weed”“root”。

例2中“拿着鸡蛋碰石头”比喻一个人不自量力，译文直译为“throwing an egg at a rock”。像这样的例子，译文中随处可见，如：“一年之计在于春，一日之计在于晨”“人面兽心”“不见血是不落泪的”等都采用直译。读者不仅能利用本国语言联想相应意象从而理解原文的意图，更能很好地“体验中国文化风俗”（郭建忠，1998：16）。

例3译文中所选择的译语的音韵、节奏，再现了原文的“前景化特质”（Boase-Beier，2011）。原文两次出现“得病”，译文分别选用“droop”“languish”和“gloom”。“droop”和“languish”均可形容人和花的凋萎，用来表示姑娘初陷相思之苦；“gloom”一词意为“a feeling of melancholy apprehension”，表示相思加重；不同措辞体现出姑娘心态的变化。“leech ”来自古英语“laece”，意指巫师，后词义过渡到医生，译文选用此词，而非广泛意义上的“doctor”，表达出一般医生不能治愈姑娘深深的相思之情。这几个词的使用，使得读者感同身受民歌中弥漫的相思之情，实现了译文与原文的“神似”（万兵，2015：71）。译文使用押韵手法，比如“bloom”“gloom”“art”以及“heart”，遵从了英格兰诗歌中偶行押韵的原则，同时唤起了“英语读者对其苏格兰情歌的一种缅怀，渐次形成英语情歌的主流诗学规范与译诗读者的审美期待”（万兵，2014：180）。

中西方价值观念的不同导致称谓的差别。中国人家族意识浓厚，对家庭成员一般都是以亲属关系称呼，这延伸到社会交往中，以显示对对方的尊敬抑或亲近等。西方文化中的人际交往通常在“假定平等”（李运河，2003：55）的情况下进行，一般使用同样的称谓词语。原文含有大量的具有中国文化特色的呼语词，且看下面的列举：

娟姐	Sister Chuan
姜同志	Comrade Chiang
四大爷	Fourth Uncle
七子兄弟	Brother Chi-tzu
老德顺	Old Teh-shun
郭麻子	Pocky Guo

可以看出，原文呼语词大部分为表示亲属关系的词语，比如“四大爷”，还有一部分表示人物特征，如“郭麻子”，还有的表示具有中国政治特色的人物身份，如“姜同志”。译文均采用直译，不仅忠实于原文的意图，产生了文化传真的效果，而且符合英语国家呼语词的使用规范，达到中西方“文化交流的目的”（李运河，2003：54）。

3.2 萃取性删减，兼顾传播主题

《苦菜花》原文包含大量次要人物和次要情节的叙述，减弱了原文的有机性。译文根据小说的情节发展以及主要人物活动，对次要人物、次要情节及不适合对外传播的内容进行了一定幅度的萃取删减，增强了小说的有机性。

原文第4章65—107段描写母亲前往四大爷家里劝服四大爷等人离家躲避日军和汉奸王竹的入侵，上下文描写七子和其配偶离家所做的准备活动，中间段落描写与上下文关联不大，译文中予以删去，同时次要人物花子的出场描写也被删减。第6章讲述德强参军，此处，原文中出现的花子的相关内容均被删掉，只保留作为主要人物的德强、母亲的相关活动。萃取性删减策略使得小说上下文衔接连贯，有机性增强。

值得注意的是，《苦菜花》译文除删减次要人物外，还对其做了替换处理，原文第11章讲述杏莉母亲与玉子一起设法救冯大娘，此处译文删掉了作为次要人物的玉子，而用作为主要人物之一的兰子代替其行动，译本则变为兰子救大娘，使原文人物更加鲜明、简洁，更突出了革命人物的高大形象。

原文第5章10—35段描写鬼子冲进王竹家里，意欲侮辱王竹媳妇，但未得逞。上文（1—9段）描写鬼子在四大爷家的所作所为，下文描写七子与其媳妇在避难洞同敌人做斗争，第4章末尾段落描写二人前往避难洞。由此10—35段情节内容与上下文关联不大，并且在原文中，王竹属于国民党（次要人物），鬼子对其家庭的毁坏、侵略情节不能彰显鬼子和国民党的暴行，译文未译这些内容，更能鲜明地凸显小说主题。

原文中某些不适合对外传播的内容译文未予呈现。第2章66—90段描写姜永泉宣布娟子和兰子担任妇救会和青妇队的队长时，村民们议论纷纷，认为此做法不符合伦理纲常，这些描写揭露了中国封建伦理道德在村民心中根深蒂固的情形；第4章中2、3段描写“天上下白面”的具有神话色彩的故事，译文选择删掉，对外弱化部分农民落后的形象，“以归顺于当时的主流意识形态和社会主义现实主义诗学”（倪秀华，2013：39）。

3.3 萃取性编译，追求雅化之至

《苦菜花》原文第一章66—84段描述娟子母亲收割完庄稼后在回家途中遭遇伪军毒打，回家后发现儿子德刚不在家，让女儿秀子出门寻找。上文为姜永泉让娟子回家劝母亲同意她加入革命战斗，下文中的娟子摆弄枪支，其中所描述的故事情节与上下文关联不大，译文虽删去这些段落描写，但用“When Chuan-tzu went home, her mother, her brothers and younger sisters were not back yet”衔接上下文，使得原文叙述流畅。

正如革命战斗小说《红岩》中有对血腥场面的描述，该小说同样包含此内容，译文对此处理得巧妙得体，看下例：

【例4】

天哪！儿媳妇仰躺在炕上，全身赤裸裸的，肚子胀得像鼓一样，身上青一块紫一溜，头发蓬乱，眼睛愤怒地瞪着，血把炕席都染红了。母亲用手摸摸她，已经僵硬了。（冯德英，1958：103）

Chu-tzu's wife was lying sprawled on the blood-spattered *Kang*, her body a mottled mess greenish-purple spots. Mother touched her hands. They were cold and stiff.（Wood, 1959: 548）

例4描写日军袭击村子时，柱子媳妇遭受日军猥亵的悲惨局面。译文仅用“blood-spattered”“greenish-purple”概括惨状，进行“去腥化”处理（海力洪，2005：21），原文中“头发蓬乱，眼睛愤怒地瞪着”并未译出，简洁描述凄惨场面，不仅传达出原文精神面貌，达到“雅化”“净化”原文的效果，更能扩大译文的接受度。

在汉语表达中，如果句子逻辑、顺序混乱，造成语义混淆，这时译者就应该“根据原文的中心思想、发展线索及语篇内部照应的原则”（任东升、吕明，2017：48），加强逻辑联系，重新安排译文句子顺序，使译文“前后呼应”（夏乙琥，1992：129）、语篇连贯。看下例：

【例5】

①“这么晚，你到底来做什么呀?”姜永泉看着包袱问。

②“啊，是做这个来啦，”娟子笑着把包袱解开，里面是床被子，“你的被子不是丢了吗?”

③“哎呀，这怎么能行? 你们盖什么? 我一个人好对付。”姜永泉忙说。

④母亲的房子烧了，原先姜永泉住的南屋烧得轻些，被八路军救下来，全家搬了进去。姜永泉就搬到村政府来住了。

⑤“俺们还有呢。”

⑥娟子把被子丢到炕里边，就顺势坐到炕沿上，又加上一句似乎多余的话，“是俺妈叫送来的。”（冯德英 1958：109—110）

[1] Chuan-tzu strode over to the *Kang* and put down her bundle.

[2] Although Mother's house had been almost destroyed by the fire, the men of the Eighth Route Army had managed to save the south room where Chiang Yung-chuan had formerly stayed. The family had moved in there, and ChiangYung-chuan was to stay at the village government office.

[3] Looking inquiringly at the bundle, Chiang Yung-chuan asked, "And what have you come here for, at this time of night?"

[4] Chuan-tzu smiled as she untied the bundle and unrolled the quilt.

[5] "Oh, I just brought this along. You lost yours, didn't you? Mother told me to bring it."（Wood，1959：59－60）

原文是娟子和姜永泉进入屋内后围绕被子的谈论，原文①②③⑤段为二人的对话，④和⑥为话题背景描写，根据汉语行文习惯，④⑥句应在①②③⑤句之前，译文调整原文中不符合行文逻辑的句子顺序，把话题背景描写置于开头，统领话题内容，使得译文话题衔接自然，达到对原文的雅化作用。

第10章39段描写星梅与铁功的暧昧动作，译文使用编译手法，削弱了原文的色情效果。原文“他感到她的脸腮热得烤人”，译文为“Her face burned again his”，此处动词“burned”的使用，给读者一种燃烧的画面感，更凸显出星梅与铁功的炙热。虽然在“十七年”小说中，情爱叙事是“压制性、依附性”的存在（侯延岭，2008：1），但在革命话语的夹缝中赫然地镶嵌着情爱故事的叙述（周志雄，2006：35），使得人物形象变得丰满，比如原文“她那丰满的富有弹性的胸脯，紧挤在他的坚实的胸脯上”，译文未呈现此处细节描写，达到雅化原文的效果。

4. 结论

吴雪莉虽然仅翻译了两部小说，然而英译本的翻译策略对中国文学外译颇具参考价值。本文主要评析《苦菜花》吴雪莉译本，该译本弥补了小说英译本的空白，我们认为其具有三方面的意义：(1）作为国家翻译机构指定译本，对于对外宣传中国文化、促进中西方文化交流颇具意义；(2）对比考察原文与英文，可探究吴雪莉具体的翻译策略和手法，对研究国家翻译实践中其他外来译者的翻译思想有着重要的参考价值；(3）吴雪莉熟悉中英文化，这正如皮姆所谓的“文化间(intercultures)，她具有某种程度的文化间性(having some degree of interculturality)”（Pym，1998：177），她所翻译出的译文也可用于探究“中国式英语”。研究吴雪莉及其《苦菜花》译本无疑对研究外来译家、中国文学外译，促进中西方文化交流具有重要启示。

【参考文献】

[1] 冯德英. 苦菜花 [M]. 北京：人民文学出版社，1959.

[2] 高毅哲. 吴雪莉：金发碧眼中国心 [N]. 中国教育报，2017-7-10 (8).

[3] 海力洪. 暴力叙事的合法性 [J]. 南方文坛，2005 (3)：20-22.

[4] 侯延岭. 意识形态规训下的爱情——"十七年革命"小说情爱叙事再解读 [D]. 济南：山东师范大学，2008：1-38.

[5] 李运河. 英汉社交称谓的比较与翻译 [J]. 武警学院学报，2003 (6)：54-56.

[6] 刘德铭. 爱中国胜于爱祖国——记省政协老委员、中国籍美国老人吴雪莉 [J]. 协商论坛，2009 (10)：47-48.

[7] 刘祥瑞. A Homeland Away From Home [DB/OL]. http：//www. chinadaily. com. cn/cndy/2011-11/29/content_ 14178273. htm，2011-11-29.

[8] 任东升. 国家翻译实践史书写的初步探索——国家翻译实践中的"外来译家"研究综述 [J]. 上海翻译，2016 (5)：1-5.

[9] 任东升，吕明.《小城春秋》沙博理译本中的语篇重构 [J]. 东方翻译，2017 (2)：46-53.

[10] 任东升，张静. 沙博理：中国当代翻译史上一位特殊翻译家 [J]. 东方翻译，2011 (4)：44-52.

[11] 任东升，高玉霞. 翻译制度化与制度化翻译 [J]. 中国翻译，2015 (1)：18-23.

[12] 万兵. 试论汉语民歌的英译——兼评孙大雨《竹枝词》英译诗 [J]. 中译外研究，2014 (2)：173-180.

[13] 王克非. 双语对应语料库：研制与应用 [M]. 北京：北京外语教学与研究出版社，2004.

[14] 万兵. 试论畲族哭嫁歌的英译 [J]. 英译研究，2015 (1)：65-75.

[15] 王业文，王永峰. 美裔教授与五星红旗 [DB/OL]. http：//www. gmw. cn/02lrtd/2005-04/01/content_ 267649. htm，2005-4-1.

[16] 周志雄. 在革命的阳光下谈情说爱——论十七年经典小说中的情爱叙事 [J]. 海南师范学院学报（社会科学版），2006 (4)：35-40.

[17] 周领顺. 应用翻译之译者角色化行为分析 [J]. 当代外语研究，2014 (2)：21-24.

[18] Boase-Beier. Stylistic Approaches to Translation [M]. Shanghai：Shanghai Foreign Language Education Press Ltd.，2011.

[19] Feng Teh-ying. Bitter Herb [M]. Wood Shirley. trans. Beijing：Foreign Language Press，1966.

[20] Pym A. Method in Translation History [M]. Manchester：St. Jerome Publishing Ltd.，1998.

【作者简介】

任东升，中国海洋大学外国语学院教授，博士生导师。主要研究方向：翻译理论、宗教翻译思想研究。电子邮箱：dongsheng_ @ouc. edu. cn。

连玉乐，中国海洋大学外国语学院硕士研究生。主要研究方向：翻译理论研究。电子邮箱：Lianlele @126. com。

翻译符号学概念的确定性与符指过程之本质[①]

◎贾洪伟（首都师范大学大学英语部　北京　100084；
泰国西那瓦大学符号学与文化研究中心　曼谷　10900）

【摘　要】　本文从术语研究的现状入手，梳理20世纪七八十年代以来翻译符号学概念的发展脉络，阐述翻译符号学的概念关系；以1994年以来翻译符指过程的相关阐述为基础，批判性地分析了翻译符指过程相关的论点，发现其存在以下问题：（1）未完全掌握皮尔士有关符号活动的理念，忽视了翻译符号学的概念内涵和学科归属；（2）无视符指过程乃基于动态符号活动的无限递归性阐释而提出的抽象化、静态型理想逻辑关系式；（3）将结构符号学之二元论与阐释符号学之三元论混为一谈，指出翻译符指过程本质上就是跨越符号文本的符指过程，故而无须单独提出一个界限不明、指称模糊的新术语。

【关键词】　翻译符号学，符指过程，概念，确定性，本质

Abstract　Starting with the problems of the terminology research in China, this paper combs out the general development of translation semiotics since 1970s, and elaborates the conceptual relations between translation semiotics and semio-translation studies. Based on the relevant researches since 1994, the paper makes a critical analysis of the theses concerning translational semiosis, and finds that some writers did not understand completely the Peircean sign activity, and ignored the conceptual reference of translation semiotics and its discipline subordinated; they overlooked semiosis is an ideal, static and logic formula with reference to the dynamic sign activities as the series of boundless discursive interpretations of signs; they confused the dualism of structural semiotics with the trialism of interpretative semiotics. Hereby, the paper reveals that so-called translational semiosis is in nature a semiosis crossing sign texts. Therefore, there is no need to coin a new term with vague boundaries and referential indeterminacy.

Key words　translation semiotics, semiosis, concept, determinacy, essence

引言

纵观史实，古希腊时期，就有针对概念术语之唯名论与唯实论（或曰本质论与约定论）之争；先秦时，孔子提出“正名”思想，引发“名实”之辩，相关思想见于诸家文献，如《庄子·逍遥游》《尹文子·大道上》《公孙龙子·名实论》《公孙龙子·指物论》《墨子·经说》《荀子·正名

① 基金项目：本文为四川外国语大学当代话语体系研究院2017年度招标课题一般项目“文化符号价值开发与国家形象跨文化传播策略研究”（项目编号：2017SISUHY012）的阶段性成果以及国家社会科学一般项目“复合间性视阈下的中国近代间接翻译研究（1898—1937）”（项目编号：19BYY118）的阶段性成果。

篇》等（参见王元新，2006：13—20）。可见，有关术语问题之讨论，由来已久，似乎至今仍难以成“学”，与词典学命运大抵相当，对象都是语言问题，语言问题又是社会问题，二者都是“人”的问题，将动态的问题做静态化处理，以逻辑和数学标准化方式让语言意指静态化，仅局限于能指与所指的二元对立，忘却了术语研究之初衷乃为使用者服务，故无论如何也不能忘却“解释项”（或曰“解读”）这一内容。由此可见，研究和解决术语问题，不但要具备语言学功底，还要具有一定程度的自然科学、技术科学、人文社会科学的知识储备，才能全面地看问题，而不是一味地局限于词义学（semasiology）、语义学（semantics）等领域，或是单取证明，或是多取合成，均无益于理论推进、规范实践、引导管理。

虽然国内术语研究有了一定程度的进展，学界、业界、政府机构也更加重视术语工作，但依然存在如下问题：(1) 国内术语研究仍局限于理论，且局限于俄罗斯学派，对其他派别关注的力度不够；(2) 学界、行业、管理方，自说自话，尚未上升到术语规划和管理层面，这一层面发展较为滞后；(3) 术语实践与管理层面跟不上，小到国内行业术语使用混乱，大到影响“一带一路”语言铺路的效果，甚至容易因为术语对接不畅，引起不必要的纷争，更容易影响中国的形象（如以列宁时期的“Red Guards”指称“赤卫队”和“红卫兵”）。皮尔士在“澄清概念”(1878) 时，不但指出此前百余年间哲学家有关概念的问题，且他自己也没有界定何谓“idea”“thought”“concept”和“conception”，也并未区分四者之间的区别，一篇文章中一会儿指称思想（idea、thought），一会儿指称观念（idea、concept、conception），一会儿指称概念（idea、concept、conception），一会儿又指称想法和思维能力或具备思维能力的人（thought），让读者（特别是非母语者）一时难以辨别。

在国外，翻译符号学自20世纪90年代初出现至今，已有三十余载。在国内，翻译符号学于2014年出现在学术研讨会上，次年出现于学术刊物之中。至今，关于翻译符号学概念的确定性和学科归属以及翻译符指过程之本质，国内外学界仍存在不小的争议，甚至国内学界不少人仍认为翻译符号学属于翻译学范畴。针对翻译符号学概念的确定性与翻译符指过程之本质问题，本文拟从术语学和哲学角度，阐述翻译符号学之确定性，剖析翻译符指过程之本质。

1. 翻译符号学概念的确定性与所指的明确性

普通词语，一旦用以指称特定领域的现象、过程、行为、功能等要素，原先的义项就会隐居起来，固有的意义效应就不明显了，反倒以转义为主导，以便嫁接从已知到未知的认识过程（至此，这一词汇已经成为指称学科概念的术语），但这一词汇在学科范畴下依然具有排他性，如“consideration”在合同法里面，没有人会认为是“考虑”，一定是指双方在某一允诺上达成的共识，故为“对价”；如果在民法诉讼里面，一定是“赔偿”；如果在劳动法里面，一定是“报酬”。由此可见，一词多义，且在不同学科作术语的现象比较常见。拿“translation”这个词来说，在翻译学中指“翻译现象”“译作”“翻译行为”（并不唯一，并不排他，其实“译作”可用“translated works”，翻译现象也可用“translational phenomenon”等），在生物学中指“裂变”或曰“变态”；在符号学中指“转化”，即由一个符号形态转变为另一形态，可见翻译学家最熟悉的术语也并非是单学科或意义单一的。

狭义上，符号家族的核心成员是语言文字及其相关的表意介质，从而翻译之所指也就仅局限于语言文字及其相关的表意介质之间了，即同一语言不同时空的转换，同一语言不同风格的转换，同一语言不同题材的转换，以及不同语言之间的各类转换。广义上，只要具备指称意义，一切皆可为符号，蕴含着语言符号与非语言符号、有形符号与无形符号、自然符号与人工符号之间的相互转化，这也恰好是翻译之广义所指。

概念之确定与否，意味着指称的明确与否，决定着科研成果表述的精确性及其可操作性和可重复性，故凡举科研论文，势必先界定术语。翻译符号学乃研究广义符号之学与广义符号间意指行为（广义之翻译）之联姻，英文对应术语为“translation semiotics”，或“semiotics of translation”，亦有人称作“semiotranslation”或“semio-translation”，这就涉及概念的确定性和术语的明晰性问题。

1.1 **翻译符号学概念的提出**

美国符号学家皮尔士（Charles Sanders Peirce，1839—1914）曾以翻译与符号相结合的方式，言及语言符号之意义本质：“任何语言符号的意义都是将其翻译为某一可进一步替换的符号，尤其是一枚更为发达的符号。”（CP 5：594）而后，雅可布森（Roman Jakobson，1896—1982）和奈达（Eugene A. Nida，1914—2011）分别于1959年和1964年开启了符号与翻译的“联姻之门”，但直到1976年卡斯特伦（Aloysius van Kesteren）才“采用皮尔士符号学概念，勾勒出符号学译论模型”（1978：48）。尽管图里（Gideon Toury，1942—2016）于1980年在国际会议上天意间提出“翻译符号学”这一术语，并于1986年为西比奥克（Thomas Sebeok，1920—2001）编撰的《符号学百科词典》（*Encyclopedic Dictionary of Semiotics*）中写作了有关二者“联姻”的词条，但直到20世纪80年代后期，罗德（Janice Deledalle-Rhodes）和格雷（Dinda Liesbeth Gorlée）才开始发表一系列的研究成果，后者于1990年在“意大利安达卢西亚符号学会国际研讨会”的参会论文中提出“翻译符号学”（Semiotica de la Traducción），遂改为符号翻译学或符号学翻译研究（semio-translation）；1994年，特鲁普（Peeter Torop）发表《翻译符号学与符号学翻译》，探讨二者之关系，而后侧重于翻译符号学的探讨（详见贾洪伟，2016a，2018b）。

但是，有关这两个概念以及与其相关的符指过程的认识，国际学界可谓人言言殊，甚至常以此替换彼，好似翻译符号学与符号翻译学是等值语一般。其实，此二术语的境况，酷似社会语言学与语言社会学、民族语言学与语言民族学、人类语言学与语言人类学、语言心理学与心理语言学、语言经济学与经济语言学等。为了保证学科的良性发展，方便业界专家学者的沟通，实在有必要确定概念内涵，明确术语所指，厘定相近术语之间的关联。

1.2 **翻译符号学之概念关系**

不论是翻译符号学还是符号翻译学或曰符号学翻译研究，均立足于皮尔士于1906年所说的“阐释只是翻译的另一个词而已”（*EP*2：388）。由此，不管是广义还是狭义的翻译，必然是基于无限、递归式阐释的符指过程或结果。换言之，只要有符号的存在，就必然有翻译；只要有符号的交互使用，就必然有翻译，因为符号之所以成为符号的条件是翻译，即只有通过翻译，符号才能意指，只有能够意指，才能称之为符号。但是，因理论背景不同，不同的学者对翻译符号学与符号翻译学，以及二者与符指过程之间的关系持不同意见。

第一，翻译符号学与符号翻译学虽然一样关注翻译过程及其相关想象，但翻译符号学侧重过程（processual）和阐释（interpretive），不似符号翻译学那般关注创作（creative）过程。第二，翻译符号学属于符号学的下属部门，符号翻译学只是借用了符号学视角和理论的翻译学，二者不属于同一学科，故学科方法论和旨趣有所不同。第三，翻译符号学既包括语言符号与非语言符号，也包括言语符号与非言语符号，以及非言语符号转换成他类非言语符号之间的相互转换（即有形符号与无形符号之间的三对转换，参见贾洪伟2016a，2018a & 2018b，Jia，2018等），旨在构建以符号转换为对象的符号学理论；符号翻译学则以雅可布森范畴内的语际翻译为主，依然无所不包，甚至还与结构主义理论有所关联。第四，符号翻译学与符号学翻译研究之英文是相同的，汉语叫法不同，但本质上都是借用符号学思想研究翻译问题，故无甚本质区别，而翻译符号学不存在这一术语所指不明确所指的问题。第五，“semiotranslation”由格雷于1994年所创，用指符号学与翻译学之交叉，但“只不过为一个交叉贴一个新标签而已，没必要提出新术语”（Stecconi，2008：160）。此外，以格雷为例，“semiotranslation”乃“以翻译诠释（皮尔士）符号学，非以符号学解释翻译现象”（Stecconi，2008：162），可见这一术语的名实是不符的。虽然翻译符号学也是一种交叉，但这种交叉是以翻译符指过程和阐释过程中涉及的符号为对象，旨在建构符号转换相关问题的符号学分支学科，打破了以往只侧重有形符号之间转换的现象，将研究范围扩展至有形与无形符号之间的相互转换及其相关问题，不但丰富了符号学的疆域，也符合新时代符号转换的多层次、多媒介跨域合成的新需求（贾洪伟，2016b：97）。

综合上述观点，概念的确定性与术语所指的明晰性问题，存在以下几个问题：（1）概念内涵不确定，随意而行，多以“semiotranslation”指称以翻译诠释符号学的行为，即使如特鲁普以“translation semiotics”或“semiotics of translation”指称文化符号学与翻译联合之范畴，兼顾文化翻译理论，也因为专指符号活动之文化层面，不免缩小了翻译符号学作为学科术语的指称范围和概念内涵；（2）没有吃透皮尔士关于符号活动和运作的学术观点，未能从普通符号学角度清晰地界定翻译符号学之工作定义；（3）将翻译符号学与符号学翻译研究混为一谈，忽视了二者的学科归属问题，因而有必要对翻译符号学予以重新界定和阐述。

2. 翻译符指过程之本质

除了概念的确定性和术语指称的明确性，翻译符指过程（semiosis）之本质与符号学视阈下的所指问题，也存在一定程度的分歧。格雷（Dinda L. Gorlée，1945—）认为：“符指过程的逻辑涵义应当成为（符号）翻译的范式；依次，翻译作为符指过程之说明例证。”（1994：226－227）符指过程乃以数理逻辑角度看待符号—对象—解释项这一意指现象与过程，故是抽象的理想模型。翻译乃阐释前一符指过程文本（符号—对象—解释项），历经虚拟正向符指过程（virtual forward semiosis）、逆向符指过程（backward or degenerated semiosis）和以其他符号呈现文本内容的双重符指过程。故而，以静态的逻辑涵义作动态符号活动的操作范式并不合适，但翻译完全可用来例证符指过程，可有助于丰富固有符指过程理论，方便构建专门以翻译作为符号转换过程和现象的符号学理论。

斯泰科尼（Ubaldo Stecconi）认为“所有的翻译均是符指过程，但并非所有的符指过程都是翻译”（2004：471），故“符指过程不只是翻译符指过程”（2004：473）。从逻辑上讲，翻译是符指过程，言下之意：所有的翻译过程都是符指过程，但并非所有的翻译现象均属于符指过程的相关因素。与此同时，如上所述，翻译涉及正向（forward）符指过程和逆向（backward）符指过程，后者并非常态符指过程，只有在涉及符号转换的时候才会出现这一非常态过程。如果按照广义的翻译界定，如“理解即翻译”（Steiner，1975）、“对话即翻译”（Gacia，1995）、“所有的写作都是翻译”（Chesterman，1997）、“原文本重写即翻译”（Lefevère，2005）、“任何话语实际上都是翻译”（Hartama-Heinonen，2012）等，几乎所有的日常符号活动都属于翻译行为，故此处所指的翻译符指过程乃狭义所指，仅局限于雅可布森提出的语内翻译和语际翻译，不免缩小了符号与符号活动之所指范围。

海诺宁（Ritva Hartama-Heinonen）认为，“对符号翻译学者来说，符指过程构成翻译符指过程，即通过翻译过程，符号才成为符号”（2012：115），故“阐释是翻译，翻译是符指过程”（2012：119），“符指过程就是翻译，翻译就是符指过程”（2012：115），“符号翻译蕴含着被视为符号的一切翻译”（2012：120）。海诺宁从广义（符号和翻译）角度看待符指过程与翻译这一符号转换之间的关系。正向与逆向符指过程，不论方向怎样，都属于符指过程，从这一角度看，符指过程就是翻译符指过程，“符指过程就是翻译”是正确的。正如彼得里利（Susan Petrilli）与蓬齐奥（Augusto Ponzio）所言：“举凡有符号和符指过程之处，就有翻译。”（2012：3）可见，海氏、彼氏与蓬氏之持论是基于广义之符号和翻译所指范畴，从这一角度说人类之符号活动都是符指过程之活动和结果，即不论是从思维活动落实到纸质媒体或曰文本，还是从纸质媒体或曰文本到符号文本阐释引发的思维活动，抑或是纸质媒体或曰文本的符号转换，也就是说从有形符号到有形符号、从有形符号到无形符号，从无形符号到有形符号的转换过程、活动和结果都属于符指过程（即广义之翻译）。

韩蕾基于翻译不只是编码行为，也不只是解码行为，还是阐释符号行为的观点，指出“翻译是以符指过程为基础的交际过程”，又以翻译研究与符号学的交叉为依据，指出“翻译是一种跨文化人类交际形式，一种镶嵌着语言规则与语码、文化、历史与传统的皮尔士式符指过程”（Han，2013：69）。从符号学角度看，解码过程是符号—对象—解释项的正向符指过程，编码过程则是符号—对象—解释项的逆向符指过程，可不论编码或解码行为均涉及阐释行为，因为符指过程就是阐释行为，故不应将三者并列置之。翻译是符指过程与翻译是交际过程属于不同层面的问题，前者属于符号学范畴，后者属于交际学范畴，二者不存在以谁为基础的问题。不论是翻译乃符指过程，还是翻译乃交际形式或过程，都蕴含着前文所界定之广义翻译与排除雅可布森之语内和符际翻译的“跨文化”交际形式存在逻辑矛盾。

如上所见，翻译符指过程乃符指过程，而符指过程并非是翻译符指过程，若从狭义之符号与翻译界定角度讲，这一断言是有效的。倘若从广义之符号与翻译所指角度看，一切符号活动，只要存在意指，就存在符指过程，就存在符指行为，因而，只要存在符指过程和行为，就必然出现广义之翻译行为（即符号之阐释为翻译行为和过程）。由此可见，在广义上，既然翻译符指过程就是符指过程，反之，符指过程就是广义上的翻译过程，因而也就没有必要单独设立一个界限不明、指称模糊的术语——翻译符指过程。在本质上，因符号运动存在从无形到有形、从有形到无形、从有形到有形的三类转换模式，符指过程恐怕也要分为同一符号类型范畴内部的有形到无形和无形到有形的符指过程，以及不同符号类型范畴之间的符指过程，如不同语言之间的有形文本符号到有形符号，纸质媒体文本转化为声、光、电、影、音相结合的多次反复播放的多媒体介质文本。从符号转换作为广义翻译这一角度讲，同一符号类型范畴之间的无形到有形或从有形到无形，以及从有形到有形的转化属于第一层级的符指过程，相对比较简单；不同符号类型范畴之间的有形至有形符号转换则属于以第一层级符指过程为基础的第二层级符指过程，之所以这么说，是因为：不同符号类型范畴之间的转换涉及第一层级符指过程中同一符号类型范畴之间的阐释作为虚拟转换中介，因而这一层级的符指过程较为复杂。

此外，因符指过程之本质乃符号之无限、递归性阐释和再阐释，实质上属于动态的符号运动，翻译符指过程欲做静态性的规定和规范，实属不当之举。之所以会出现这样的问题，是因为：（1）对皮尔士之三元符号关系运作模式掌握不足，对符指过程认识不到位，忽视了广义翻译过程涉及的虚拟正向符指过程和逆向符指过程，或简单地等同之，或分立出翻译符指过程，徒劳地论证部分与整体之间的逻辑关系；（2）符指过程乃是基于动态符号的无限递归性阐释而提出抽象化、静态型的理想逻辑关系式，属于三级符号范畴，对符号转换这一具体而动态的符指行为/活动具有方法论和范式功能，故不能简单地等同；（3）将结构符号学之二元因素与阐释符号学之三元因素混为一体，既不利于理论构建，也不利于理论的应用。

3. 结语

本文梳理自20世纪八九十年代至今有关符号翻译学、翻译符号学、符指过程、翻译符指过程的概念的发展脉络，确定其概念内涵，厘定其术语所指，纠正对符号翻译学与翻译符号、符指过程与翻译符指过程之间关联的错误认识，发现翻译符号学与翻译符指过程概念的确定性与所指的明晰性存在以下几个问题：（1）没有吃透皮尔士关于符号活动和运作的学术观点，未能从普通符号学角度充分地界定翻译符号学之工作定义，所做出的概念内涵不确定，多以“semiotranslation”指称以翻译诠释符号学的行为，即使如特鲁普以“translation semiotics”或“semiotics of translation”指称文化符号学与翻译联合之范畴，兼顾文化翻译理论，也因为专指符号活动之文化层面，而不免缩小了翻译符号学作为学科术语的指称范围和概念内涵；（2）将翻译符号学与符号学翻译研究混为一谈，忽视了二者的学科归属问题；（3）符指过程认识不到位，没有吃透皮尔士三元符号关系之运作，忽视了翻译过程涉及的虚拟正向符指过程、逆向符指过程，或将其简单地等同，或分立出翻译符指过程，徒劳地论证部分与整体之间的逻辑关系；（4）符指过程乃是基于动态符号的无限递归性阐释的抽象化、静态型理想逻辑关系式，属于二级符号范畴，符号转换这一具体而动态的符指行为/活动具有方法论和范式功能，故不能简单地与之等同；（5）将结构符号学之二元因素与阐释符号学之三元因素混为一体，既不利于理论构建，也不利于理论的应用；从而指出，从广义的符号和翻译定义看，符指过程包括符号转换过程（翻译）涉及的正向与逆向二类，故没有必要另立一个翻译符指过程。

此外，所谓符号翻译学（semiotranslation）只是借用符号学理论和术语探讨翻译问题，本质上是翻译研究之符号学路径，尚未提出独立的理论，也未设立独立的学科框架。因此，笔者赞同斯泰科尼等人认为的“只不过为一个交叉贴一个新标签而已，没必要提出新术语”（Stecconi，2008：160）。

【注释】

①这三个问题并非笔者个人提出来的，而是2017年于春节拜年期间，与黑龙江大学张家骅教授讨论术语问题时，就当前术语问题达成的共识。出于规避术语使用混乱问题的目的，社科院冯志伟先生写作“关于113号化学元素命名的建议，请网友支持”的请愿书，说明语言学、术语学家在术语规范和使用层面话语权不大，甚至发声不畅，这似乎也可部分地印证目前理论与规范使用脱节的问题。

②此处与雅可布森之语内和语际翻译略似，只是比雅氏的略微详细，有关雅可布森之三类翻译及其批判性分析，参见贾洪伟：《雅可布森三重译域之翻译符号学剖析》，载《解放军外国语学院学报》，2016年第5期；Jia Hongwei. Roman Jakobson's Triadic Division of Translation Revisited, *Chinese Semiotic Studies*, 2017, Vol. 13,（1）：31－46等。

③有形符号为以物质为承载介质之符号，无形符号不以物质为承载介质，但能表意，有关二者之间的关系、区别与相互转换机制，参见贾洪伟：《翻译符号学的概念》，载《外语教学》，2016年第1期；贾洪伟：《建立翻译符号学的可能性》，载《山东外语教学》，2016年第3期。

④此参考文献为 *Collected Papers of Charles Sanders Peirce*，以一贯的卷数＋段落数来标识，故该引用中的5为卷数，594为段落数。

⑤此参考文献为 *The Essential Peirce: Selected Philosophical Writings*，以卷数＋页码来标识，故该引用中的2为卷数，388为页码。

【参考文献】

［1］王远新. 古代语言学简史［M］. 北京：中央民族大学出版社，2006.

［2］Jia, Hongwei. Roman Jakobson's triadic division of translation revisited［J］. Chinese Semiotic Studies, 2017, Vol. 13（1）：31－46.

［3］Peirce, C. S. How to make our ideas clear［J］. Popular Science Monthly, 1878, Vol. 12（3）：286－302.

［4］Peirce, C. S. The Essential Peirce: Selected Philosophical Writings［M］. Volume 2. ed. by the Peirce Edition Project. Bloomington and Indianapolis: Indiana University Press, 1893－1913.

［5］Van Kesteren, Aloysius. Equivalence relationships between source text and target text: towards a typology on the basis of semiotics［M］. James S. Holmes, José Lambert and Raymond van den Broeck（eds）. Literature and Translation: New Perspectives in Literary Studies. Leuven: Acco, 1978: 48－68.

［6］贾洪伟. 翻译符号学的概念［J］. 外语教学，2016a（1）：94－97.

［7］贾洪伟. 翻译符号学的信念界定问题［J］. 燕山大学学报，2018b（4）：60－65.

［8］贾洪伟. 论翻译符号学的符号分类与转换［J］. 山东外语教学，2018a（1）：111－118.

［9］贾洪伟. 建立翻译符号学的可能性［J］. 山东外语教学，2016b（3）：90－100.

［10］Jia, Hongwei. Reclassification of signs: A translation

semiotics perspective [J]. Chinese Semiotic Studies, 2018, Vol. 14 (3): 261-273.

[11] Gorlée, Dinda L. Semiotics and the Problem of Translation: With Special Reference to the Semiotics of Charles Sanders Peirce [M]. Amsterdam and Atlanta: Rodopi, 1994.

[12] Stecconi, Ubaldo. Interpretative semiotics and translation theory: the semiotic conditions to translation [J]. Semiotica, 2004, Vol. 150, (1): 471-489.

[13] Hartama-Heinonen, Ritva. "Interpretation is merely another word for translation": Peircean approach to translation, interpretation and meaning [R]. Translation-Interpretation-Meaning (Studies across Disciplines in the Humanities and Social Sciences 7). Helsinki: Helsinki Collegium for Advanced Studies, 2012: 113-129.

[14] Petrilli, Susan. Ponzio, Augusto. Translation, Encounter Among Peoples and global semiotics [R]. 11th World Congress of the International Association for Semiotics Studies, Nanjing, China, 5-9 October, 2012.

[15] Han, L. On the cultural turn of translation studies in China in the new millennium: a semiotic appraisal and prognosis [J]. Chinese Semiotic Studies, 2013, No. 9, pp. 64-75.

【作者简介】

贾洪伟，博士，首都师范大学副教授，泰国西那瓦大学符号学与文化研究、语言与比较文学方向博士生导师，大同大学许渊冲翻译与比较文化研究院执行院长，四川外国语大学当代国际话语研究院研究员，天津外国语大学语言符号应用传播研究中心研究员。主要研究方向：翻译符号学，翻译史，翻译安全与政策，语言学译介史，社会语言学等。邮箱：yywhyj@163.com。

冰心翻译和创作语言特征对比：以明喻结构为例①

◎刘立香（集美大学外国语学院　福建　361021）
李德超（香港理工大学中文及双语学系　香港　999077）

【摘　要】　本文基于冰心翻译和创作类比语料库，以“像……（似的、一样）”明喻结构为例，对冰心翻译和创作中的这种语言特征及其功能进行考察。研究发现，冰心翻译与创作在使用“像……（似的、一样）”结构上存在显著性差异，主要表现为冰心译作对此结构的使用频次增加，容量扩增，复杂性提高，在认知层面上表现出对人的情感的深层关注，突出了世俗、精神与自然世界的密切联系等。这一结构不仅发挥了概念、语篇和人际功能，还发挥了认知创新功能。另外，翻译语言呈现出异于原生语言的结构形态，虽在一定程度上体现了源语文本的渗透效应，但从功能来看，译文的变异结构并非完全是消极模仿源语结构，而是源自表达“多元”功能的实际需要。

【关键词】　冰心翻译语言，明喻结构，语料库翻译研究

Abstract　The paper investigates the linguistic features and function of the simile structures of “*xiang*”（像）as shown in the corpora of Bingxin’s translations and creative works. Our findings reveal that these structures are used much more frequently in her translations with expanded structural capacity and higher syntactic complexity, which help to convey the author’s deep concern for human being’s feelings as well as highlight the close connection between secular, spiritual and natural world. This marked usage of the simile structures in the translations not only realizes the ideational, textual and interpersonal functions, but also fulfils the cognitively creative function. Although resembling the shining through effects of the source language text to some extent, the patterns of the simile structures in Bingxin’s translations are actually not passive imitations of the original structures by the translator, but driven by the practical need of expressing the message in a multi-functional way.

Key words　Bingxin’s translations, simile structures, corpus-based translation studies

1. 引言

冰心兼具作家和翻译家双重身份，其小诗创作素有“冰心体”的美称（邓卫望、熊辉，2008：87；刘丹、熊辉，2010：148），而其翻译语言也有“顺、真、美”的特点（林佩璇，2001），具有“冰心翻译体”的特征。“冰心翻译体”不同于“翻译腔”，不是佶屈聱牙的文字拼凑，而是介乎源语文本与创作之间的新文学样式，它从词汇、句法到语篇皆表现出独特的信息组织方式，承载了

① 基金项目：教育部人文社科研究青年基金项目“20世纪初至60年代闽籍女作家翻译语言研究”（课题编号：14YJC740052）阶段性研究成果。

新的思想情感，产生了广泛而深远的社会影响。冰心翻译与创作相比，有共通之处（刘立香等，2012），但从语言形式看差异仍比较明显。为进一步描述冰心翻译与创作的关系，我们基于冰心翻译与创作类比语料库，提取了冰心翻译和创作使用差异较大的语言现象。对比发现其创作与翻译在封闭介宾结构使用频次及长度上有比较明显的差异。我们对封闭的介宾结构进一步统计，锁定具有显著性差异的“像”引导的介宾结构进一步分析。鉴于“像”引导的介宾结构多为比喻结构，为什么冰心翻译中的“像”比喻结构与创作呈现出显著性差异呢？我们将在本文对此问题从语内类比以及结构与功能的关系角度展开探讨。

比喻是表达类似联想的一种特定的语言形式（袁毓林，1986：42）。比喻研究，大致有传统修辞学、生成语言学（袁毓林，1986）、对比语言学（林瑞兰，2004）、认知语言学（卢英顺，2001；束定芳，2003；盛若菁，2007）、心理语言学和神经语言学等视角。目前比喻研究已被纳入隐喻研究范围，从认知、心理、神经科学等多角度揭示其认知机制。近年来的关注点之一是隐喻结构，分析明喻与隐喻结构的差异（束定芳，2003：105）、考察结构的生成机制（盛若菁，2007）等。但是，明喻作为隐喻研究的一个分支，不论是对其结构还是功能的研究似乎都较为少见。①

我们尝试把明喻的结构和功能研究纳入语料库翻译学的框架，通过类比语料库的方法，从冰心翻译与创作类比的视角，考察汉语翻译语言中明喻结构的特征及其功能。同时对冰心翻译的明喻结构进行研究，以期揭示作家型译者翻译明喻结构的主要策略，为描述翻译语言明喻结构的认知特点和功能提供实证参考。

2. 冰心翻译研究现状

与冰心创作研究相比，冰心翻译研究起步较晚，研究角度包括冰心翻译的事迹和思想（林佩璇，2001；黄忠廉等，2001；魏丽杰，2010；刘金龙等，2010；杨娟，2016）、冰心单个译本的语言特点（凌孟华，2014）、冰心翻译语言的总体描述（刘立香等，2012）、冰心翻译主体性（陈佳，2012）以及结合生态学、女性主义、美学、哲学等理论对冰心翻译进行跨学科研究（宋晓春，2012；梁四琼，2013）。上述研究从译者的翻译事迹逐步深入到思想、策略和语言层面，但还未触及冰心翻译语言的结构及其功能，且研究方法主要是文献梳理和例证分析，鲜见从语料库的实证角度对冰心翻译语言的描述（刘立香等，2012）。从研究结论看，以上研究普遍认为冰心翻译作品有较高的可读性，遵循“顺、真、美”三原则（林佩璇，2001），或是突出冰心翻译与其创作的密切关系（黄忠廉等，2001），或是强调两者存在的共生互生生态关系（宋晓春，2012），或是比较翻译与原创语言的共通之处（刘立香等，2012）。虽然冰心翻译研究在广度和深度不断拓展，但研究方法仍主要是片段式的文本比较，难以从整体上把握冰心体的语言特征和修辞策略。因此，有必要从微观及宏观的角度考察文本，并对描写结果辅以数据进行定性和定量相结合的分析，发掘冰心翻译和创作中的语言使用问题，为相关冰心翻译研究、翻译研究和汉语演化研究提供更具说服力的数据和佐证。而语料库翻译学研究界（Baker，1993；Granger，et al.，2007；王克非等，2009；黄立波，2009；秦洪武，2010；夏云，2010；王蓉，2013；张丹，2013；李德超等，2015；温腾，2016；胡开宝，2016；冯绍锋等，2016）则为我们从事冰心翻译的明喻结构特征及其功能方面的研究提供了可行的理论和方法论支持，这将在下文作详细探讨。

3. 研究问题

本研究基于冰心翻译与创作类比语料库，以“像……（似的、一样）”的明喻结构为切入点，描述其使用频次、比例、结构容量等参数，并结合其使用语境，尝试把翻译语言的特征与功能联系起来，论证翻译语言结构存在的合理性。研究尝试回答下页几个具体问题。

第一，冰心翻译与创作“像”比喻结构使用有无明显差异？具体考察使用频次、比例和结构容量。

第二，冰心翻译与创作“像”比喻结构的功能有何差异？考察结构描述的对象、主题和情感色彩。

第三，冰心翻译的“像”比喻结构特征对其创作有何影响？

4. 研究方法与过程

本研究基于自建的冰心翻译与创作类比语料库，该库包括冰心创作、冰心翻译、英文原文三种文本，冰心翻译语料选取了冰心在20世纪60年代左右的28部译作，约35万字，其体裁、字数、时间均与创作相当，与创作形成可比语料（刘立香等，2012：119）。我们的研究过程如下：

首先，搜集冰心翻译与原创作品，制成电子版，人工校对检查之后，建成可检索的类比语料库；

其次，对语料进行词性标注，并进行人工校对、去噪。例如：

（1）眼泪/n［像］/p 珍珠/n 似/u 地/ude2 滚/vi 了/ule 下来/vf，/wd 落/v 在/p 花园/n 里/f 。/wj

然后，提取“像”结构检索行，人工去除非比喻结构，对比喻结构进行标注。根据本体的主题类别、本体与喻体的结构关系、比喻的情感意义用标注符号进行详细标注，具体如下：

表1 冰心翻译与创作文本的标注符号

标注类别	标注符号
本体主题	<人物类> <人物话语类> <人物动作类> <人物关系类> <人物情感类> <事物类> <自然类> <事件类> <时间类> <住所类>
本体－喻体概念整合类型	<世俗－世俗> <世俗－自然> <世俗－精神> <精神－世俗> <精神－自然> <精神－精神> <自然－世俗> <自然－精神> <自然－自然>以及复合形式如<世俗－自然＋世俗>
情感色彩	<褒义> <中性> <贬义>

标注实例：

（2）她任性—野地里的百合花<人物类> <世俗－自然> <褒义>

（3）月亮—镜子<自然类> <自然－世俗> <褒义>

（4）在姑妈家的生活让她活泼许多—鱼缸里的小鱼自由归海<事件类> <世俗－自然> <褒义>

最后，比较翻译和创作中“像”结构的使用差异，并结合语境和语言功能分类，讨论“像”明喻结构的功能，分析翻译中的“像”明喻结构异于创作使用规范的原因。

5. 研究结果与讨论

5.1 翻译与创作“像”比喻结构的差异

从“像”比喻结构的使用数据看，冰心翻译与创作存在较大差异，不论是使用频次还是使用比例，冰心翻译都远远超过其创作。而且，冰心翻译“像”比喻结构容量明显扩增。从结构扩张情况看，冰心翻译的“像”结构有明显的增长趋势，超长句式最大扩展度达到8个词（如表2所示）。

表 2　冰心翻译与创作“像”结构的使用频次、比例和容量扩增情况

文本类型 介宾结构	冰心翻译 频次 比例 平均长度（词数）		冰心创作 频次 比例 平均长度（词数）		翻译介宾结构 平均扩张词数 扩张度	翻译超长结构最大 扩张词数 扩张度	
像…… （一样/似的）	600 0.12%	4.87	148 0.01%	4.15	0.72　19.12%	8 53.33%	
有 POS 标注的 文本字数	511，450		476，556				

为进一步考察冰心翻译与创作的“像”明喻结构长度是否具有显著性差异，我们使用 SPSS 进行了独立样本 T 检验，统计结果（见表 3）显示：冰心翻译与原创“像……一样”结构长度有显著性差异［$t(746) = 2.895$，$p = .004 < 0.05$］。

表 3　冰心翻译与原创“像”结构长度差异的显著性统计结果

介宾结构		方差方程的 Levene 检验		均值方程的 t 检验						
		F	Sig.	t	df	Sig.（双侧）	均值差值	标准误差值	差分的 95% 置信区间	
									下限	上限
像	假设方差相等	1.581	0.209	2.895	746	0.004	0.752	0.260	0.242	1.262
	假设方差不相等			3.092	245.414	0.002	0.752	0.243	0.273	1.231

从结构类型看，冰心创作的“像”比喻结构多为事物类比喻，本体和喻体多为简单的事物，比喻结构比较简单，主要是“A 像 B”结构（A 表示本体，B 表示喻体），虽有少量“A 像 B＋相似点”结构，如“A 谈话内容”像“B 万花筒”＋相似点“瞬息万变”，但多数结构没有明示相似点。

与此相比，冰心翻译的“像”比喻结构除了简单的事物类比喻，还有较为复杂的事件比喻，即两个事件之间的比喻。结构类型也比较多样和复杂，有三种常用结构：第一种是“A 像 B＋相似点”（例 5），第二种是“A 像＋相似点＋B”（例 6），第三种是“A 像＋相似点＋B＋解释”（例 7）。冰心翻译的比喻结构类型特点是，明示相似点，结构中谓词增加，修饰语增多，结构也因此变得更为复杂，总体呈现出复杂化、明示化的双重特征。例如：

（5）用/p 一/m 首/q 叙事诗/n 来/vf 教/v 语言/n，/wd 就/d 像［［/v］］用/p 一/m 把/pba 剑/n 来/vf 刮/v 胡子/n 一样/a －/wp 委屈/v 了/ule 剑/n 也/d 难为/v 了/p 下巴/n

（6）把/pba 窗户/n 和/cc 我/rr 的/ude1 诗意/n 一齐/d 关上/v，/wd［像］v 被/pbei 关/v 进/vf 笼/ng 里/f 的/ude1 鸟儿/n 似/vg 地/n

（7）时间/n 像［［/v］］宁静/a 的/ude1 海洋/n 一般/ad 停/vi 住/vi 不/d 动/v

本节例（5）的“像”结构属于第一种类型，包含四个谓语动词，采用了歇后语形式，结构比较复杂；例（6）属于第二种类型，中心词“鸟儿”的修饰成分较长，由六个词组成；例（7）结构属于第三种类型，相似点“宁静”与其解释“停住不动”共同说明了时间与海洋的相似之处，意义更加明晰。

数据和文本分析显示，冰心翻译与创作的“像”明喻结构使用具有显著性差异，冰心翻译表现出了频次增加、比例上升、结构扩增、相似点明示化、结构类型复杂化等特征。那么，这些扩增的结构发挥了什么功能呢？为了回答这个问题，我们在以下部分对冰心翻译和创作的“像”明喻结构及其使用语境进行了深入分析，详细标注了“像”明喻结构的本体范畴、本体与喻体的相互关系、整个结构的情感色彩，用来考察这一结构的主题功能、认知功能和情感功能。

5.2 冰心翻译与创作“像”比喻结构的功能

5.2.1 主题功能

“像”明喻结构的主要成分是本体、喻体、连接词和相似点，其中本体可揭示结构描述的主题。我们对语料库中的“像”明喻结构的本体范畴进行标注，根据本体的描述对象，我们把标注符号分为世俗世界、自然世界和精神世界，世俗世界再次细分为人物、事物、事件、住所和话语等，精神世界包括精神产品和宗教，自然世界描述自然界的景物和动物。这一分类来自具体的语料分析，可以较好地描述“像”明喻结构的主题。

然而，少数本体范畴会出现跨界现象［见例(8)、例(9)］。冰心翻译有少数比喻结构的复合形式，模糊了世俗与自然的界限，下例中“鸟儿”与“花朵”虽来自自然，却与人类活动有密切关系，被带入了世俗世界，自然与世俗的界限因而不再清晰：

(8) 看到歌者—鸟儿看到猎人的枪口一样 <人物类> <世俗-自然+世俗> <贬义>

(9) 我—不像献祭的花朵（完美） <人物类> <世俗-自然+世俗> <褒义>

对标注的本体范畴进行统计，得出表4：

表4 冰心翻译与创作“像”字结构明喻使用情况

本体范畴	翻译使用频次	创作使用频次
世俗类总共	260	27
精神类总共	35	0
自然类总共	58	2
其他	15	0
总数	368	29
人物整体类	154	10
人物情感类	24	1
自然类	61	2
事物类	32	5
住所类	7	2
人物动作	16	2
时间类	14	0
精神产品	23	0
事件类	7	2
动物类	4	1
宗教类	4	0
人物话语	5	3
人物关系	1	1
人物名誉	1	0
人物+事件类	1	0
精神世界类	3	0
其他	11	0
总数	368	29

从“像”明喻结构描述的主题看，冰心翻译与创作主题有较大差异。两者共同的主题是世俗世界，都关注“人”的情感、动作、话语、名誉和事件等。不同之处是，冰心翻译描述的世界层次

较多，有世俗、自然和精神三个世界，而且冰心翻译表现出对世俗世界中“人”的高度关注，尤其对人的情感关注比较明显，相比之下，冰心创作对自然和精神世界的关注较少。这一主题的差异让人怀疑是否冰心翻译的原文与创作本来就是不同的体裁呢？我们在语料选取的时候就已经考虑到了语料的可比性，选取的冰心翻译语料包括冰心在20世纪60年代左右的28部译作，其体裁、字数、时间均与创作相当，与创作形成了可比语料。因此，体裁不是造成冰心翻译与创作主题差异的主要原因，“像”明喻结构的主题描述功能才是该结构大量存在的主要原因。

从“像”比喻结构描述的具体对象看，冰心创作主要描述人物和事物，对自然、动物和事件关注较少，其中人物比喻多描述人的整体形象或部分特征，如四肢、声音、心情等；而冰心翻译较关注人物、自然、情感和日常事物，其中人物比喻涉及外表、身体、心情、感觉和灵魂等各个层面。另外，冰心翻译比创作使用了更多的自然类比喻，常把自然万物如河、村庄、田野作拟人化处理，产生了天人合一的亲切感。

另外，冰心翻译的事件明喻多于创作，表现出对事件主题的关注。事件是处在某种状态中的一个事物或因为处于这种状态而彼此发生了一定关系的一组事物，两个事件之间有相似性，即两个事件在状态的结构上有相同的地方：事件A和事件B是两个不同的事件，如事件A中若干事物x、y、z……之间的关系R同构于事件B中的x'、y'、z'……之间的关系R'，则事件A相似于事件B（刘大为，2002：14）。在冰心翻译中，我们发现了不少事件明喻，例如：

（10）罪人落在警察手里—可怜人落在鳄鱼锯齿似的爪里

（11）我考虑秘密—蟋蟀旋转念珠：我/rr 要/v 从/p 我/rr 的/ude1 低语/vn 中/f 把/pba 我/rr 的/ude1 秘密/n 在/p 你/rr 心/n 的/ude1 寂静/a 的/ude1 一角/n 转来转去/vl，/wd 就/d［［像］］/v 蟋蟀/n 在/p 寂静/a 的/ude1 娑罗树/n 丛中/s 夜/tg 的/ude1 珠/ng 串/v 里/f 旋转/vi 它/rr 的/ude1 唧唧/o 的/ude1 单音/nr 的/ude1 念珠/n 。/wj

冰心翻译与创作的“像”明喻结构表达了不同的世界层次，关注了不同的事物特征，翻译描述了比较复杂的事件，这几个方面说明，冰心翻译的主题异于创作，这也印证了冰心翻译与创作的“平行”关系。冰心的翻译与创作几乎是同时进行的，读者通过阅读翻译作品可加深对她的创作的了解（刘立香、吴建平，2012：124）：“因为这些书信（冰心翻译作品），是和我发表过的相当多的作品同时写的，我想这平行的路线，会扩大读者对我的诗歌的了解，正如同道路因为重走一次而加宽了一样。”（冰心，书信《孟加拉风光·译序》）冰心翻译的“像”明喻结构一定程度上揭示了其翻译主题的独特性，体现了呈现主题的功能。

5.2.2 认知功能

“像”明喻结构的本体和喻体往往来自不同世界，可把世俗、自然和精神世界整合起来，突出世界之间的相似点，创造新的认知体验。“像”明喻结构的认知功能主要表现为：拓展人们对世界的认知空间，创新对世俗世界内部事物关系的认知，丰富对自然世界的认知体验。

首先，冰心翻译的“像”明喻结构增加了更多的认知空间层次。我们标注了“像”明喻结构本体和喻体所属的世界范畴，观察两者所代表的世界之间的关系和相似点（如表5所示）。

表5 冰心翻译与创作的世界整合类型

本体喻体的世界范畴	翻译 频次	翻译 百分比	原创 频次 百分比	典型的明喻转换类型	翻译	原创
世俗-自然形式	127	35%	12（41%）	世俗人物-世俗事物类型	17（5%）	0
世俗-世俗形式	108	29%	12（41%）	世俗事物-世俗事物类型	2	0
世俗-精神形式	24	7%	2（7%）	世俗人物-自然动物类型	4	0
精神-世俗形式	17	5%	1（3%）	世俗概念-世俗事物类型	3	0
精神-自然形式	18	5%	0	世俗-世俗情感类型	1	0
精神-精神形式	20	5%	0	世俗-世俗武器类型	2	0
自然-世俗形式	41	11%	0	世俗住所-世俗事物类型	1	0
自然-精神形式	5	1%	1（3%）	精神世界-世俗精神类型	1	1（3%）
自然-自然形式	17	5%	0	自然景象-自然动物类型	1	0
复合形式	9	2%	1（3%）	世俗-自然+世俗类型	0	1（3%）
总共	368		29			

数据显示，冰心创作的世界整合类型共有8种，冰心翻译的则有19种，很明显，冰心翻译构建的世界层次更多，认知空间更为丰富。此外，冰心翻译的复合整合类型有9种，涉及多个世界及其内部事物之间的概念投射，概念结构也更为复杂。由此来看，冰心翻译通过“像”这一明喻结构，明确构建了各个世界及其内部事物之间的密切关联，描述了更广阔的认知空间。虽然冰心翻译和创作最常见的世界整合类型皆为世俗向自然、世俗内部之间的映射，但冰心翻译更关注自然与世俗、自然与精神世界的关联，突显了自然、世俗和精神世界的相似点，表现出对自然世界的深切关注和思考，开创了与冰心创作不同的认知空间。

其次，冰心翻译从新的视角描述了世俗世界，构建了世俗、自然、精神以及世俗内部事物之间的相似关系，开辟了对世俗世界新的认识。从标注统计看，冰心翻译特别关注世俗人物与世俗事物的相似点。这可能是因为，世俗的人、物比较常见，人们对之认知程度比较深，更容易形成类比联想。

另外，冰心翻译通过“像”的明喻结构拓展了对自然的认知空间。冰心创作对自然与其他世界关系的描述并不明显，而冰心翻译则明示了自然与世俗、精神及其内部事物的各种相似点，丰富了人们对自然的认知体验。

以上分析显示，冰心翻译通过“像”这一明喻结构，搭建了不同世界及其内部事物的联系，开拓了更加广阔的认知范围，反映出原作者对自然、精神、世俗世界的深刻思考。从这一角度看，“像”的明喻结构起到了一定的认知创新功能，勾画了不同于冰心创作的认知空间，给读者带来了陌生化的认知体验。

5.2.3 情感功能

“像”明喻结构通过整合不同世界的相似点，表达了比较明显的情感色彩，发挥了强烈的情感功能。统计显示，冰心翻译的“像”明喻结构把世俗比作自然事物（包括复合形式）的有131个，其中贬义52次（39.70%）、褒义49次（37.40%）、中性30次（22.90%），明显贬义最多，褒义次之，中性色彩较少。可见，冰心翻译把世俗世界比作自然世界，不只是表达了对美好事物的肯定和赞美，也有对阴暗事物的否定和讽刺。在冰心翻译中，尤其是关于世俗人物与世俗事物的比喻关系（占17%）比较典型，贬义色彩比较明显，例如：

（12）（教师）瘦-瘦得皮包骨，像有一张黑羊皮纸蒙在骨架上（贬义）

（13）她的世界（平庸可厌）-（丢到箱子上的）烂苹果（贬义）

（14）他-玩偶（贬义）

（15）我-机器（贬义）

（16）脸-干果（贬义）

（17）你-擦鞋的棕垫（贬义）

冰心创作的“像”明喻结构的情感色彩也比较明显，褒义有15次（占51.72%）、中性6次（占20.69%）、贬义8次（占27.59%）。仅从这些数据看，冰心创作的情感色彩趋向褒义，中性和贬义较少。其中，冰心创作有 13 处把世俗比作自然，褒义 7 个（53.84%），中性 2 个（15.38%），贬义 4 个（30.78%），一定程度上说明，冰心创作对自然的情感是多元的，但主要倾向于褒义。

由以上分析可知，冰心翻译的“像”明喻结构在文学层面上，明示了作品主题，强化了语篇的主题功能；在认知层面，明示了不同世界的相似点，拓展了人们的认知空间，发挥了认知创新功能；而在情感层面，“像”比喻结构明确表达了作者与译者的情感色彩，发挥了情感功能。这三大功能相互交织，语篇功能是基础，实现了“像”作为基础修辞手段的目的和效果；认知创新功能是冰心翻译体的主要功能，不仅引入了新的概念，还构建了新的认知空间，为冰心创作以及其他作家的创作提供了灵感；情感功能依附于“像”的比喻结构，拉近了作者与读者的距离，发挥了一定的人际功能。因此，冰心翻译的“像”明喻结构不仅发挥了传统的概念功能、语篇功能和人际功能，还具有认知创新功能，这应该是冰心翻译得以存在并广为流传的重要原因。

5.3 冰心翻译对冰心创作的影响

以上对“像”明喻结构的功能分析显示，冰心翻译与创作在主题描述、认知空间构建和情感表达方面都存在较为显著的差异，似乎形成了一种“平行关系”。但结合以往研究发现，冰心翻译与创作的关系远不是单纯的平行关系，而是在平行的同时相互影响，尤其是翻译文本会对原生文本产生影响。已有研究发现，在一定历史时期透过翻译的语言接触将翻译自身的显化特征迁移到目标语言之中（庞双子、王克非，2018：264），冰心翻译与其创作虽然在语言特征方面存在差异，但也有共通之处。例如，冰心翻译所用高频词与冰心创作有较大重合，且在构建语篇过程中所用词汇具有一致性（刘立香等，2012）。冰心的语言功底一定程度上影响了翻译的语言水平，同时冰心翻译对其创作也产生了一定影响。本研究进一步发现，冰心翻译对其创作的影响不只体现在语言特征层面，还体现在主题选择、概念组织和情感趋向等功能层面。

首先，在主题方面，冰心翻译的“像”比喻结构突出了原文作者对“自然”主题的关注，这对冰心创作产生了深刻影响，冰心曾明确表示自己创作《繁星》《春水》的灵感受到泰戈尔《飞鸟集》的影响。这种影响具体体现在两个方面：一是“自然”主题在冰心创作中得以体现，冰心创作的主题因此也更加丰富；二是对“自然”的褒义情感在冰心创作中得以延续，对自然的“爱”成为冰心创作的主题之一，构筑了冰心“爱的哲学”的重要内核。

其次，在概念组织方面，冰心翻译对其创作也有影响。从“像”比喻结构表达的主题类型看，翻译中有较多的事件明喻，表达了较为复杂的认知过程和具身体验。冰心创作一定程度上也受到了这种隐喻式思维的影响，出现了一定数量结构复杂的事件明喻，建立了复杂的概念整合关系。例如：

（18）送猫—嫁女儿 <事件类>：大家/rr 都/d 说/v 陈/nr1 伯伯/n 太/d 爱/v 猫/n 了/y，/wd 送/v 走/v 一/m 只/q 猫/n，/wd 就/d [[像]] /v 嫁/v 出去/vf 一个/mq 女儿/n 似的/uyy，/wd 一定/d 要/v 找/v 一个/mq 可靠/a 的/ude1 人家/n，/wd 他/rr 才/d 肯/v 给/v 。/wj

例（18）中的名词“猫”与“女儿”、动词“送”“给”“找”与“嫁”，以及目的地“可靠的人家”体现了“送猫”与“嫁女儿”事件的相似性，饱含着主人复杂、焦虑而带有美好愿望的情感。

此外，冰心通过翻译也丰富了自己创作的精神世界。冰心在翻译中花费了较多篇幅描述人的精神世界，体现了原作者对普通人的关怀。之后，冰心把这种“人文”精神也引入了创作，并与国家和民族情怀交织在一起，在中国文坛掀起了一股“爱的哲学”浪潮。

可见，冰心翻译对创作的影响是多面的，从主题选择、情感表达、概念组织到冰心的精神世界，都产生了较大影响。冰心翻译与其创作恰似两条并行而交织的线，两者的互动对我们深刻理解冰心文学的精神世界具有重要启示。

6. 小结

基于冰心翻译与创作类比语料库，以“像”明喻结构为例，本研究考察了冰心翻译语言的明喻结构及其功能。研究发现，与冰心创作相比，冰心翻译的明喻结构呈现出“变异”特征：使用频次增加、结构容量扩增、结构类型形式复杂化、相似点明示化。这种结构上的“变异”不是译者消极模仿原文结构的结果，而是与冰心翻译的多元功能有关。冰心翻译通过大量使用“像”比喻结构，突出了语篇主题，发挥了认知创新功能，表达了丰富的情感，形成了对冰心创作的呼应和补充，对冰心创作也产生了重要影响。徐骏、刘法公指出，比喻词语使用的多寡可以是衡量文字或文学作品文采高低的标准（2004：50）。冰心翻译使用了大量的明喻结构，应该是其文采出众的一个重要原因，但更为重要的是，冰心翻译的明喻结构拓展了人们对不同世界的想象空间，给中国读者带来了别具一格的认知体验。

【注释】

①目前暂见有王雪明（2017）从明喻的结构、功能和类型层面考察明喻的翻译策略，是少数的相关研究之一。

【参考文献】

[1] Baker, M. Corpus Linguistics and Translation Studies: Implications and Applications [C]. Text and Technology: In Honour of John Sinclair. Amsterdam: John Benjamins Publishing Company, 1993: 233 - 250.

[2] Granger, S., et al. Corpus-based Approach to Contrastive Linguistics and Translation Studies [M]. Beijing: Foreign Language Teaching and Research Press, 2007.

[3] Saussure, F. De. Course in General Linguistics [M]//English translation and editorial matter by Roy Harris. Beijing: Foreign Language Teaching and Research Press, 2001: 110.

[4] 陈佳. 冰心译本《吉檀迦利》创造性叛逆分析 [D]. 重庆：四川外语学院，2012.

[5] 邓卫望，熊辉. 译诗对冰心诗歌创作和翻译的影响 [J]. 西华大学学报（哲学社会科学版），2008, 27 (06): 85 - 87, 91.

[6] 冯绍锋，冯志伟. 我国语料库翻译学的研究现状：回顾与展望——一项基于15种语言学核心期刊（2005 - 2014）的调查研究 [J]. 当代外语研究，2016 (2): 69 - 74, 92.

[7] 葛晓华. 翻译与语言发展：“词汇触发”理论视角及其分析 [J]. 外语与外语教学，2014 (4): 15 - 20.

[8] 顾江萍. 试析当代日语借词对汉语的渗透 [J]. 汉字文化，2000 (1): 51 - 54.

[9] 郭锡良. 介词“以”的起源和发展 [J]. 古汉语研究，1998 (1): 1 - 5.

[10] 胡开宝，李晓倩. 语料库翻译学与翻译认知研究：共性与融合 [J]. 山东社会科学，2016 (10): 39 - 44.

[11] 黄立波. 翻译研究的文体学视角探索 [J]. 外语教学，2009 (5): 104 - 108.

[12] 黄忠廉，张平，施跃进. 冰心与翻译 [J]. 福建外语，2001 (2): 46 - 50.

[13] 寇福明，吕红周. 从符号学看翻译 [J]. 外语教学，2017 (2): 91 - 94.

[14] 李春阳. 汉语欧化的百年功过 [J]. 社会科学论坛，2014 (12): 76 - 109.

[15] 李德超，唐芳. 基于类比语料库的英语旅游文本文体特征考察 [J]. 中国外语，2015 (04): 88 - 96.

[16] 梁四琼. 从女性主义翻译观看“五四”时期女性译者及译作特质——以林徽因和冰心为例 [D]. 广州：广东外语外贸大学，2013.

[17] 林佩璇. 冰心的翻译与翻译观 [J]. 福建师范大学学报（哲学社会科学版），2001 (2): 73 - 78.

[18] 林瑞兰. 英汉比喻对比研究 [J]. 湖南农业大学学报（社会科学版），2004 (2): 92 - 94.

[19] 凌孟华. 冰心译《吉檀迦利》的初刊本 [J]. 中国现代文学研究丛刊，2014 (4): 167 - 177.

[20] 刘大为. 从事物性比喻到事件性比喻 [J]. 修辞学习，2002 (3): 14 - 17.

[21] 刘丹，熊辉. 外国诗歌的“翻译体”与中国新诗

的形式建构［J］. 社会科学战线，2010（03）：145－149.

［22］刘金龙，赵刚. 冰心翻译思想研究［J］. 理论月刊，2010（2）：125－127.

［23］刘立香，吴建平. 冰心翻译语言特征研究［J］. 福建师范大学学报（哲学社会科学版），2012（6）：119－125.

［24］卢英顺. 比喻现象的认知解释［J］. 语言教学与研究，2001（1）：42－47.

［25］罗新璋，陈应年编. 翻译论集［M］. 北京：商务印书馆，2009.

［26］穆雷，傅琳凌. 国家语言战略视角下的学术期刊之用［J］. 中国翻译，2016（3）：34－40.

［27］庞双子，王克非. 透过翻译的语言接触研究：翻译文本的“显化”特征对原生文本的历时影响［J］. 外语教学与研究，2018（2）：253－267.

［28］秦洪武，司佳冰. 翻译与目标语发展的互动研究——翻译与现代汉语言据类标记的历时变化［J］. 外国语，2015（5）：23－32.

［29］秦洪武. 英译汉翻译语言的结构容量：基于多译本语料库的研究［J］. 外国语（上海外国语大学学报），2010，（4）：73－80.

［30］盛若菁. 影响比喻浮现结构的认知因素［J］. 福建师范大学学报（哲学社会科学版），2007（05）：86－89.

［31］束定芳. 论隐喻与明喻的结构及认知特点［J］. 外语教学与研究，2003（2）：102－107，161.

［32］宋晓春. 冰心翻译研究的生态途径［J］. 湖南大学学报（社会科学版），2012（1）：103－106.

［33］王蓉. 基于语料的英汉翻译语言风格对比研究［D］. 南京：南京师范大学，2013.

［34］王鸿滨. 上古汉语介词的发展与演变［J］. 上海师范大学学报（哲学社会科学版），2004（5）：119－125.

［35］王克非，秦洪武. 英译汉语言特征探讨——基于对应语料库的宏观分析［J］. 外语学刊，2009（1）：102－105.

［36］王雪明. 明喻翻译研究：以朱自清散文英译为例［J］. 北京科技大学学报（社会科学版），2017（5）：29－35.

［37］魏丽杰. 冰心翻译思想探究［D］. 成都：四川外语学院，2010.

［38］温腾. 基于语料库的《红楼梦》霍克斯译本显化研究［D］. 曲阜：曲阜师范大学，2016.

［39］夏云. 基于语料库的英汉翻译小说常规化研究：历时的视角［D］. 济南：山东大学，2010.

［42］徐珺，刘法公. 英汉喻体文化内涵对接与比喻性词语的翻译［J］. 外语研究，2004（5）：50－53，80.

［43］杨娟. 女性主义翻译视角下冰心翻译思想研究［D］. 沈阳：沈阳师范大学，2016.

［44］叶子南. 高级英汉翻译理论与实践［M］. 北京：清华大学出版社，2016.

［45］袁毓林. 比喻结构的转换生成研究初探［J］. 杭州大学学报（哲学社会科学版），1986（1）：42－51.

［46］张丹. 基于语料库对汉语翻译语言结构容量的研究［D］. 曲阜：曲阜师范大学，2013.

［47］赵稀方. 翻译现代性：晚清到五四的翻译研究［M］. 天津：南开大学出版社，2012.

［48］朱一凡. 翻译与现代汉语的变迁［M］. 北京：外语教学与研究出版社，2012.

【作者简介】

刘立香，集美大学外国语学院副教授。主要研究方向：翻译实证研究，双语词典翻译研究。电子邮箱：liulixiang1981@163.com。

李德超（通讯作者），香港理工大学中文及双语学系副教授、博士生导师。主要研究方向：语料库翻译学，翻译教学。电子邮箱：dechao.li@polyu.edu.hk。

经典译入小说女性形象构建与高校女性教师自我认同研究①

◎邵 璐（中山大学外国语学院 广州 510275）
邓百雄（黔东南民族职业技术学院 凯里 556000）

【摘 要】 本研究聚焦探讨经典汉译小说所塑造的女性形象对高校女性教师的影响，并试图了解高校女性教师在其影响下的自我认知及其汉译小说阅读现状。本研究综合采用问卷调查法、个案访谈法和分析法，从收集到的有效数据中分析发现：其一，经典汉译小说所塑造的女性形象对高校女性教师的个人价值观和人生观，尤其是个人成长、家庭生活和工作事业等方面有着较大影响；其二，经典汉译小说女性形象对高校女性教师自我认同具有标杆作用、引领作用、对比作用和复制作用；其三，绝大多数高校女性教师自我认同心理在一定程度上受到了其所阅读过的汉译小说中女性形象的影响，包括择偶标准、交友标准在内的诸多方面。此外，本研究根据收集到的有效问卷数据发现：当前近一半的高校女性教师由于工作、家庭等方面的压力而不具备良好的阅读环境或条件，目前其阅读汉译小说的情况不甚理想。

【关键词】 汉译小说，女性形象，高校女性教师，自我认同

Abstract This article focuses on the influences of woman images created in the Chinese translation of classic English novels on university female teachers. The status quo of their cognition and novel reading based on the influences is also discussed. In this study, questionnaires, case interviews and text analysis are used to synthesise the data. Preliminary findings are as follows: (1) Woman images created in the Chinese translation of classic novels have had a great influence on the personal values and outlook of university female teachers in China, especially on their personal growth, family life, and career; (2) Woman images of Chinese translation of classic novels have benchmarking, leading, duplicating effects, and exemplify the self-identity recognition of university female teachers; (3) The self-identity psychology of most university female teachers is influenced to some extent by the female images of Chinese translation of novels they've read. The influence includes the criteria for choosing spouses and making friends. In addition, according to the valid questionnaire data, nearly half of university female teachers do not have a good reading environment or nice reading conditions, due to pressures from working, family, etc. Currently, the status quo of reading Chinese translation of classic novels is far from being ideal.

Key words Chinese translation of novels, woman images, university female teachers, self-identity recognition

① 基金项目：本文是邵璐主持的国家社会科学基金青年项目“认知文体学视域下阿来小说地域特征性及汉英平行文本对比研究”（14CYY002）的阶段性成果。

1. 引言

经典汉译小说一直深受广大读者喜爱，其所塑造的人物形象亦影响了一代又一代读者。尤其是女性主义题材的汉译小说自引入国内以来，一直有着一大批包括女性读者在内的忠实读者。本研究试图以经典汉译小说为切入口，旨在研究其所塑造的女性人物形象如何影响高校女性教师的自我认同，并了解当前高校女性教师在经典汉译小说女性形象的影响下自我认同的现状，阐释高校女性教师自我认同构建受经典汉译小说女性形象影响的总体特点。

学术界目前对小说与读者自我认同之间关系的论述已有一些研究成果，但基本都停留在对某一时期的小说如“新时期”小说、某一个流派或主义的小说如劳伦斯现代主义小说、某个作家与特定读者群体自我认同的研究。其研究的基准对象虽然专一，但相对而言还是稍显单薄，研究成果也只能涵盖某一时段、某一流派或主义、某个别作家小说作品与所对应的特定读者群领域，其适用性相对而言有一定局限性。此外，以上的学术研究成果基本都是运用理论分析论述这一研究方法。虽然这一研究方法一直是文学研究领域奉行的主要研究方法，但未免过于单一，同时其研究成果也易存在较大的主观性。本研究意在打破传统的理论阐释和主观分析等单一定性研究范式，而是在以研究问题为导向和力图架构有关理论的基础上进行科学的数据收集、筛选和分析，运用定量研究与定性研究相结合的综合研究方法，确保研究成果具备科学性、客观性，减少主观臆断。

本文创新性地打破某一特定时期、特定流派或主义、特定作者小说作品的限制，以经典汉译小说女性主义题材作品为切入口，目的有二：一是规约小说的外域来源，将研究视野转向翻译文学（外译汉）作品所塑造的女性形象领域；二是将经典汉译小说作为切入口，范围宏大且精准。我们不强行指定具体经典汉译小说范围，而是除了提供一些认可度较高的文学作品作为选择外，还开放式地接受其他经典汉译文学作品。

2. 研究设计

本研究采用定性与定量相结合的研究方法，规范研究对象、研究范围、研究方法、研究过程和数据处理，采用的研究方法主要有问卷调查法、个案访谈法、分析法等。

2.1 研究对象

高校女性教师是我们的研究对象，旨在研究她们的成长、学习、生活和工作过程中所阅读过的经典汉译小说所塑造的女性形象对其产生的影响。由于全国范围内女性教师基数之大，我们无法做到一一调查或采访。按照统计学的样本调查相关理论，我们以分层抽样和随机抽样相结合的方法确定样本群体，同时对样本群体随机抽取进行后续访谈，以进一步挖掘其有关数据背后的动机或心态。

在设计抽样环节时，我们基于确保多重标准、基本覆盖高校女性教师各大群体的目的，对问卷进行了多重、多层、多方设计（如被调查对象的年龄、学历、婚姻状况和学科归属等，被调查对象所在高校的办学类型、地域归属以及城市等级划分等），以确保调查对象基本覆盖各层级的高校女性教师群体。

2.2 研究范围

文学当中的自我认同主要是基于在读者本人阅读作品过程中通过该作品所塑造的形象对读者产生的共鸣等，促使读者内心自觉或不自觉地与该形象进行对比，通过对比产生的差异、类似，乃至雷同等效应进而促使读者接受自我、认同自我的心理变化过程。这也是该文学作品通过一系列形象的塑造作用和影响读者的价值观、人生观乃至世界观的过程。我们认为经典汉译小说所塑造的人物形象对读者自我认同的影响主要体现在以下五个方面：对自我状态的反思；对自我价值的追求；对审美标准的调整；对自我言行的规约和对人生价值观的影响。

为此，在确保信度和效度的基础上，我们的问卷（见附录）共设置27道题，皆为必答题，涉及多种题型，主要分为四大部分：第一部分主要搜集被调查对象的个人信息，便于对后期相关数据的处理和进一步进行分门别类的分析；第二部分主要搜集被调查对象所在高校的基本情况，便于从多角度观察研究；第三部分主要集中在从不同角度调查高校女性教师如何受其所阅读经典汉译小说塑造的女性形象影响；第四部分旨在了解被调查对象当前阅读现状。具体内容分布见表1：

表1　问卷主要内容分布

四大部分	主要调查内容	题号	“自我认同”测试倾向
第一部分	高校女性教师个人情况	1－9	自我状态的反思
第二部分	女性教师所在高校基本情况	10－13	
第三部分	女性教师阅读经典汉译小说情况	14－24	自我价值的追求，审美标准的调整，自我言行的规约，人生价值观的影响
第四部分	女性教师当前阅读现状	25－27	自我价值的追求

2.3 研究方法

我们主要采取问卷调查法，并在定量分析的基础上运用了个案访谈法，进一步挖掘数据背后的动机或心态，详细分析和阐释相关问题。

2.4 研究过程

在制定好问卷后，我们通过问卷星网站（www.wjx.cn，一个专门从事问卷调查制作、发送以及数据收集的网站）对符合问卷调查对象的高校女性教师进行随机发送。我们拟定的数据限值为不低于400份，达到后随即截止数据收集。

2.5 数据处理

通过问卷星网站及其提供的SPSSAU在线分析软件，对数据进行科学筛选，剔除无效数据，保留有效数据。问卷数据收集后，我们对数据进行分析，通过同一答卷者问卷中设置的交叉项目问题所选答案冲突、所指同一项目的不同答案逻辑不一致、地域与高校层次不匹配等多种方法剔除无效数据，保留真实可信数据，为下一步数据分析和总结研究结果打下可靠的数据基础。

3. 研究结果

经过问卷星网站，笔者共收到问卷419份，通过SPSSAU在线软件和其他筛选手段留下有效问卷384份，问卷有效完成率达91.65%。接下来，我们将从高校女性教师个人情况、女性教师所在高校基本情况、经典汉译小说女性形象影响下的高校女性教师自我认同分析以及高校女性教师当前阅读状况四个部分呈现本次研究结果。

3.1 高校女性教师个人情况

从收集的有效数据分析来看，我们从被调查对象处获得了其年龄构成（见图1）、学历分布（见图2）、婚姻状况（见图3）和养育子女情况（见图4）等。

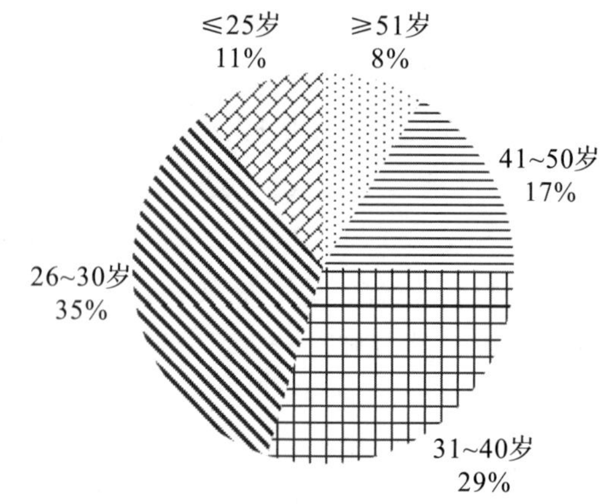

图1　被调查对象年龄构成比例

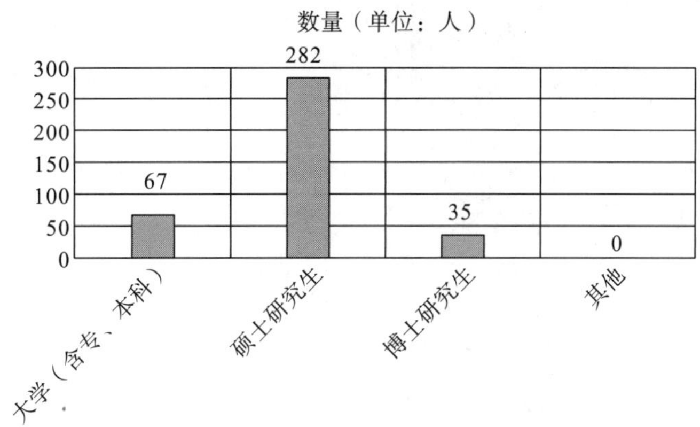

图2　被调查者学历分布情况

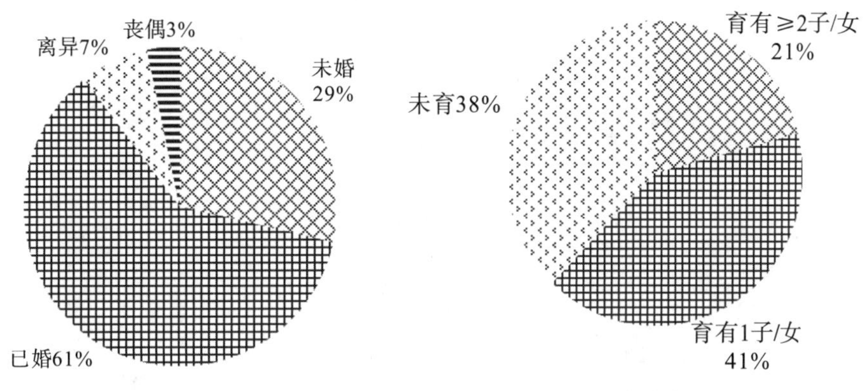

图3　被调查者婚姻状况　　图4　被调查者养育子女情况

从图1、2、3、4可以看出，被调查的高校女教师分布合理，涵盖了多个年龄层次、多个学历层次、多种婚姻状况以及多种养育子女情况。由此可以看出，我们此次调研的被调查者从广度上满足了多个维度的跨越，具有较强的合理性和科学性。

此外，我们还收集了被调查者的工龄（见图5）、职称（见图6）、学科属性（见图7）以及所在岗位类别（见图8）情况的相关信息。

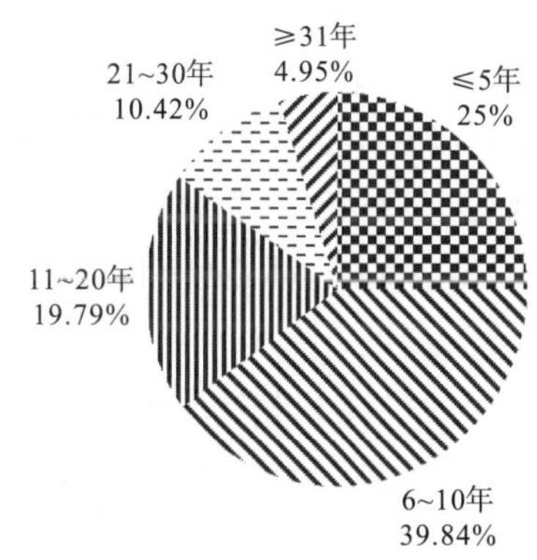

图5　被调查者工龄分布

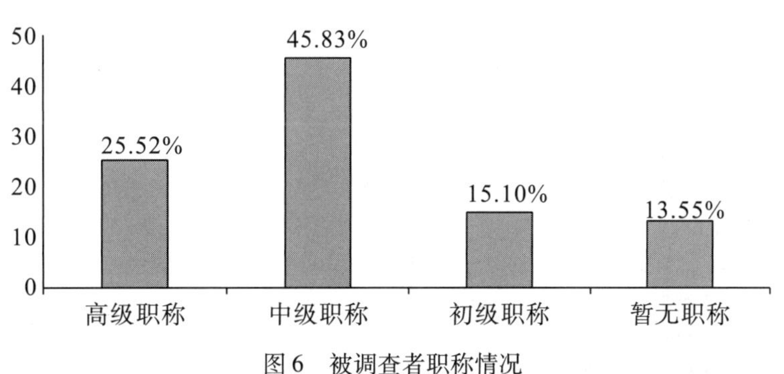

图6　被调查者职称情况

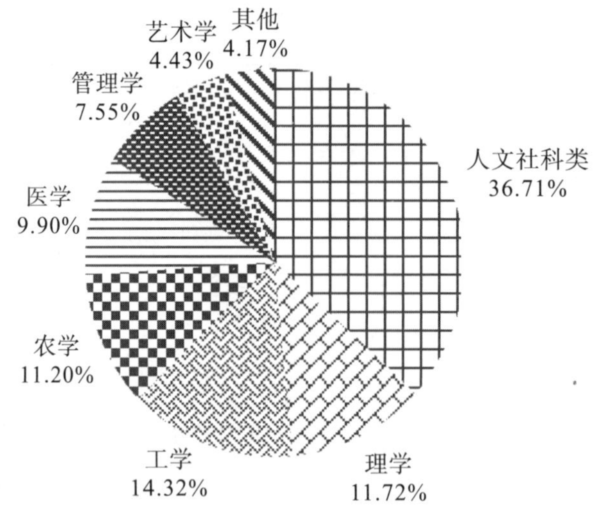

图7 被调查者学科归属情况

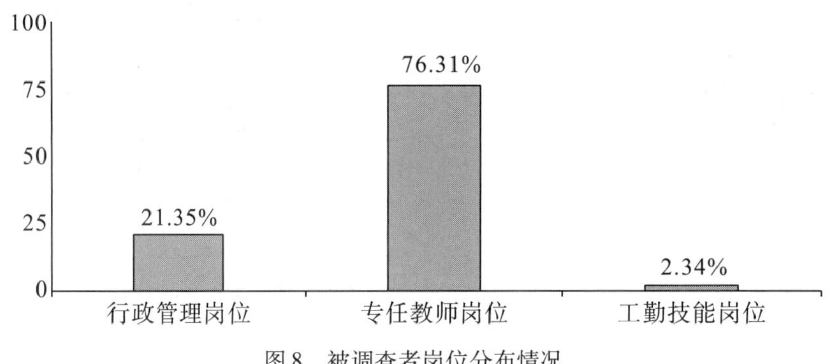

图8 被调查者岗位分布情况

从以上四幅图呈现的信息来看，被调查的高校女教师在工龄分布、职称覆盖、学科归属和岗位分布的跨度和层次上也体现出合理性和丰富性，有利于后期从多角度进行研究分析。

3.2 女性教师所在高校基本情况

从采集的有效数据看，被调查的高校女性教师所在的高校属性涵盖了多种类型（见图9），所在高校办学层次也是覆盖了从国家双一流建设高校到地方普通专科高校（含职业院校）和民办高校等多个层次，层次跨度全面合理（见图10），所在高校地域划分全覆盖（分为东部、中部和西部①，见图11），所在高校所处城市等级归属（分为一线城市、新一线城市、二线城市和其他线城市②，见图12）分区合理。

①东部地区包括：北京、天津、河北、辽宁、上海、江苏、浙江、福建、山东、广东和海南11个省（市）或自治区；

中部地区包括山西、吉林、黑龙江、安徽、江西、河南、湖北和湖南8个省；

西部地区包括：四川、重庆、贵州、云南、西藏、陕西、甘肃、青海、宁夏、新疆、广西和内蒙古12个省（市）或自治区。

②一线城市（4个）：北京市、上海市、广州市、深圳市。

新一线城市（15个）：成都市、杭州市、武汉市、重庆市、南京市、天津市、苏州市、西安市、长沙市、沈阳市、青岛市、郑州市、大连市、东莞市、宁波市。

二线城市（30个）：厦门市、福州市、无锡市、合肥市、昆明市、哈尔滨市、济南市、佛山市、长春市、温州市、石家庄市、南宁市、常州市、泉州市、南昌市、贵阳市、太原市、烟台市、嘉兴市、南通市、金华市、珠海市、惠州市、徐州市、海口市、乌鲁木齐市、绍兴市、中山市、台州市、兰州市。

参见：中国新一线城市排名出炉，http://finance.sina.com.cn/china/gncj/2017-05-27/doc-ifyfqqyh8708346.shtml（2017-05-27）[EB/OL][2019-01-02].

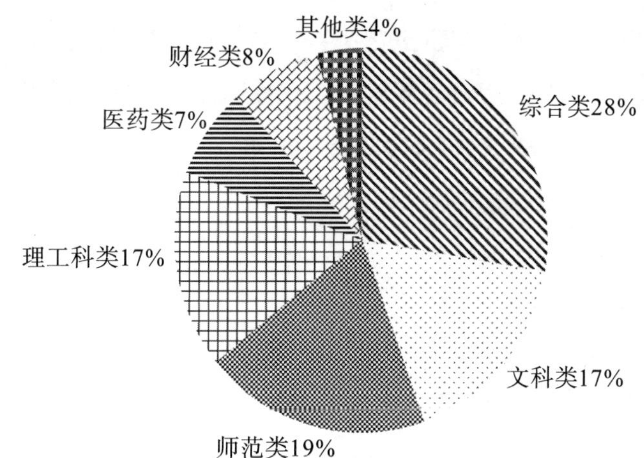

图 9　被调查者所在高校类型

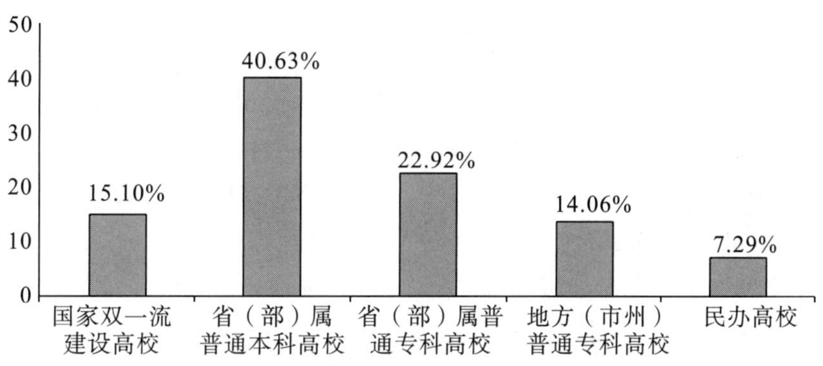

图 10　被调查者所在高校办学层次

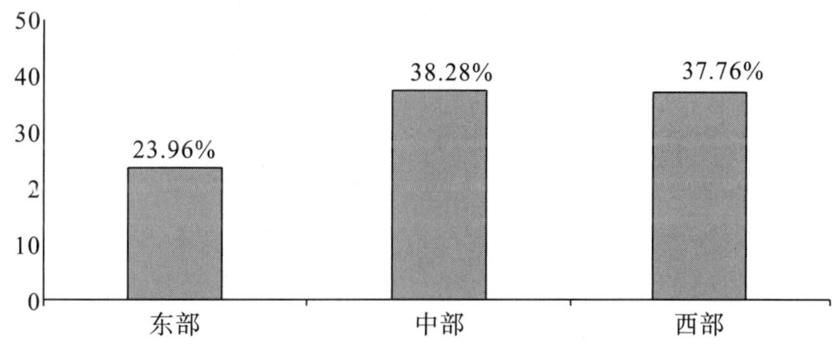

图 11　被调查者所在高校地域划分

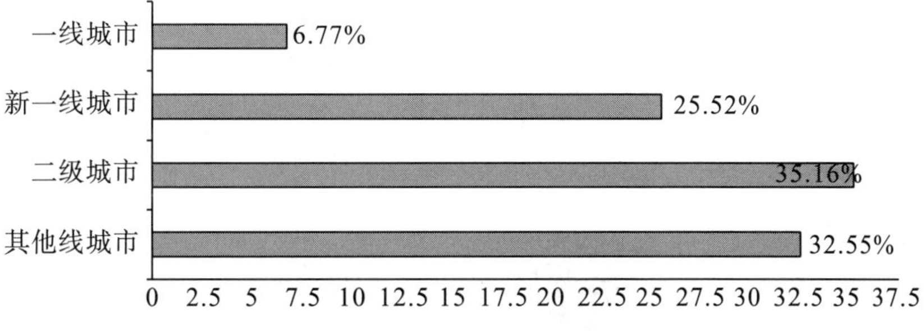

图 12　被调查者所在高校城市等级归属

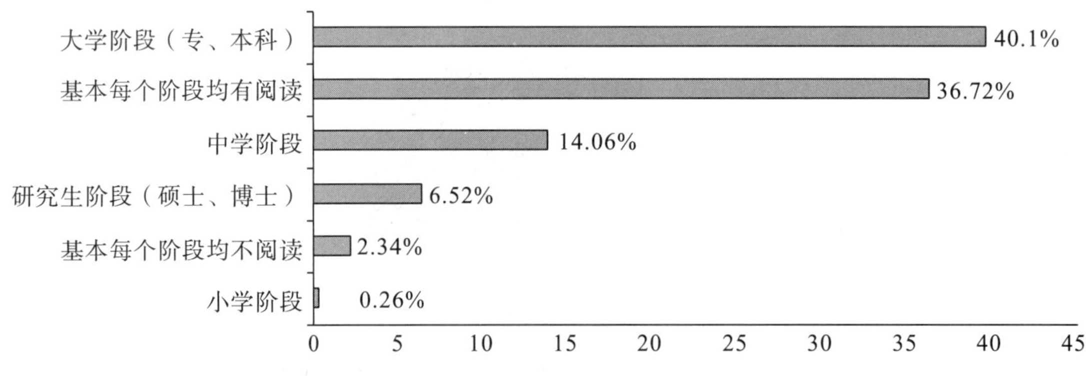

图13　高校女性教师较为集中阅读汉译女性小说作品的阶段排序

3.3 经典汉译小说女性形象影响下的高校女性教师自我认同分析

3.3.1 高校女性教师与其经典汉译小说女性作品阅读体验概况

第一，高校女性教师较为集中阅读经典汉译小说女性作品的阶段特点。

从收集的有效数据来看，高校女性教师较为集中阅读经典汉译小说女性作品的阶段分布图（见图13），可见，在高校女性教师成长、学习和工作过程中，较为集中阅读经典汉译小说女性作品的阶段占比最多的是大学阶段（专、本科），占比超过四成，其次是每个阶段均有阅读，占比36.72%，紧随其后的是中学阶段，占比为14.06%。

为了解被调查者提供的数据背后的动机与心理，我们从自愿接受后续访谈的被调查者中随机访谈了5位对象。她们基本都表示，大学阶段是整个人生求学历程中业余时间相对丰富、自由时间较能由自己支配的关键时期。同时大学阶段图书馆是个人求学时期学习和提高自我的最重要的场所之一。阅读小说（含经典汉译小说）成为她们主要的消遣方式之一。而中学时期，由于升学压力大，全身心阅读课外小说（含经典汉译小说）的时间较少，即使阅读有关作品也多是浅尝辄止，不能较为细致地展开研读。

中学时期和大学时期是一个人人生价值观形成的最重要时期，也是人生价值观基本定型的时期。通过阅读经典汉译小说作品，尤其是女性作品，对于女性个人成长和发展都有着很大的影响，在其感知世界和自我认知方面也起着潜移默化的作用。

第二，高校女性教师关于经典汉译小说女性作品主题的选择倾向。

经典汉译小说女性作品主要有传统爱情、战争与社会、寻找女性“自我”和其他等主题。我们从收集的数据看，高校女性教师最喜爱的女性作品主题排序依次是：寻找女性“自我”（43.41%）、传统爱情（22.92%）、战争与社会（20.31%）、其他主题（13.36%）（见图14）。

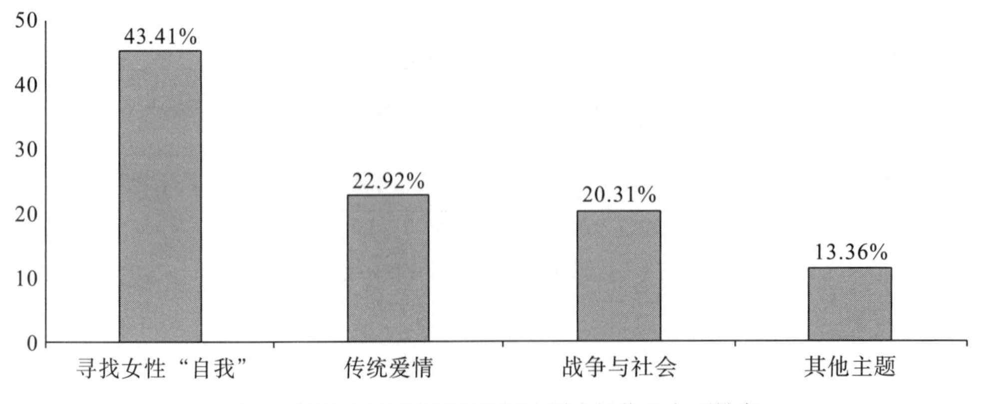

图14　被调查者最喜爱的汉译小说女性作品主题排序

19 世纪中后期以来的汉译女性主义作品拉开了中国旧社会萌发新思想的女青年追求自我和自由解放的序幕。随着中国社会和思想的进步，中国女性接触西方世界女性思想的机会和途径越来越多，女性的地位也越来越高，其权利也越来越多地得到保障。随着改革开放的进一步深入，中国现当代女性接触这些经典汉译女性作品的机会大大增加。故此，寻找女性“自我”这一主题成为近四成被调查者的首要选择。另外，由于女性自身在思想和感情上的特点，爱情主题也成为众多高校女性教师阅读的优先选择。

第三，从汉译小说女性作品篇幅长短角度看高校女性教师阅读的选择倾向。

文学作品的篇幅长短是影响读者是否选择该作品进行阅读的重要因素之一，这与读者平时的阅读精力、阅读习惯和阅读兴趣有很大的关系。从图 15 可以看出，被调查的高校女性教师中，超过一半的人并不介意篇幅长短，但也有超过两成的被调查对象更倾向于阅读中篇女性作品小说，紧随其后的是长篇小说和短篇小说。

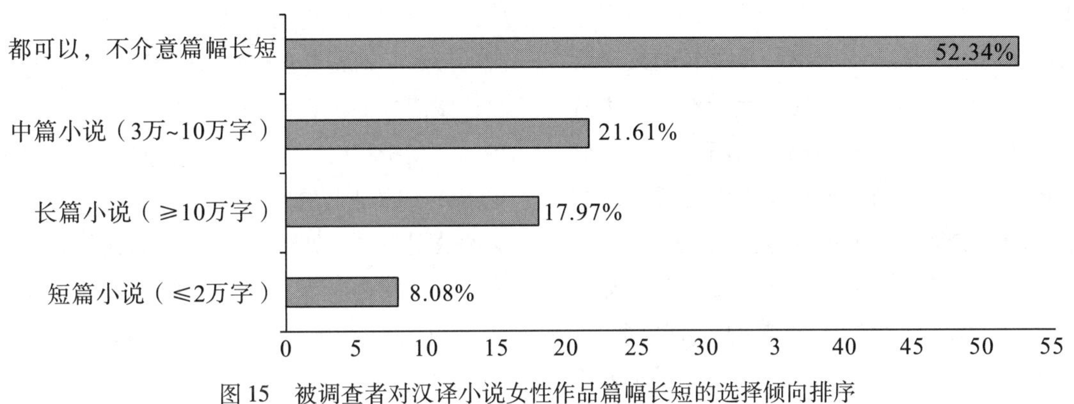

图 15 被调查者对汉译小说女性作品篇幅长短的选择倾向排序

为了解被调查者的所思所想，我们随机回访了 8 位被调查对象，其中不介意篇幅长短的对象有 5 位，选择中篇小说的有 3 位。由于访谈时机不恰当（对方不方便）的问题，有 1 位不介意篇幅长短的被调查对象拒绝了我们的进一步访谈。从其他 4 位的访谈情况来看，她们基本都表示相较于篇幅长短而言，她们更在意所阅读小说的主题是否能引发其阅读兴趣。只要是自己感兴趣的小说主题，无论篇幅长短，在阅读时间较为充裕的情况下，她们都会将该小说列入阅读计划。倾向于阅读中篇小说的 3 位回访者基本都表示自己的选择主要基于有限的阅读时间和精力分配，由于中篇小说篇幅既不过长也不过短，需要投入的阅读时间和精力不会太多，所以她们在阅读选择上会力争在篇幅长短和个人阅读兴趣之间寻求一个平衡点。

3.3.2 经典汉译小说女性作品与高校女性教师自我认同探究

第一，经典汉译小说中印象最深刻的女性形象代表人物与高校女性教师的自我认同。

阅读经典汉译小说后，给高校女性教师留下最深刻印象的女性形象往往会在今后的成长、学习、生活和工作中，乃至在人生价值观的形成上产生潜移默化的影响。从图 16 显示的数据看，排名前四的选项依次是斯嘉丽（《飘》）（15.1%）、德拉（《麦琪的礼物》） （13.8%）、艾丝美拉达（《巴黎圣母院》）（11.46%）、伊丽莎白（《傲慢与偏见》）（11.46%）。

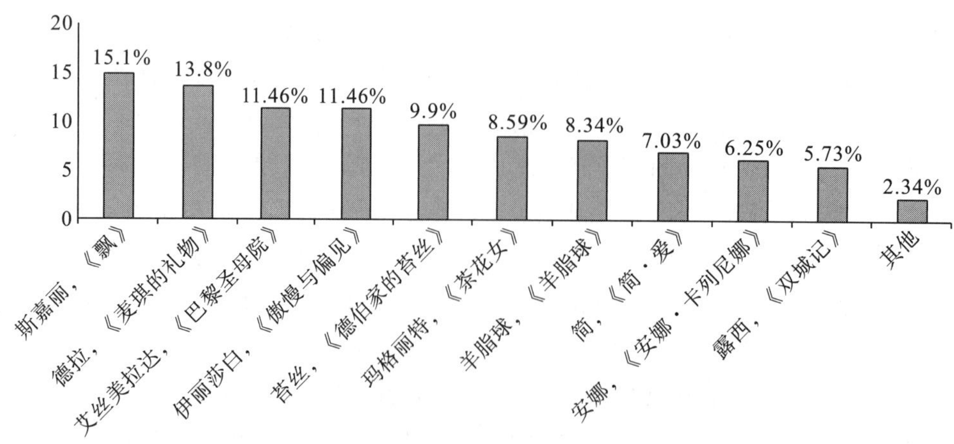

图 16　被调查者阅读经典汉译小说中印象最深刻的女性形象代表人物排序

我们从后续的 18 位随机回访中发现，排名越靠前的选项越有可能是读者第一本接触的汉译女性作品小说。第一部接触的汉译女性作品小说犹如激起女性读者内心涟漪的第一块石头，从无到有的认知奠定了后面的其他类似女性题材作品的阅读基础，其在读者心中的意义是举足轻重的。

第二，经典汉译小说中最被高校女性教师欣赏的女生形象特质与高校女性教师的自我认同。

经典汉译小说所塑造的女性形象是原作者表达自己思想和愿望的主要媒介，继而影响读者的阅读感受和人生体验，甚至会影响读者人生价值观的形成。就高校女性教师而言，若能认可或接纳自己阅读过的汉译小说女性作品所塑造的女性形象（这里指积极向上的女性形象），那么肯定是看中了其人物身上的闪光点或其他特质。从问卷收集的数据来看（见图 17），我们发现高校女性教师最认可的经典汉译小说女性形象所具备的特质排名前五的分别是：坚强（40.36%）、自信（38.02%）、独立（36.2%）、自由（33.07%）、乐观（31.77%）。

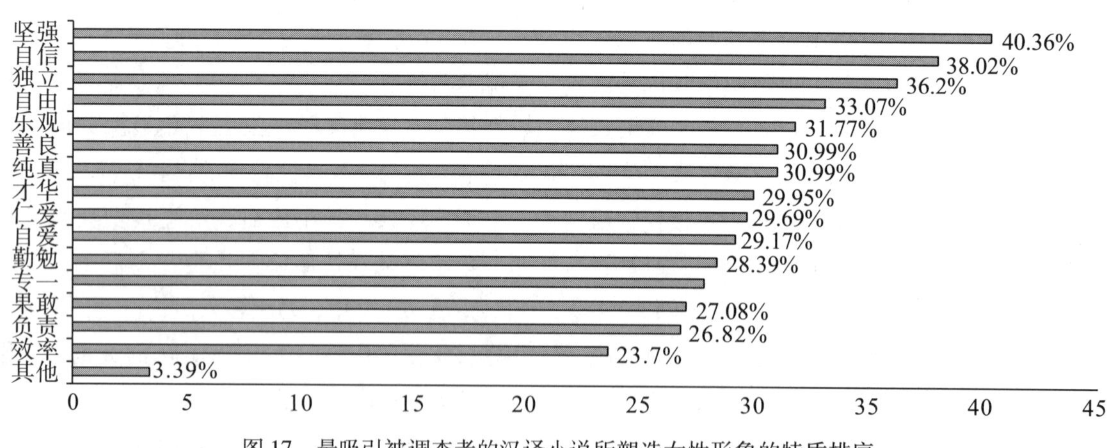

图 17　最吸引被调查者的汉译小说所塑造女性形象的特质排序

这五项最受高校女性教师认可的特质较为集中地映射了汉译文学作品在促进女性思想解放运动上所起到的强大推动作用，同时也表明这五大特质从某种心理折射角度看，恰好是高校女性教师读者群追求的宝贵精神品质。从自我认同角度讲，这些也应是高校女性教师衡量自我价值的标尺或追求的目标。

第三，经典汉译小说积极女性形象与高校女性教师养育女儿的观念。

经过有条件的数据筛选，我们发现，在已育有子女的高校女性教师群体中，根据被调查高校女性教师在涉及养育儿女的观念方面是否会刻意仿照其青睐的汉译小说经典女性形象的特质去培育女儿该女性形象具备的相关特质的数据（见图18），超四成（育有 1 子/女 43%，育有≥2 子/女 55%）认为会刻意仿照。对于未育的高校女性教师而言，未来选择“会”的比例也比“不会”的高（“会”32% > “不会”28%）。由此可见，汉译小说所塑造的成功女性形象对高校女性教师育女观念有较为强大的同化作用。

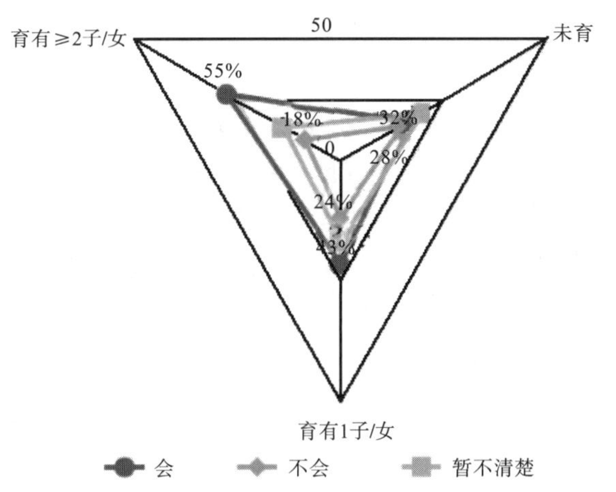

图 18　被调查者是否会刻意仿照其青睐的汉译小说经典女性形象的特质去养育女儿数据

3.3.3 高校女性教师认可的经典汉译小说塑造的女性形象与内心自我认同对比探究

第一，经典汉译小说女性形象对高校女性教师自我认同的标杆作用。

为了解阅读（过）经典汉译女性小说作品的高校女性教师是否会有意无意用汉译小说经典中所塑造的积极女性形象来鼓励自己向其靠拢这一问题，我们搜集了相关数据（见图 19）：超九成的被调查者表示有在生活或工作出现困境时用心中认可的汉译小说女性形象激励自己，其中几乎每次都如此的占比 4.16%，经常性如此的高达 47.92%。由此可见，汉译小说积极女性形象对高校女性教师的自我认同产生了较为深远的影响，起到了标杆作用，潜移默化地让其向汉译小说积极女性形象靠拢。

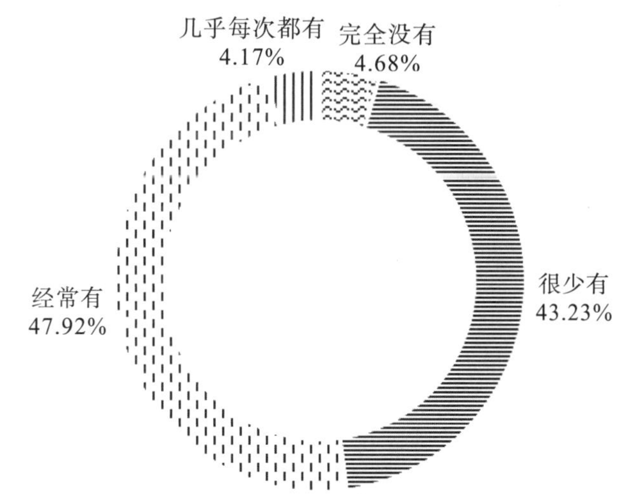

图 19　被调查者是否有在生活或工作出现困境时用心中认可的汉译小说女性形象激励自己排序

第二，经典汉译小说女性形象对高校女性教师自我认同的引领作用。

汉译小说女性形象的成功塑造往往会给读者留下许多遐想空间。尤其是当读者发现自身与该形象存在明显差异时，读者往往会在这些形象的引领下反思自己与其存在的差距。从这种程度上讲，经典汉译小说女性形象对高校女性教师的自我认同具有一定的引领作用。我们可以从图 20 分析看出，近 80% 的被调查者认同自己具有汉译小说某一位或多位女性形象的某些特质（其中“非常认同”的占比为 17.19%，“比较认同”的达 62.24%）。

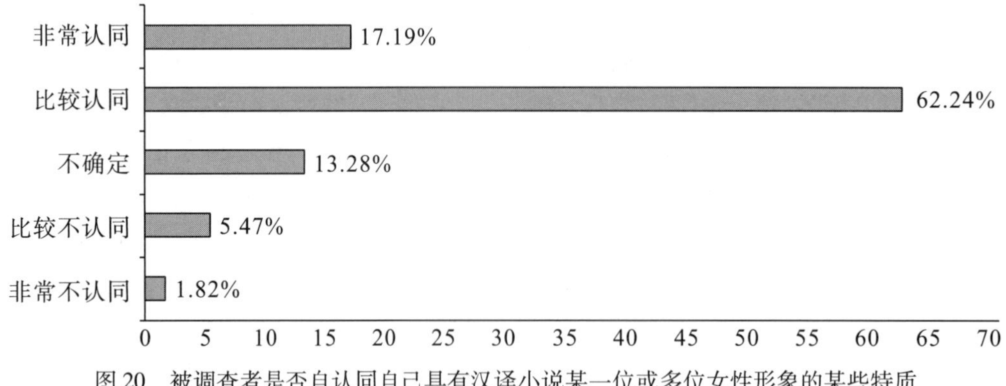

图20 被调查者是否自认同自己具有汉译小说某一位或多位女性形象的某些特质

第三，经典汉译小说女性形象对高校女性教师自我认同的对比作用。

汉译小说女性形象的成功塑造犹如在读者心中树立了一个标杆，读者会有意无意地拿这一标杆对照自己，比较与其之间存在的差距。从这种角度来看，经典汉译小说女性形象对高校女性教师自我认同具有一定的对比作用。如图21所示，超过九成的被调查者表示，目前的生活和工作状态与其心目中认可的汉译小说女性形象有差距，其中有较大或极大差距的占比超过50%。

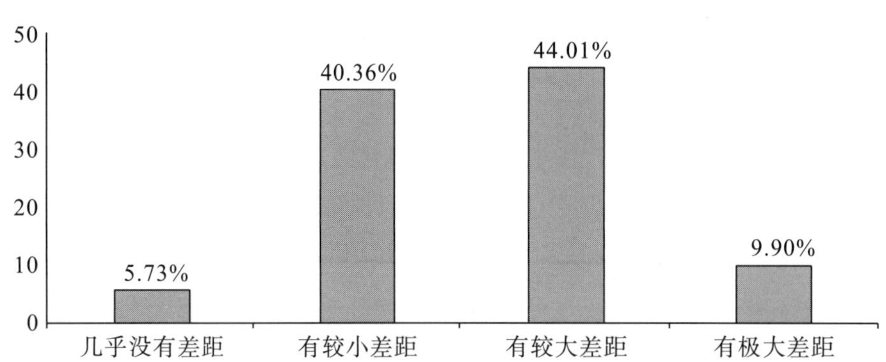

图21 被调查者目前生活和工作状态是否与其心目中认可的汉译小说女性形象有差距

第四，经典汉译小说女性形象对高校女性教师自我认同的复制作用。

基于数据分析（见图22），有近90%的高校女性教师受调查者有过向身边其他女性朋友推荐自己认可的汉译小说作品的行为，其中经常有此行为的比例达32.55%。我们认为，自我认同的复制作用可以通过向身边的亲友推荐自己认可的内容、方法或模式来实现。也即是说，经典汉译小说女性形象对高校女性教师自我认同的影响具备一定的复制作用。此复制作用发挥影响的前提是高校女性教师自身首先认可了该汉译小说女性形象，然后向身边的女性朋友推荐，促使其女性朋友有意无意地加以复制。

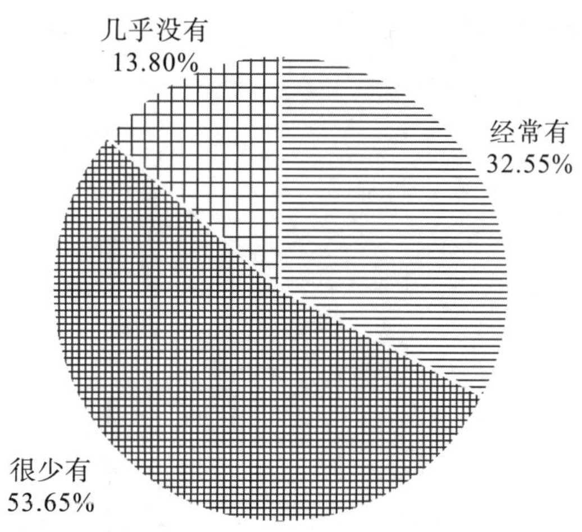

图22 被调查者推荐自己认可的汉译小说女性作品给其女性朋友的情况

3.3.4 经典汉译小说塑造的女性形象对高校女性教师的其他影响

阅读汉译小说对读者人生观、价值观和世界观都会有不同程度的影响。我们认为，基于同理心，高校女性教师阅读汉译小说女性作品后，该小说所塑造的女性形象会使读者有代入感，促使读者思考若设身处地站在汉译小说经典中女性形象的角度，自己会如何抉择或行动。这种迁移作用会影响读者在今后的生活或学习中做抉择的心态。如图23显示，在被调查的高校女性教师中，有98.18%的被调查者或多或少受到汉译小说经典中女性形象对其在择偶标准、谈吐举止和工作态度等方面的影响。其中，择偶标准方面受影响的达59.9%，面对困难的心境和对生活的希冀方面受影响的均达57.29%，交友标准方面受影响的达52.86%，谈吐举止和为人处世方面受影响的也达到了50%。

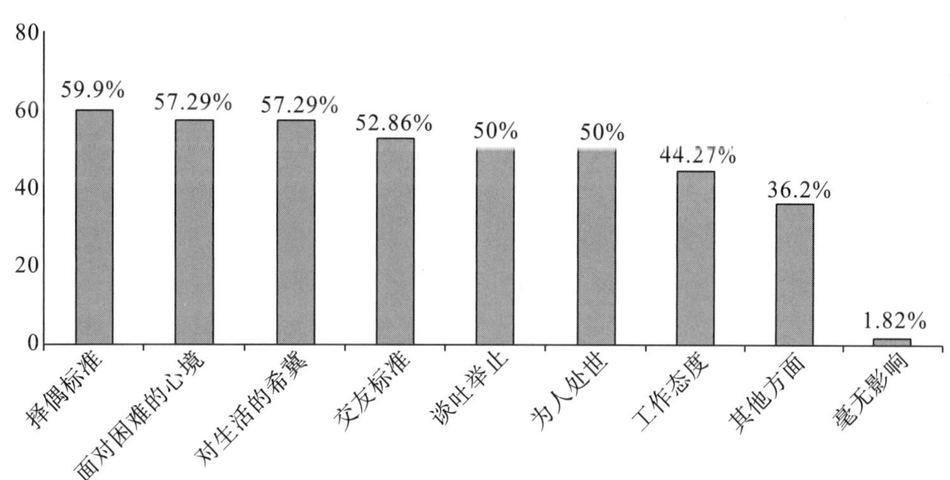

图23 汉译小说经典中女性形象对高校女性教师其他方面的影响排序

我们从后续的若干回访数据中还了解到择偶标准位列第一的可能缘由。由于女性性别和心态的独有特点，加之以女性爱情为主题的汉译小说相对而言更受高校女性教师的青睐，小说中女主人公对待爱情的态度和心境往往会迁移到读者的择偶过程中，进而影响其择偶标准。其他方面如择友标准亦可以此类推。

3.4 高校女性教师阅读现状

从我们掌握的数据来看，当前高校女性教师的阅读现状忧喜参半。

3.4.1 高校女性教师当前阅读汉译小说的总体习惯较好

从图 24 可以看出，当前高校女性教师阅读汉译小说的习惯整体较好：62.76% 的人有着偶尔阅读的习惯，30.99% 的人保持着经常阅读的习惯，仅有 6.25% 的人完全没有阅读习惯。总的来看，这对于高校女性教师人文素养的提升有着积极的促进作用。

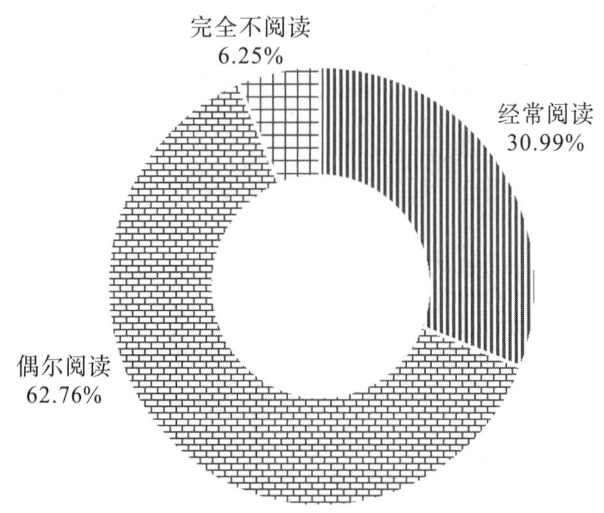

图 24 被调查者当前阅读汉译小说的习惯

3.4.2 当前高校女性教师阅读汉译女性小说的数量整体较为有限

图 25 显示，被调查的高校女性教师迄今为止完整阅读过汉译女性小说作品数量超过 20 本的仅占 16.15%，阅读在 10 本以内的有接近一半的比例（占比 43.75%）。总的来说，当前高校女性教师阅读汉译女性小说的数量整体有待提升。

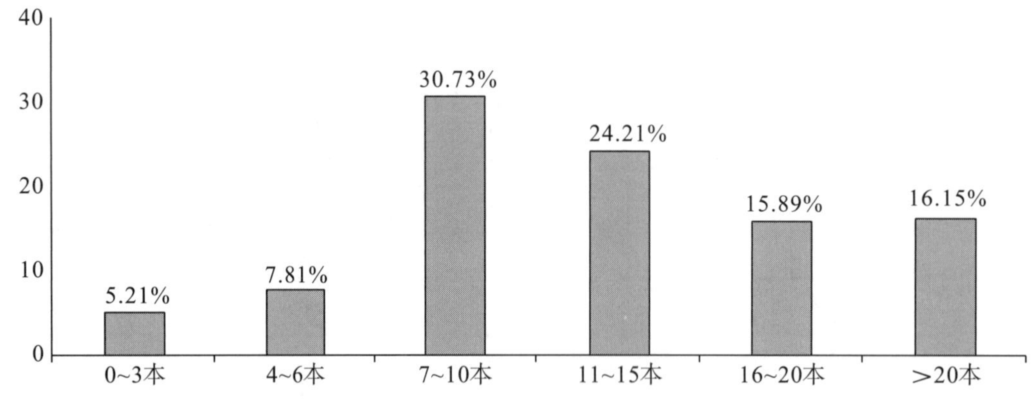

图 25 被调查者迄今为止完整阅读过的汉译女性小说作品数量

为了进一步挖掘具体信息，经过科学筛选数据等环节，我们发现，从受调查者的职称高低角度来看，具备高级职称的高校女性教师阅读书目数量大于 20 本的占比最高，达到了 33%。而中级职称、暂无职称和初级职称占比分别为 10%、10% 和 16%（见图 26）。从受调查者的学科归属角度来看，人文社科类和艺术学类的高校女性教师阅读书目数量大于 20 本的占比最高，分别达到了 27% 和 33%。而医学和其他类学科的高校女性教师阅读书目数量 0～3 本的占比最高，分别为 16% 和 13%。同时工学类的高校女性教师阅读书目数量 > 20 本的占比最低，仅为 4%。当前这三个学科的高校女性教师阅读汉译女性小说的数量整体还有待提高。

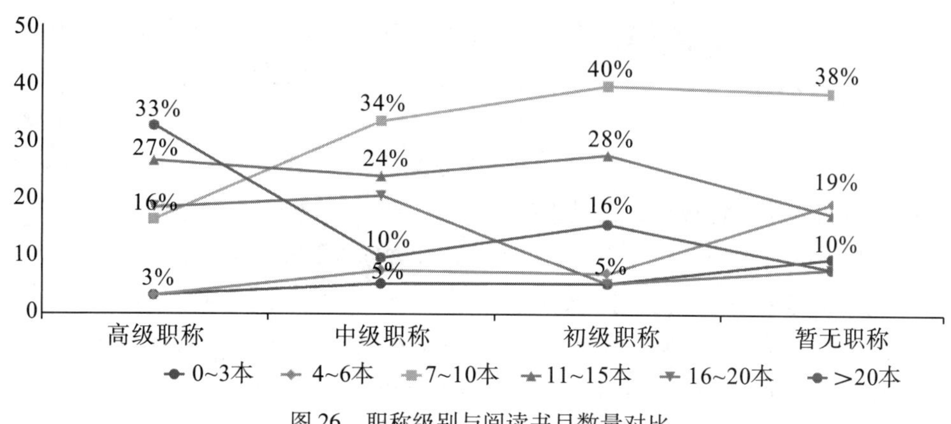

图 26　职称级别与阅读书目数量对比

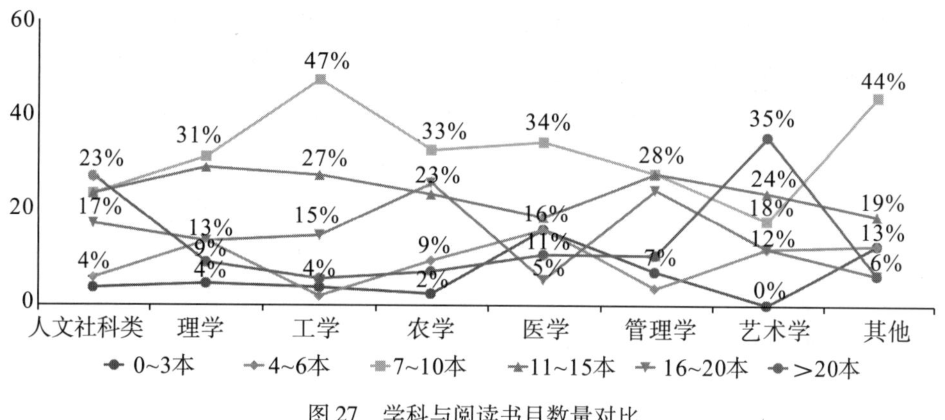

图 27　学科与阅读书目数量对比

3.4.3 高校女性教师缺乏阅读汉译女性小说的良好环境和条件

关于被调查的高校女性教师近期有无重读或阅读其他经典汉译女性小说的计划，我们搜集到了相关数据（见图28）：不到50%的高校女性教师有阅读计划并且会行动起来，41.41%表示有计划但是难以保证阅读时间，12.76%表示没有任何相关阅读计划。为进一步挖掘该数据背后的原因，我们随机回访了若干被调查者。大多数都表示由于来自学习、家庭、工作和生活的多方压力，她们很难有充足的精力和时间来开展包括经典汉译女性小说在内的人文社科类阅读，缺乏相对宽松的阅读环境和条件。

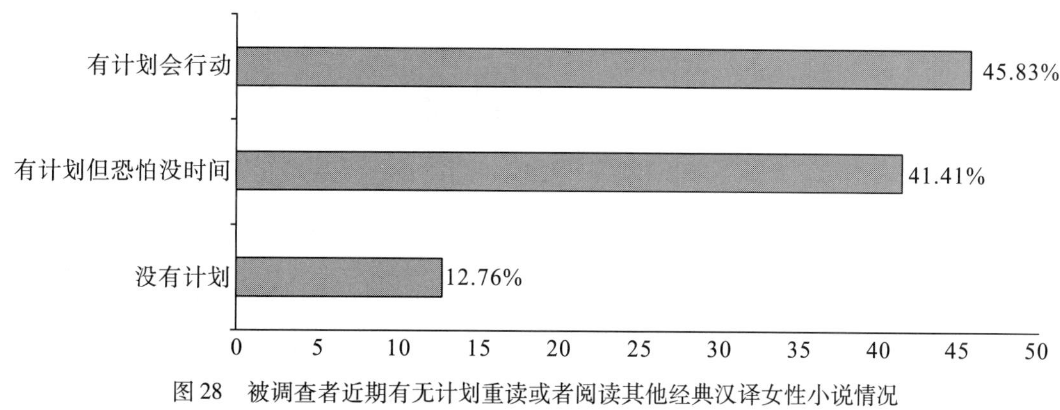

图 28　被调查者近期有无计划重读或者阅读其他经典汉译女性小说情况

4. 结语

本研究运用问卷调查法和访谈法，在科学搜集和筛选数据的基础上探讨了经典汉译小说所塑造的女性形象对高校女性教师自我认同的影响。经研究，我们发现经典汉译小说女性形象的成功塑造在高校女性教师的人生观、价值观乃至世界观的形成与改变过程中起到了相应的作用。同时，本研究创新性地指出经典汉译小说女性形象对高校女性教师自我认同的影响主要有四大作用：标杆作用、引领作用、对比作用和复制作用。当前高校女性教师阅读经典汉译女性小说的现状发展不平衡，各学科之间、各职称等级之间存在着较大差异。由于诸多现实因素，总体上，高校女性教师缺乏阅读汉译女性小说的良好环境和条件。

【作者简介】

邵璐，中山大学外国语学院教授、博士生导师、博士后合作导师。主要研究方向：文学翻译，翻译理论，翻译批评。电子邮箱：shaolu@ mail. sysu. edu. cn。

邓百雄（通讯作者），黔东南民族职业技术学院公共教学部教师。主要研究方向：翻译研究。电子邮箱：505189428@ qq. com。

抗战时期延安翻译活动与社会资本①

◎王祥兵（国防科技大学文理学院　长沙　410074）

【摘　要】　本文考察抗战时期中共南方局和延安交际处的翻译活动，重点考察中外记者团访问延安期间和美军观察组进驻延安期间的翻译活动，试图找到其中社会资本的运作情况。经考察发现，抗战时期中共南方局和延安交际处的大批翻译人员为延安建立对外交往网络，打破国民党和日军的全面封锁、支持中共抗战，付出了艰辛的努力，甚至牺牲了生命。翻译在延安社会资本积累的过程中发挥了重大作用。

【关键词】　抗战时期，延安翻译活动，社会资本

Abstract　This paper investigates the translation activities of the Southern Bureau of the CPC Central Committee and Yan'an Foreign Affairs Office during the War of Resistance against Japanese Aggression, with the focus on the translation activities in the periods when the Domestic and Foreign News Reporters Group and the United States Army Observer Group visited Yan'an, to try to find out the running of social capital. The major finding is: in the War of Resistance against Japanese Aggression, a large number of translators and interpreters of the Southern Bureau of the CPC Central Committee and Yan'an Foreign Affairs Office worked very hard and some even sacrificed their lives to break the near-total blockade by Kuo Min Tang (KMT) and Japanese aggressors to establish the socializing network for Yan'an and supported CPC's fight against Japanese aggression. Therefore translation plays a critical role in the process of accumulating social capital for Yan'an.

Key Words　the period during the War of Resistance against Japanese Aggression, Yan'an translation activities, social capital

1. 抗战时期延安的社会资本概述

在布迪厄的社会实践理论中，社会资本是“那些实际的或潜在的、与对某种持久网络的占有密切相关的资源的集合体，这一网络是一种大家熟知的、体制化的网络，或者是一种与某个团体的成员身份相联系的网络，它以集体拥有的资本为每个成员提供支持，或者提供赢得各种声誉的‘凭证’”（Bourdieu，1989：51）。从布迪厄对社会资本的解释，我们不难看出，社会资本是指行动者凭借加入一个比较稳定并在一定程度上制度化的相互交往、彼此熟识的关系网，而积累起来的资源的总和。简单来说，社会资本就是通过社会关系获得的资本（Bourdieu，1989：51；林南，2005：18）。要了解抗战时期延安社会资本的占有情况，就要了解它当时所处的社会政治环境以及这种环

①　基金项目：本文为国家社科基金项目“抗日战争时期延安翻译活动的历史意义与当代价值研究”（编号：16BYY021）阶段性研究成果。

境对其社会交往的影响。

1928年，国民党推翻北洋军阀政府统治，国民党领导的政府成为代表中国的合法政府，中国共产党（以下简称“中共”）创建的苏维埃政府被视为非法。由于缺乏合法性地位，中共政府早期的活动采取一种秘密化、非制度化的地下形式进行，与社会联系的渠道非常有限，社会资本占有量很少。第一次国共合作失败以后，随着1937年抗战的全面爆发，为了抗击日本侵略，国共实现了第二次合作。但是抗战进入相持阶段后，国民党政府实行“攘外必先安内”的消极抗日、积极反共政策，除向陕甘宁边区发动军事进攻外，还长期实行严密封锁，并制定四条禁令，即“不许共产党发表战报，不许共产党报纸对外发行，不许中外记者到解放区参观，不许边区内外的人民自由来往”（李忠全，1989），因而延安的社会交往非常有限。由于封锁，国内外公众大量接触到的是国民党政府及其舆论工具长期以来对中共及其军队的妖魔化和歪曲报道。为了让全国及全世界人民都知道边区内部的真实情况，中共决定大力开展对外活动，广泛建立国内外社会联系，积累社会资本，消除谣言和打破封锁，在这个过程中，翻译发挥了重要的作用。

2. 延安的外事翻译活动与社会资本

战争不仅是敌我双方的力量抗衡，国际上其他各利益方的态度与表现对战争进程也有着重要影响。抗日战争中，中共领导的军队不仅在战场上对日军展开有力的军事打击，还积极开展外事活动，争取世界力量的支持。

1938年的中共中央政治局会议上，国际宣传工作被正式提到议事日程上来，以打破日军和国民党的封锁，建立国际交流网络，传播中共的正义声音。抗日战争期间，“中共没有设立专门部门负责国际宣传工作，而是由数个机构先后承担此项任务，有长江局国际宣传组、南方局对外宣传组、八路军驻香港办事处，还有共产党参与的一些民间组织”（王笠铭，2010）。尽管这些机构从地理位置上说不在延安，但是是由中共直接建立并领导的，从政治归属上看属于延安。从这个意义上说，“延安”既是一个地理概念，也是一个政治概念。本文将主要考察中共南方局和延安交际处的翻译活动与延安社会资本积累之间的关系，考虑到南方局与长江局的承接关系，本文论述中也涉及长江局的一些翻译活动。

2.1 中共南方局的翻译活动与社会资本

中共南方局的前身是长江局。1938年3月长江局在武汉成立了“国际宣传委员会”，工作人员有王安娜、许孟雄、毕朔望等人，主要工作是翻译出版中共领导人著作、八路军战报及抗日文章，为国际刊物撰稿，以及同外国友人联络。

长江局国际宣传组和各国驻华新闻部门建立了互换资料、交流工作的合作关系，交换的过程中，有许多的文稿需要翻译。宣传组定期将延安新华社发表的新闻资料、新闻公报提供给各国通讯社记者，以便通过他们让国外读者比较清楚地了解中共及其军队，以及中共的抗日主张等信息。与此同时，国际宣传组还把翻译好的抗日材料提供给许多国家的报纸和杂志，介绍中国人民遭受日本侵略的灾难和全国人民奋起抗日的实际情况。

国际宣传组的出色活动，使之成为中共长江局的新闻发言机构，及时向新闻界、国际社会表明中共对重大国际国内问题的态度和立场，成为各国驻华使团、各国新闻机构了解中国抗战情况的主要来源，也成为中共最早的外事机构及国际友人接触中共的桥梁。宣传组同时还是毛泽东著作的翻译出版机构和中共长江局领导人发表文章的起草班子。

1938年10月武汉失守后，长江局迁到重庆。1938年秋，中共中央根据抗战形势变化的需要，撤销长江局，成立南方局。南方局成立后非常重视对外联络工作，1939年4月在南方局之下成立了对外宣传小组（1940年改称“外事组”）。为了加强中共与外界的直接交往与联络、广泛开展国际反法西斯统一战线活动，外事组开展了一系列重要的工作：“搜集各国特别是英美对华态度、政策的情报；宣传中共对外政策，与外界建立广泛的社会联系网络，扩大影响；开展华侨工作；指导在香港及东南亚地区的中共统战、外事、华侨工作等。”（王昊，2009：16）这些工作的目的显然是要增加中共的社会资本积累，扩大中共与国际的交往范围。

战时重庆是国民政府的陪都，也是当时中国政治、经济、文化的中心。各国驻华使馆、外国通讯社、国际援华团体以及使用不同语言的外交官、记者、作家及其他友好人士云集重庆，重庆一时成为战时中国乃至远东地区的外交活动中心。重庆在战时外交中的重要地位“使得当时位于重庆的中共中央南方局以及八路军驻重庆办事处成为中共开展外交活动的前沿阵地”（朱蓉蓉，2010：49）。中共南方局外事组成立后，南方局以及八路军驻重庆办事处充分利用当时国共统一战线的有利条件，采取一切合法手段开展积极的外事活动，争取国际社会的同情与支持，遏制国民党的反共势头，突破国民党政府的外交封锁，扩大中共的国际影响。

在重庆时，中共交往的对象很广泛，上至国家副总统和各国驻华使节，下至一般记者、普通士兵和民间人士，“其中有美国总统特使居里，副总统华莱士，中缅印战区美军司令史迪威及魏德迈，美国总统代表威尔斯基、拉铁摩尔，美国驻华14航空兵总部的青年士兵；英、美、法、苏等国的驻华使节，如英国大使卡尔，苏联大使潘友新、武官崔可夫，美国使馆官员范宣德、谢伟思、戴维斯、包瑞德等都是中共重庆办事处的座上客”（章伯峰、庄建平，1997：1865）。另外，还专门抽调罗清、蒋金涛于1942年起负责编译出版英文小册子，主要内容是《解放日报》《新华日报》上发表的重要文章和毛泽东、周恩来等中共领导人的讲话、文章，描写解放区建设情况的文章、外国朋友写的解放区见闻以及八路军新四军战报等。发放的对象“主要是外国记者、使馆和其他外国友好人士，然后经他们之手又传播至海外”（王明湘、刘立群，1995：184），“使得中国共产党人在美国得到了新闻界的好感和同情”（章伯峰、庄建平，1997：1862）。1940年12月，周恩来在给毛泽东及中央书记处的电报中说，最近的统战工作，以外交方面收效最大，他特别提到对外国记者的宣传和争取工作，认为：“抗战以来，英美记者宣传中共及八路军、新四军的书籍不下二三十种，影响我党信誉极大，并产生一些外交影响”（曹应旺，2005：115）。

此外，中共南方局还积极组织策划国际友人、国际组织以及外国政府官员访问抗日根据地的活动，其中“1944年中外记者团访问延安及此后的美军观察组进驻延安，将这一方面的努力推向高潮，将中国共产党及其领导的军队逐渐推上了世界舞台”（朱蓉蓉，2010：52）。南方局沟通了延安与世界，成为中共逐渐从延安走向世界的桥梁。

尽管中共南方局的这些活动在中外的相关历史叙事中大都没有提到翻译活动，但事实上每项活动的开展都离不开翻译。从长江局到南方局，其工作人员大多精通某一外语，有很高的翻译才能。比如许孟雄，1929年毕业于清华大学英语系，为该系首届毕业生，是当时国内为数不多的精通英语的学者之一。他执教于高等学府，同时从事翻译工作，在国内英语界是受人尊敬的著名翻译家，尤其在汉译英方面成果丰硕。他成功地把毛泽东的重要军事著作《论持久战》和《中国革命战争的战略问题》及二十几篇文章翻译成英文。《论持久战》的英译本在海外发行后，得到了国际上的积极响应和高度评价。西方各国，尤其是第二次世界大战期间的反法西斯盟国政要们正是通过许孟雄精确的英文译述，认识了解了毛泽东。他还翻译了许多有关抗战的通讯报道，刊登在美国《亚细亚月刊》上，对美国人民了解中共及中国人民的抗日战争产生了一定影响，“该刊主编威尔·希曾专函感谢他让大洋彼岸的读者了解中国人民的生活”（洪成玉，2006：33）。1943年到1944年，他翻译了30多份日军侵华罪行材料和控诉书，共计百万字，为后来国际法庭审判日本侵华战犯提供了确凿证据（顾骁南，2013：44－45）。而毕朔望则是一位高级外交口译员，担任了长江局许多重要外事活动的英语口译。在抗战时期的外交界，他因为中英文俱佳而被誉为“江左才子”，通过翻译为中共萌芽期的外交、为处在困境中的中国抗战做出了重要贡献（宗道一，1997）。所以翻译促使中共和延安在严酷的政治环境和战争环境中融入了国内、国际社会，增加了延安的社会资本积累，获得了许多同情和援助。

2.2 延安交际处的翻译活动与社会资本

2.2.1 延安交际处概述

延安交际处，全称为“陕甘宁边区政府交际处”，是中共中央在延安时期设立的主要负责对外接待工作的专门机构。交际处的外事工作人员大多具有良好的外语能力，如乔冠华、龚澎、柯柏年、余光生、王炳南、章汉夫等，都接受过良好的高等教育，其中乔冠华、余光生、王炳南、章汉夫还有丰富的海外留学经历，都具有很强的翻译实践能力。

在早期的外事工作中，外语人才，尤其是英语人才极度缺乏，外语能力是选择外事工作人员的主要技能标准。1921年至1935年，在共产国际的统一领导下，中共的对外关系主要体现在与苏联的交往上，俄语成为主要对外语言。随着中共独立自主意识的增强，尤其是1937年抗日战争爆发后，面向世界、宣传自己成为一项重要工作。而美国、英国作为主要反法西斯势力也成为中共团结的主要力量，与美、英等英语国家建立交往关系成为中共加强国际宣传的必然，因而英语发挥着越来越重要的作用。上面提到的六位外事工作人员都能熟练运用英语，有的还掌握好几门外语，如乔冠华掌握英语、德语、法语和日语，余光生掌握英语、日语和俄语，章汉夫掌握俄语和英语。

延安交际处和中央外事组一项很重要的工作便是“将毛泽东、刘少奇等中央领导人的文章翻译、发表，例如把毛泽东的《论联合政府》、刘少奇的关于中共的一些报告、朱德的《论解放区战场》这几个中共七大报告翻译出来”（凌青口述、宗道一等整理，2005）。

延安交际处从1938年到1945年抗战结束，先后接待的外国著名记者和友好人士有：1938年3月，接待了加拿大援华医生白求恩及其率领的一支医疗队；1938年6月，接待了访问延安的世界学联代表团，并安排了他们与毛泽东的会面；1939年2月，接待了印度援华医生柯棣华；1941年10月，接待了在延安召开的东方各民族反法西斯代表大会的代表；1944年6月，接待了中外记者西北参观团；1944年7月，接待了来延安的美军观察组一行；1944年11月，接待了到访延安的美国特使赫尔利（高芳，2012：22）。本文以对延安社会资本积累有重大影响的接待中外记者团和接待美军观察组中的翻译活动为案例进行考察。

2.2.2 中外记者团访问延安期间的翻译活动与社会资本

第二次世界大战中英、美等国为了战胜德、意、日侵略者，特别是为了打败日本，需要充分利用中国的军力与物力，重视中共、中共军队以及中共敌后根据地强大的有生力量。英、美两国，尤其是美国为了自己的利益和需要，于1944年3月向中共提出要求，派英、美、加、澳等国的记者，到延安及黄河以东的解放区了解中共军队力量及敌后斗争情况，并考察陕甘宁边区及敌后抗日根据地实施各种政策的情况，目的是使中共能配合反攻日本。因此，他们想直接派人来延安解放区，加以实地了解（金城，1986：198）。

记者团最终成行，由国内外各大报著名记者参加，中共中央对这次接待工作十分重视。为了方便交流沟通，周恩来、杨尚昆还从各个机关借调了陈家康、徐克立、柯柏年、浦化人、区棠亮等一批优秀干部和翻译人员参加接待工作（金城，1986：200）。记者团一行21人于1944年6月9日到达延安。其中外国记者6人，分别是：美联社和《曼彻斯特导报》《基督教科学箴言报》的记者冈瑟·斯坦因，美国《时代》杂志、《纽约时报》、《同盟劳工新闻》的记者伊斯雷尔·爱泼斯坦，英国合众社、伦敦《泰晤士报》及《纽约先驱论坛报》的记者哈里逊·福尔曼，路透社、《明星周刊》及《巴尔的摩太阳报》的记者莫里斯·武道，美国天主教《信号》杂志、《中国通讯》记者科马克·夏南汉神甫，塔斯社记者N. 普金科（中共陕西省委党史研究室 1995：5）。

从6月11日开始，中外记者参观团访问了陕甘宁边区许多机关、学校、工厂等单位，并听取了陕甘宁边区政府工作情况的报告。他们“每天都被安排参观活动，而且延安交际处的工作人员和翻译人员全程陪同”（金城，1986：210）。

6月22日，叶剑英参谋长向中外记者参观团作了报告。为了便于外国记者正确地理解这个重要报告，延安交际处在笔译和口译方面都做了精心的准备和安排，分发了翻译成英文的小册子，其中附有八路军、新四军七年来抗战的成绩说明，民兵的分布及八路军、新四军发展情况的图表（金城，1986：210）。叶剑英在报告中分敌、伪、友、我四个方面介绍了敌后战场抗战7年来的基本情况，以切实可信的数据说明了中共军队在抗战中发挥的巨大作用。

叶剑英的报告通过中外记者传播到中国大后方和世界许多国家以后，引起了中国人民和世界许多国家政府和人民的强烈反响。国内外舆论对中共在抗战中的地位和作用给予了新的评价，特别是对国民党感到失望的美、英、法三盟国，开始关注和寄希望于共产党的敌后战场。就在中外记者团访问延安后一个月，美军即派观察组长驻延安，以加强联络。

中国记者返回重庆后，外国记者除夏南汉外均于8月离开延安，赴晋绥抗日根据地考察八路军与日军的作战情况，由柯柏年、凌青作随同翻译。此外，记者们沿途考察了中共党政机关的工作情况和人民群众努力生产、支援抗战的情况。解放区的情况被如实报道出去，并在国际主流媒体产生反响。1944年7月1日，在毛泽东接见记者团不到20天后，英国《泰晤士报》刊载了毛泽东对记者团的谈话；是日，美国《纽约时报》也发表根据驻延安记者报道写成的《中共领导下的军队是强大的》一文，称中国军队在对日作战中“是我们有价值的盟友”；8月3日，美国旧金山电台在《美国之呼声》中广播了著名报纸《纽约时报》《纽约论坛报》《基督教警世报》刊登的由驻延安记者发出的通讯，报道了陕甘宁边区八路军和民众的生产生活情况，赞扬在共产党领导地区已经广泛地实行了民主政策（中共陕西省委党史研究室，1995：16）。

中外记者团的延安之行，冲破了国民党的新闻封锁，将中共领导的抗日根据地的真实情况宣传到了大后方以及世界许多国家，对大后方人民、世界人民以及美英法盟国政府对中共的重新认识起了重要作用。尽管在这种改变国外记者对中共及其领导的解放区的认知过程中，翻译从未缺席，但是在记录或叙述那段历史的档案文献中，极少能发现有关翻译或译员的描述，他们当中很多是中共抗战历史第一现场的见证者、在场者，可是他们在历史的叙事中是缺席的、不在场的，即使提到了也是一个模糊的群体。比如1944年8月22日中外记者团在绥德的谈话记录档案中，出席者清单是这样记录的，其他人员都有名有姓，而翻译人员的记录却是“翻译及领队5人”这样一个模糊概念：“外国记者武道、爱泼斯坦、福尔曼、普金科，中国记者张湖生，翻译及领队5人，绥德士绅安文钦、刘绍庭、刘杰三、霍自乐副厅长、霍县长、张喆卿、王德安、丁子文、张斋、王文卿，袁任远专员，杨和亭副专员，王副旅长，黄植。”（中共陕西省委党史研究室，1995：124）

口笔译员经常在战争、社会历史进程的第一现场发挥不可或缺的作用，他们的贡献有必要得到彰显。延安交际处为中外记者团访问延安提供的翻译活动为延安积累了社会资本，既帮助建立了延安与世界沟通的社会联系网络，让世界认识、了解了延安的真相，也使延安有机会、有“凭证”获得这个关系网络中的一些资本，如同情中共抗战及其被封锁境遇的来自国内、国际的个人和团体所提供的援助。

2.2.3 美军观察组驻延安期间的翻译活动与社会资本

1941年12月珍珠港事件爆发。1944年初，罗斯福不仅不赞成蒋介石打内战，而且想直接同中共建立联系，最终促成美国军事观察组访问延安。

对美国政府派军事观察组来延安，中共给予了高度重视。为了做好接待工作，中共中央决定在延安交际处增设翻译科，成员有柯柏年、陈家康、黄华、凌青、马海德等，他们都有很强的外语能力和口笔译实践能力。美军观察组驻延安期间，翻译科全程负责翻译服务（凌青口述、宗道一等整理，2005）。尽管观察组多数成员能说汉语，有几个还是“中国通”，汉语十分流利，但是中共中央为了沟通方便，为观察组全程配备翻译，外事翻译组的设立即为专事接待美军观察团访问延安，并担任领导人的翻译。斯特朗（Anna L. Strong）、贝却敌

（Wilfred Burchett）、白修德（Theodore H. White）等著名记者访问延安期间，均由延安交际处工作人员担任翻译，主要翻译人员有黄华、柯柏年、凌青、余光生、马海德、曾远辉、马牧鸣和郑平。

美军观察组是美国政府派来的，与中外记者参观团的访问相比，美军观察组的到来是一件更重要的事情，是中共与美国建立官方关系的开始，也是首次与西方国家的官方往来（徐礼田、夏明星，2004：22）。毛泽东在主持中共六届七中全会主席团会议时，专题讨论了美军观察组来延安的问题。中央军委派黄华、陈家康管理他们的驻地，必要时为他们提供翻译服务。

观察组到延安后，大量听取了中共领导人关于敌后战场的介绍。仅在头两个月中，八路军、新四军领导人就向观察组全体作了10场报告。观察组成员从国民党统治的大后方来到解放区根据地，耳目为之一新。在一件件事实面前，美军观察组中多数人的思想认识发生了很大变化。他们主要根据自己的观察和思考，并根据在延安生活了一段时间的外国人所提供的情况，写了大量报告，仅前两个月就发送了112份报告，其中多数都属军事情报。同时，观察组也发回了相当多的政治性报告，它们大多出自谢伟思（John S. Service）之手：他在1944年7月到10月的4个多月里写了51份报告，1945年2月至4月又写了26份报告（中共陕西省委党史研究室，1995：18）。这些报告比较客观地反映了中共抗日根据地的政治、经济、军事等各方面的情况，以及中共的方针政策。比如，在1944年10月9日的报告中，谢伟思说："共产党已建立了既广且深的群众支持，因而消灭他们是不可能的，从这基本的事实中我们得出结论，未来的中国，共产党将占有确定的和重要的地位……我提出一个未来的结论：除非国民党在政治经济的改革上和共产党有同样的成就，并证明自己能争取人民的领导地位（关于这两点至今国民党尚无愿意或能做的征兆），不然，共产党在短短的几年中将成为中国唯一的主导力量。"（中共陕西省委党史研究室，1995：527）

美军观察组进驻延安为中共开展对外活动创造了有利的条件，是中共在政治、外交上的重大胜利，它意味着美国政府正式承认中国共产党政权及其军队事实上的存在（高芳，2012：32）。

延安交际处对外展示了中共的良好形象，扩大了中共的影响，为中共创造社会资本营造了良好的社会氛围和舆论氛围，世界各地的社会有识之士和革命青年纷纷奔赴延安，从国际来说，这些有识之士遍及美国、英国、德国、日本、印度、新西兰、加拿大等十几个国家，比如美国的新闻记者斯诺和史沫特莱，加拿大医生白求恩，印度援华医生柯棣华，英国物理学家班威廉夫妇，英国著名学者林迈可等；从国内来说，有华侨、民主人士、记者团、国民党代表以及不计其数的知识青年等。延安因为社会资本的不断积累而赢得了人心，也为自己赢得了国内国际社会的赞誉，美国历史学家肯尼斯·休梅克（Kenneth Shewmaker）禁不住感叹说："首先访问红色中国的美国人不是外交官或是其他政府官员，而绝大部分是记者，还包括一些商人、医生、教育家、军事观察员、传教士，甚至还有一名家庭主妇。但是不管他们是什么样的背景，从延安回来后，都无一例外热情地称赞中国共产党。尽管如今看起来有点不可思议，但是有理由相信，中国共产党一定给这些美国人留下了深刻的印象。"（Shewmaker，1971：4；笔者译）

延安交际处的工作使国内各党派和民主力量更加深切地感受和认识到了共产党政策和主张的正确性，扩大了抗日统一战线，坚定了全国人民抗战必胜的信心，也为中国抗战赢得了世界广大爱好和平的国家和人民的理解和支持。能够产生如此巨大的作用，与延安交际处无微不至的翻译活动是分不开的，一大批当时中共所能提供的最优秀的翻译人员为美军观察组和延安根据地、晋察冀根据地、晋冀鲁豫根据地、太行根据地等根据地之间建立并维系了精神纽带，其中有柯柏年、陈家康、黄华、浦化人、王炳南、龚澎、凌青、余光生、马海德、章汉夫、曾远辉、马牧鸣、郑平、张乃召、李绍唐、李棣华等，当然还有很多没有在历史记载中留下痕迹的翻译人员。

有的翻译员在战斗中献出了自己的生命，李绍唐便是其中一位。李绍唐毕业于南开大学英语专业，后到延安工作，任美军驻延安观察组翻译。

1944 年冬，李绍唐陪同美军观察组成员惠特塞上尉（Capt. Henry C. Whittlesey）等深入晋察冀和太行等根据地，为美军观察组实地考察根据地情况的活动做翻译。1945 年 1 月 21 日在返回延安途中，李绍唐遭遇日军袭击，不幸与惠特塞一同牺牲，时年 35 岁（详见李棣华，1992；庞汉杰，1997）。

张乃召则通过翻译为美军轰炸日军基地提供气象服务。1945 年，根据形势需要，中共决定抽调 21 名报务员，在延安清凉山上开办首批气象人员训练班，由美军观察组气象人员讲课，张乃召任翻译，重点学习了气象基础知识。训练班结业后，学员被分配到定边、晋察冀、晋冀鲁豫等根据地搞气象观测，并将观测结果向延安汇报（黄增全、李新亚，1989：120－121）。

陈家康是周恩来的秘书兼英文翻译，参加了接待中外记者参观团和到延安考察的美军观察组的工作。1945 年 4 月日本战败前夕，陈家康随中共代表董必武出席了在旧金山举行的联合国宪章会议，这是中共第一次以公开身份登上世界舞台。与会期间陈家康与章汉夫等一起撰写了 3 万余字的《中国解放区实录》，并翻译成英文发表，向全世界介绍中国解放区的真实情况，扩大了中共的政治影响，提高了国际知名度（徐礼田、夏明星，2004：22）。

正是这一大批翻译人员的工作，延安交际处真正成为中共与外来人员接触的窗口，最大限度地发挥了对外交往的职能和作用，建立了延安与世界的交际网络，将中共和解放区的崭新面貌呈现在了世界人民面前，扩大了中国的国际影响，为延安积累了社会资本。这个国际关系网络从集体性拥有的资本的角度为中共和延安提供支持，并为他们赢得声望提供了巨大助力。由此，延安与全国各地乃至全世界建立了广泛联系，吸引了各界友好人士，他们或提供道义声援，或在资金上物质上支援延安，或是亲自来到延安与中共并肩战斗，或向世界报道延安令人鼓舞的正面形象。

3. 结语

本文首先概述了抗战时期延安的社会资本拥有情况。这是一个动态的过程，体现了延安的社会资本量由小到大的变化。然后主要考察了抗战时期延安的外事翻译活动和社会资本生产之间的关系。所使用的案例是中共南方局的翻译活动和延安交际处的翻译活动，而延安交际处的翻译活动部分，笔者重点考察了中外记者团访问延安和美军观察组进驻延安期间的翻译活动。经过对这些翻译活动的考察发现，中共南方局和延安交际处包括中央军委翻译组的大批翻译人员为了做好翻译服务工作，建立对外交往网络，打破国民党和日军的封锁，支持中共抗敌抗战，付出了艰辛的努力，甚至牺牲了生命，所以翻译在延安社会资本积累的过程中发挥了重大的作用。这正好说明了社会资本并非一种自然的赋予物，不是天然地产生的，而是要经过一个劳动过程，某种创建和维持性的劳动过程，特别是经过行动者长期经营、有意识的交往及反复协调，才能形成（高宣扬，2004：150）。

【注释】

①2017 年 1 月 3 日，教育部基础教育二司发布《关于在中小学地方课程教材中全面落实“十四年抗战”概念的函》（教基二司函〔2017〕1 号），要求在中国内地的教材中落实“十四年抗战概念”精神，凡“八年抗战”字样，统改为“十四年抗战”，并视情况修改相关内容，确保树立并突出十四年抗战概念。但是，中共中央直到 1937 年 1 月才迁到延安，1937 年 9 月 6 日，陕甘宁边区政府在延安宣布正式成立，延安成为边区首府，是中共中央及中共中央军委所在地，也成为中国共产党领导全国人民抗战的中心，为夺取全国抗日战争的胜利做出了巨大贡献。根据以上实际情况，本文中的“抗战时期”统指 1937—1945 年的八年抗战时期，特此说明。

②延安交际处的所有档案都在解放战争时期被管理档案的人员不慎失落（金城，1986：317），因此本部分不少史料依据金城的回忆录《在延安交际处的回忆》（1986）。金城于 1937 年底至 1947 年春，在延安陕甘宁边区政府交际处工作了 10 年，为交际处的处长。

【参考文献】

[1] 曹应旺. 中国外交第一人周恩来［M］. 上海：上海人民出版社，2005.

[2] 高芳. 延安交际处研究（1937—1947）[D]. 天津：天津大学，2012.

[3] 高宣扬. 布迪厄的社会理论 [M]. 上海：同济大学出版社，2004.

[4] 顾骁南. 许孟雄——最早把毛泽东著作译成英文的大学教授 [J]. 党史纵横，2013（12）：44 -46.

[5] 洪成玉. 翻译家教育家许孟雄 [J]. 炎黄纵横，2006（10）：33 -35.

[6] 黄增全，李新亚. 陕甘宁边区时期的延安气象台 [C] //中国人民政治协商会议延安市委员会文史资料研究委员会编. 延安文史资料第五辑（内部资料），1989.

[7] 金城. 延安交际处回忆录 [M]. 北京：中国青年出版社，1986.

[8] 李棣华. 忆太行山上中美人民的战斗友谊 [J]. 外交学院学报，1992（4）：50 -55.

[9] 李忠全. 陕甘宁边区的对外活动 [J]. 历史档案，1989（1）：109 -113.

[10] 林南著. 张磊译. 社会资本——关于社会结构与行动的理论 [M]. 上海：世纪出版集团，上海人民出版社，2005.

[11] 凌青口述，宗道一等编写. 从延安窑洞到北京外交部街（上）[J]. 党史博采，2005（1）：16 -23.

[12] 庞汉杰. 美国观察员惠特尔西与李绍唐 [J]. 山西文史资料，1997（6）：74 -76.

[13] 徐礼田，夏明星. 外交战士陈家康 [J]. 文史天地，2004（5）：20 -24.

[14] 王昊. 浅谈建国前中共外事机构的发展 [D]. 上海：复旦大学，2009.

[15] 王笠铭. 抗日战争时期我党的国际宣传活动 [J]. 军事记者，2010（1）：67 -68.

[16] 王明湘，刘立群. 中共中央南方局和八路军驻重庆办事处 [M]. 重庆：重庆出版社，1995.

[17] 章伯峰，庄建平. 抗日战争（第四卷·下）[M]. 成都：四川大学出版社，1997.

[18] 中共陕西省委党史研究室. 中外记者团和美军观察组在延安 [Z]. 西安：陕西人民出版社，1995.

[19] 朱蓉蓉. 抗日战争时期的民间外交研究 [D]. 苏州：苏州大学，2010.

[20] 宗道一. “江左才子”毕朔望海外传奇 [J]. 文史精华，1997（9）：41 -45.

[21] Bourdieu，Pierre. 1989. Forms of Capital [C]. A. H. Halsey，H. Lauder，P.，etc.，eds. Education：Culture，Economy and Society. New York：Oxford University Press.

[22] Shewmaker，Kenneth E. 1971. Americans and Chinese Communists，1927 - 1945：A Persuading Encounter [M]. Ithaca and London：Cornell University Press.

【作者简介】

王祥兵，博士，国防科技大学文理学院教授、硕士生导师，博士后合作导师。主要研究方向：翻译史，翻译与战争，中国当代文学英译与国际传播。电子邮箱：wxb21c@163. com。

译后编辑角度的机器翻译系统的性能对比[①]

◎董连棋　李　梅（同济大学外国语学院　上海　200092）

【摘　要】　译后编辑是基于一定的目的进行检查和修正机器翻译（MT）输出的过程，对于提高翻译效率及降低翻译成本意义重大。本研究针对专利类文本，从译后编辑的角度对谷歌翻译国际版、有道翻译国内版、百度翻译、腾讯翻译以及新译翻译5大MT系统的翻译质量进行了测评，分析了不同MT系统自身、原文句式的复杂程度以及MT系统机译译文质量等对于译员译后编辑时间投入的影响，对MT系统的选择、译文句式结构的译前处理以及MT系统自身的进一步改进等提供了一定的参考借鉴。

【关键词】　译后编辑，机器翻译，MT系统，翻译效率，谷歌翻译，新译翻译

Abstract　Post-editing, the process of revising and editing the results of machine translation, is of great significance for improving translation efficiency and reducing translation cost. The current research evaluates the performances of five MT systems, including Google Translate, Baidu Translate, Tencent Translate, Youdao Translate, and Newtranx Translate, from the perspective of post-editing. It analyses how different MT systems, the complexity of the source text and the quality of the text processed by the MT systems influence the overall time translators spend in their post-editing. The research is expected to be of some help to the selection of MT system, to pre-editing of the source text and to the improvement of MT systems.

Key words　post-editing, machine translation, MT systems, translation efficiency, Google Translate, Newtranx Translate

引言

全球语言服务行业的发展与技术的不断更新紧密相伴，彼此促进，并互相影响。随着全球化和信息化进程的进一步推进，语言服务的需求也被推上了一个新的持续浪潮。在这样一个产品和技术更迭周期不断缩短的时代，互联网的兴起带来了翻译产业的第二次革命（张士东，2016：48）。各个行业都出现了对翻译量、翻译效率，以及翻译专业化等方面需求的不断提升。在这样的背景下，机器翻译（Machine Translation）成为这一数量巨大并时效性强的翻译需求的解决方案。然而，即便是在神经机器翻译不断发展的今天，不同的翻译系统对各个垂直领域的文本还是会产生不同的翻译结果，从而直接影响最终的翻译质量和时间成本。专利文本作为垂直领域实用类文本的一个重要部分，也是机器翻译的一个主要应用领域。每年都有数以百万计的专利需要翻译，以供信息检索

①　基金项目：本研究为同济大学人文社科交叉学科项目（1100219117）阶段性成果，得到同济大学中央高校基本科研业务费资助，特此致谢。

之用（王雨豪，2017：1）。因此，结合该领域的翻译实践对不同的机器翻译系统和平台从译后编辑的角度进行测评，对于有效提高翻译效率以及降低翻译成本有着十分重要的意义。

1. 机器翻译的译后编辑（MTPE）

译后编辑（Post-editing，简称PE）是“检查和修正机器翻译的输出”（ISO，2014：1）。译后编辑指的是基于一定的目的对机器翻译的原始产出进行加工与修改的过程，它已发展成为全球语言服务行业的新兴职业（冯全功，2016：67）。机器翻译的译后编辑（Machine Translation Post-editing，简称“MTPE”）则是通过人工评审，编辑，提高译文质量和适用性的过程。具体而言，MTPE是通过人工和部分自动化方式增强机器翻译的输出，以满足特定质量目标的过程（DePalma，2013：1）。国内的学者和专家对译后编辑也进行了大量的理论和实践方面的研究。崔启亮（2014：68－69）从广义和狭义两方面讨论了译后编辑的定义。广义的译后编辑是指对集成翻译环境下的初始译文进行的处理与加工。集成翻译环境指的是这些初始译文的来源一般比较广泛，既包括通过计算机辅助翻译软件处理过的文本，也包括机器及人工翻译后的译文。而狭义的译后编辑则是指对机器翻译处理过的译文进行的人为加工，从而在整体上提高译文质量和翻译效率。此外，还有一些学者进行了MTPE自动化的研究。李梅（2013：83－87）等对译后编辑自动化进行了相关研究，通过语料库对垂直领域的英汉机器翻译译文进行分析，总结机译系统生成译文的错误规律，对译文进行二次机译处理，从而快速提高机译质量。冯全功（2016：68－73）等对于译后编辑的未来发展趋势从集成翻译工作环境的研发、特定机器翻译系统的研制与应用、译后编辑人才的培养以及产学研的深入合作等方面进行了相关探索和讨论。但是，目前结合具体领域的翻译实践对不同的机器翻译平台从译后编辑的角度进行测评的研究尚比较缺乏。

2. 研究设计

2.1 研究问题

本研究旨在考察三个问题：（1）在与原文一致的前提下，不同MT系统对专利类文本译后编辑时间投入的影响有无显著差异？（2）在与原文一致的前提下，不同MT系统在专利类文本不同句型的翻译方面对译后编辑的时间投入有无影响、差异？（3）在与原文一致的前提下，不同MT系统影响专利类文本译后编辑时间投入的主要因素（MT错误）有哪些？

2.2 研究工具和方法

本研究从中华人民共和国国家知识产权局实用新型专利文本中按照专利类文本的句型特征，总结归纳并选取了5类专利类文本典型句型共50句（每类句型各10句），作为本研究的测试语料。随后，笔者与其他研究者对所选语料进行了商讨和校对。然后，选取谷歌翻译国际版、有道翻译国内版、百度翻译、腾讯翻译以及新译翻译5大MT系统对该50句文本分别进行了初步MT。之后，笔者对机译后的文本对应不同系统进行了逐一译后编辑，并严格计算了各个系统处理后的译文进行译后编辑所投入的时间（精确到微秒）。最后，笔者通过在SPSS中录入数据，对结果进行了相关数据分析。

3. 研究结果分析

3.1 不同MT系统对专利类文本译后编辑时间投入的影响差异

图1显示了谷歌翻译国际版、有道翻译国内版、百度翻译、腾讯翻译以及新译翻译5个MT系统MT后译者PE所花时间的总体情况。从表中数据可以看出，从译者在译后编辑总时间的投入量上来看，不同MT系统对译后编辑时间投入的影响有着较大差异。综合表现较为理想的三个MT系统

分别是有道翻译国内版、腾讯翻译以及谷歌翻译国际版，经过这三个系统处理过的译文在 MTPE 中译者所花费的时间均小于 10 分钟。其中有道翻译国内版和腾讯翻译 MT 系统两者的表现接近，译者在 MTPE 中分别花费 7.203 和 7.885 分钟。因此，译者在有道翻译国内版和腾讯翻译 MT 系统处理过的译文的 MTPE 中的时间投入相较其他三个系统而言最少，从而也证明有道翻译国内版和腾讯翻译在专利类文本 MT 方面的错误率较低，因此翻译质量也相对较高。

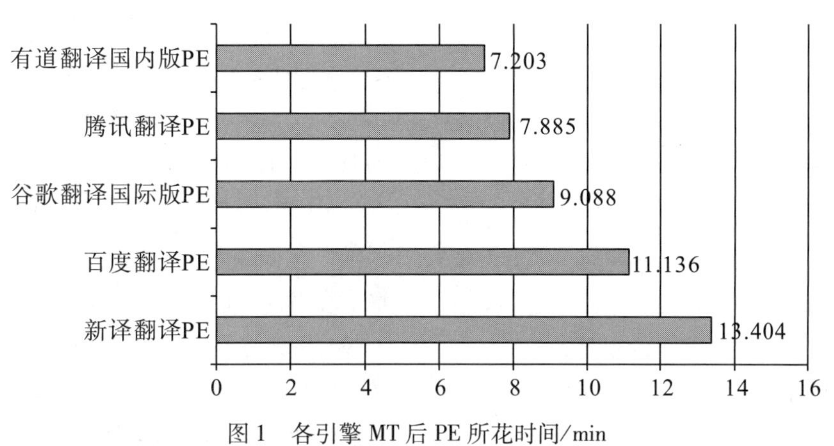

图 1　各引擎 MT 后 PE 所花时间/min

3.2 **不同 MT 系统在专利类文本不同句型的翻译方面对译后编辑的时间投入影响**

图 2 显示了不同 MT 系统针对 5 类不同句型在 MTPE 中译者所花费时间的具体情况。从统计图中数据可以看出（如图2），各个系统对译者在 MTPE 中投入时间的影响既表现出一定的共性，又体现着各自的特性。

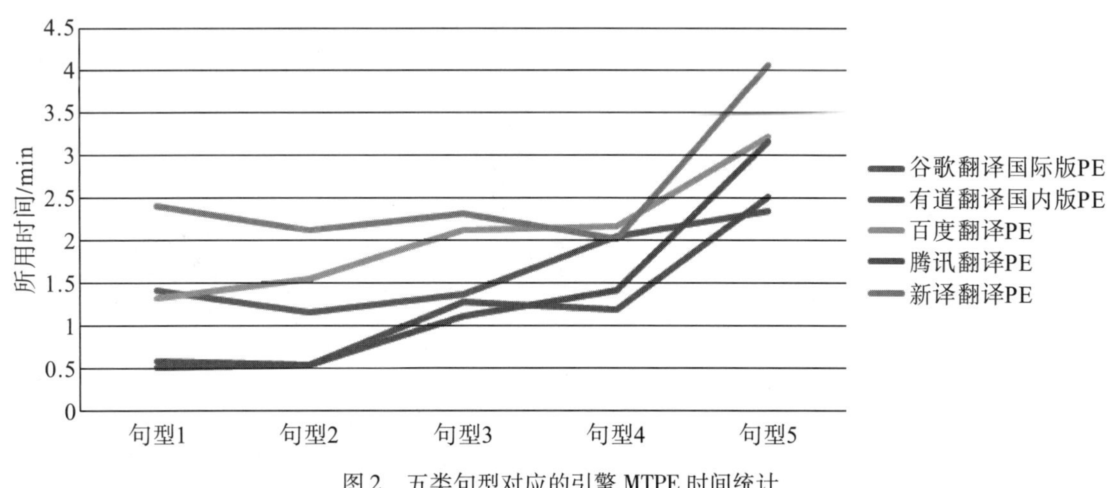

图 2　五类句型对应的引擎 MTPE 时间统计

首先，总体而言，各个 MT 系统在译者 MTPE 中对同一句型所花费的时间的变化趋势上均表现出了一定的聚拢性，即在处理不同句型难度的原文时，各个 MT 系统尽管独立运行，但总体上都表现出了一致的上升或下降的变化趋势。本研究的“句型 3”和“句型 5”分别为“定语 + 主语 + 谓语 + 定语 + 宾语”和“复杂主语 + 谓语 + 定语 + 宾语”结构，较其他三个句型而言结构更为复杂。这也说明了所有的 MT 系统在进行机器翻译时，随着原文难度或句式复杂程度的加大均会面临一些压力，出现一些翻译的错误，导致输出的译文质量欠佳，从而加重译后编辑人员的工作强度。对于专利类文本，可以尝试将其在译前处理为“句型1：定语+主语+谓语+宾语”和“句型2：定语+主语+谓语+状语”的句式结构。

其次，不同的翻译系统对同一句型在MTPE中译者所花费的时间方面也反映出不同MT系统自身性能方面的差异。从图2不难看出，总体而言，有道国内版的MT性能较其他MT系统而言是最为出色的，在总体表现上也更稳定，所花费译者的译后编辑时间也最少，其次是腾讯MT。

此外，值得注意的是，越是非常简单或非常复杂的句型（分别如句型1和句型5），不同MT系统之间越容易表现出相同的性能，如图2中所显示的在句型1的MTPE中，有道国内版MT和腾讯MT这两个表现较优的系统发生了数据重叠（相等）现象，而百度MT和谷歌MT也显示出类似的数据相等的结果。造成这种现象的原因可能是，对简单句型而言，更依赖MT系统自身的性能，因为译后编辑人员的投入较少。而越是复杂的句式，尤其是当句子含有大量专业词汇时，译后编辑人员对任何一个MT系统处理过的译文都需要大量投入，从而出现了数据重叠或相等的现象。但总体而言，MT系统处理过的译文译后编辑时间投入量越小，该MT系统的质量和素质就越高。

3.3 不同MT系统影响专利类文本译后编辑时间投入的主要因素

MT系统对译文译后编辑时间投入的影响因素主要来自初始机译译文的质量，更进一步说，即初始译文的出错情况。因此，笔者参照李梅（2012：85-89）的机器翻译译文错误分类标准，按照“词汇错译”“句法错译”以及“符号错译”对MTPE中所遇到的典型机译错误进行了统计（见图3）：

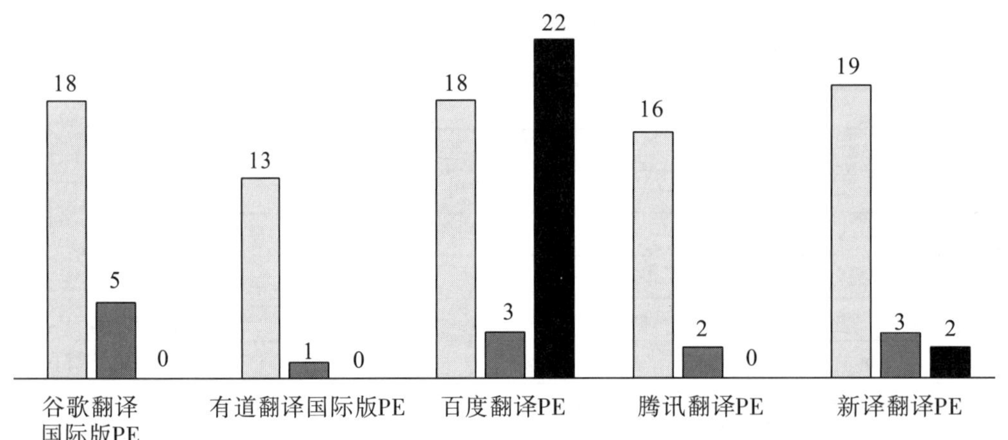

图3 各引擎MTPE错误类型统计

首先，对于每个MT系统而言，频繁的“词汇错译”是MT中表现出来的共同特征。对于专利类文本这类专业性较强、术语较为集中的文本而言，此特征也表现得更为明显。机译译文在本研究中几乎没有准确译出专利类文本的相关专业术语。例如：

原文：“发明内容应包括实用新型所要解决的技术问题。”（句型5.3）

谷歌翻译国际版译文：

The content of the invention shall include the technical problems to be solved by the utility model.

有道翻译国内版译文：

The invention shall include technical problems to be solved by the utility model.

百度翻译译文：

the content of the invention should include the

technical problems to be solved by utility models.（首字母未大写，为一处格式错误）

腾讯翻译译文：

The contents of the invention shall include the technical problems to be solved by the utility model.

新译翻译译文：

The invention contents shall include the technical problems to be solved by the utility model（句末没有句号，为一处格式错误）

参考译文：

The Description of the Invention should include the technical problems to be solved by the utility model.

从上述例子可以看出，没有任何一个 MT 系统准确翻译出了专利术语“发明内容”。因此，“词汇错译”这个大类错误占据了译后编辑人员全部工作投入时间的绝大部分。让 MT 系统解决这一问题的办法是探索对 MT 系统进行人工干预的可能，如果能够解决好术语准确性方面的问题，MT 系统的翻译效率会实现质的提高，同时也会极大地降低翻译成本。此外，从图 3 的数据还可以看出，每个 MT 系统在输出语言的句法和符号方面的错误率是较低的，这得益于 MT 系统以及神经翻译系统的成熟，使得输出的译文至少都是“可读”并符合英文语法规则的。在本次测试中，百度翻译 MT 的译文出现了大量格式方面的错误，包括句首字母的小写问题以及句尾缺失句号的问题。这也是百度 MT 系统相较其他四个 MT 系统而言在本次测试中表现出的不足之一。

4. 结论和启示

本研究从不同 MT 系统对专利类文本译后编辑时间投入的影响差异、不同 MT 系统在专利类文本不同句型的翻译方面对译后编辑的时间投入影响，以及不同 MT 系统影响专利类文本译后编辑时间投入的主要因素这三个方面对谷歌翻译国际版、有道翻译国内版、百度翻译、腾讯翻译以及新译翻译五大 MT 系统的表现进行了测评。

对于专利类文本的翻译，总体而言，表现最优的是有道翻译国内版 MT 和腾讯翻译 MT，二者在对于译员节省译后编辑时间投入方面较其他 MT 系统而言表现出了明显的优势。其次，句型的复杂程度也会对 MTPE 的复杂程度产生影响。鉴于此，可以采取有效的译前编辑策略，对输入的原文按照机器翻译系统易于解码的句型进行一定的结构上的调整，从而提高 MT 的整体效率，该结论也与先前学者得出的部分研究结论相一致。具体而言，对于专利类文本，译者可以在译前将其尽可能处理为“定语 + 主语 + 谓语 + 宾语”和“定语 + 主语 + 谓语 + 状语”的句式结构，这样会显著提高 MTPE 的效率。

此外，当句型趋于复杂时，任何 MT 系统都会面临更大的压力。基于本研究对 MT 系统的测评，目前的 MT 系统对于垂直领域的专业术语等方面的翻译能力均不够完善，这也是 MT 系统进一步改进和探索人工干预可能的主要方向之一。但就复杂程度一般的文本而言，有道翻译国内版 MT 和腾讯翻译 MT 依旧表现出了较为稳定且优质的 MT 性能，因此该结论也为机器翻译时对于 MT 系统的选择提供了一定的借鉴。最后，得益于神经翻译系统的应用与成熟，MT 系统在为译者提供语法正确并“可读”的译文方面已经较为成功，除了个别典型的机译增译现象以外，基本没有生硬的机器翻译痕迹。因此，MT 系统的改进方向应该重点聚焦在对专业术语及原文理解和输出的准确性方面。

【参考文献】

[1] 张士东，彭爽. 中国翻译产业发展态势及对策研究［J］. 东北师大学报（哲学社会科学版），2016（1）.

[2] 王雨豪. 专利摘要英译译后编辑实践报告［D］. 东南大学，2017.

[3] 冯全功，崔启亮. 译后编辑研究：焦点透析与发展趋势［J］. 上海翻译，2016（6）.

[4] DePalma，Donald A. Post-Edited Machine Translation Define［EB/OL］.（2013－04－30）［2014－02－21］. http://www. commonsenseadvisory. com/AbstractView. aspx? ArticleID＝5499.

[5] 崔启亮. 论机器翻译的译后编辑 [J]. 中国翻译, 2014 (6).
[6] 李梅, 朱锡明. 译后编辑自动化的英汉机器翻译新探索 [J]. 中国翻译, 2013 (4).
[7] 罗季美, 李梅. 机器翻译译文错误分析 [J]. 中国翻译, 2012 (5).
[8] 崔启亮, 李闻. 译后编辑错误类型研究——基于科技文本英汉机器翻译 [J]. 中国科技翻译, 2015 (4).
[9] 曹艺馨. 互联网大众翻译模式微探: 历史、现时、未来 [J]. 中国翻译, 2015 (5).
[10] 孙艳伟. 专利摘要汉译英常见错误探析 [J]. 中国科技翻译, 2013 (2).

【参考文献】

董连棋，同济大学外国语学院硕士研究生。主要研究方向：应用语言学，翻译理论与实践。电子邮箱：HanksLarry886@ live. com。

李梅，同济大学外国语学院教授，博士生导师。主要研究方向：语言教学与研究中的技术应用，机器翻译译后编辑，技术传播。电子邮箱：may@ tongji. edu. cn。

网络媒体翻译批评的特征探析
——管窥国内翻译现状

◎李振国　何克勇（中央民族大学　北京　100008）

【摘　要】　随着现代传播技术的发展，人们越来越多地通过网络媒体获取和发布信息。对翻译批评而言，大量的读者借助网络媒体这个更为开放、自由的空间来讨论翻译中的问题。网络翻译批评成为一个值得关注的现象。本文通过具体的例证分析，试图全面地阐述网络翻译批评的特征，同时管窥国内翻译的现状。

【关键词】　网络，翻译批评，特征，现状

Abstract　With the development of modern communication technology, more and more people have access to and release information through network. As far as translation criticism is concerned, the Internet media, as a more open and free space, increasingly draws a large number of readers to discuss the problems of translation. So, network-based translation criticism has become a noteworthy phenomenon. This paper, on the basis of case-analysis, attempts to show the features of network-based translation criticism and give a panoramic view of the status quo of domestic translation.

Key words　network, translation criticism, features, status quo

引言

翻译批评发生的空间有很多种。传统的翻译批评往往通过诸如期刊、报纸、杂志、书籍等纸质媒体发声。随着现代传播技术的发展，人们获取和发布信息的媒介可以说今非昔比。相对于纸质媒体而言，网络媒体有着独特的吸引力，它为读者提供了更为开放和自由的空间，读者接受和反馈信息的行动更为迅捷。越来越多的读者通过网络发声，畅谈翻译的种种问题。在传统媒体翻译批评开展不足的状态下，网络翻译批评发挥了积极作用，推动了翻译批评活动的开展。

1. 国内网络媒体翻译批评的研究现状

笔者在中国知网上全网搜索主题词“网络翻译批评”，发现共有17篇文章。经仔细筛选后，只有9篇文章是讨论网络媒体环境下的翻译批评，分别是6篇期刊论文、2篇硕士论文和1篇会议论文。从数量上看，与网络媒体下的翻译批评活动异常活跃相比，相关的理论研究则显得十分匮乏。

就论述的主题来看，有的论文以某个译本所引发的网络翻译批评为个案，以传播模式为视角，分析网络翻译批评的传播元素，构建网络翻译批评模式（黄肖彦，2013）；有的在界壳理论的观照下，分析读者与译文、译者之间存在的边界及其影响因素，提出构建网络翻译批评机制的理论（褚杨杨、田翠芸，2015）；有的从分析网络翻译批评的局限性入手，提出建立规范性网络翻译批评论坛的设想（蔺志渊，2010）；有的从交往行为理论的视角，基于某个网络翻译批评个案，研究网络翻译批评主体间性，对网络翻译批评的规范化提出建议（任玲，2015）；有的关注网络翻译批评发生的主要场域和批评的基本形态（王一多，2016）；有的分析了网络翻译批评的交互性和分众性特点（王一多，2015）。最早的一篇文章《网络与文学翻译批评》，着重探讨文学翻译的网络批评特点，进而讨论了批评主体地位和有效性等问题（许钧、高方，2006）。

总之，目前以网络翻译批评为研究焦点的论文，一是数量太少，二是多注重网络批评模式的建构和规范化的设想。虽然有的文章也涉及网络翻译批评的特点，但是论证还不够全面，对网络翻译批评特征的专题研究较少。本文通过具体的例证分析，试图比较全面地阐述网络翻译批评的特征，同时呈现出国内翻译的现状。

2. 网络媒体翻译批评的基本特征

翻译批评的客体有很多，本文针对批评的三个主要方面（译作、译事、译者），通过几个案例来分析网络翻译批评的特征，从中管窥译界乱象。

案例一，清华大学艺术博物馆的种种误译

2016年9月16日，有网友发帖，指出清华大学艺术博物馆举办的“对话达·芬奇”特展上的翻译存在10处错误。这些错误大都出现在标点、拼写、时态等方面。随即在第二日，清华大学艺术博物馆官网发文，表示博物馆会立即检查整改。17日博物馆闭馆将错误的翻译进行了修改。负责人解释说，出现翻译错误是因为展出仓促，漏掉了校对环节。然而，博物馆经过校对、考证、修改之后的翻译仍然存在错误。在时间紧张的情况下，不熟悉翻译的展板制作人员可能出现单词输入错误，如“severty”（seventy）、“super”（supper），或者漏掉标点。可是出现时态的错误、专业词汇翻译错误、表达上的不准确，而且修改之后依然有错误，这实则反映出翻译人员的水平和有关负责人的工作态度存在问题。

此案例中，批评主体是一般读者，批评客体是译本语言和译者态度。事件源起于网友推文，并有媒体记者跟踪报道，体现了批评的自发性、瞬时性；被批评者迅速做出了反应并进行纠正，体现了批评效果的速效性；批评对象直指名校，不隐姓埋名，针对这样低级的误译的批评，标题文字“确定不是临时工翻译的?”，体现了批评行为和批评话语的率真性；北京青年报、中国网等媒体报道了此次事件，说明批评参与的广泛性。

案例二，“只翻译了个大概”的译本[①]

目前西方学术著作的翻译常常被读者在网上诟病，批评主体有一般读者，也有相对专业的读者。大多数译著存在着翻译问题，有的错误率较低，读者勉强能看懂，有的译著则错误连篇，《从柏拉图到巴特：西方文艺思想史》[②]便是一例。举例如下：

原文：“The schools of philosophy in classical Athens were training grounds, as were the schools of rhetoric, but oriented towards theoretical rather than practical.”

译文：“哲学流派与修辞学流派一样，在古希腊采取开学授课的方式。但在东方，理论的作用却往往被技能代替了。”

分析：“training grounds”翻译为“开学授课”，匪夷所思；“oriented towards”意为“以……为导向”，而非“东方”。译文完全脱离了原文的意义。

再如：“An epic poem does not have to live up to the same goals as a tragedy, nor a tragedy to the same goals as a comedy. what is more, each genre evolves in itself and came to fruition over time.”

译文：“史诗大异于悲剧，每种风格的发展都会超越其时代。”

分析：翻译中删减是常见的方法，可是这种大刀阔斧的删减，丢掉甚至曲解了原意。

由上述两例可见译者的水平。类似这种词汇误解、语句不通、曲解原意的硬伤在译作中俯拾皆是。

张克文老师除了关注误译，也分析了其中的原因，认为责任并不全在译者。此书系译者在读大学时所译，其后结识出版社编辑，并于2007年底签署出版合同。译者明知“只翻译了个大概”，因此希望出版社校对全稿后再出版。然而，此稿被搁置7年之后，出版社突然将译本推出。从上文所举例证来看，出版方显然没有经过仔细审阅就草率出版。另外，编辑也似乎与作者缺乏沟通。由此，除了责问译者，更应反思当下的出版行业。国内的学术出版是否都遵循严格的匿名审查机制和编辑校对程序？出版社的编辑是否都对译稿有甄别优劣的能力？此外，在出版业市场化的压力下，有些出版社急功近利，抢译成风，从而导致低劣译本面世。回想起傅雷在《翻译经验点滴》中讲述自己反复被退稿的经历（傅雷，1984：90）：

> 那时被退的译稿当然不止这两部[③]；但我从来没有不满的情绪，因为总认为自己程度不够。事后证明，我的看法果然不错；因为过了几年，再看一遍旧稿，觉得当年的编辑没有把我幼稚的译文出版，真是万幸。

老一辈翻译家诚实谦虚的治学精神，出版编辑专业认真的工作态度，值得今天的译者和出版社好好反思。

案例2的批评主体是大学英语教师，与普通读者相比，批评的视野较为开阔，体现了网络批评视角的差异性。批评焦点除了关注误译，也分析了原因，态度比较客观公正。张克文老师对此书密集的批评，激发了热心的豆瓣网友发起“为史上最烂翻译打一星”的线上活动，足见网络翻译批评的自发性、互动性、广泛性和速效性。

案例三，“令人啼笑皆非”的翻译[④]

1. “爱尔兰家伙和黎巴嫩团体”。出自《政策悖论：政治决策中的艺术》一书。书中的“an Irish gay and lesbian group”（一个爱尔兰同性恋团体）被译成：“爱尔兰家伙和黎巴嫩团体”。译者被读者吐槽说：“麻烦看一眼您的四六级证书好嘛?”读者在发现该书翻译质量问题后，将之反馈给出版社，出版社回应“已经将这一错误记录，并将在该书重印时改正”，却并未表示要停止销售。网友评论：“读者的心灵受到一万点伤害，这和倾销不合格产品有什么区别？广大读者的利益如何来保障?”

2. 中国诗人“昆仑”。2006年，在一篇质疑甘阳等人是否真正读过施米特的文章里，某大学副教授写道：“施米特引用了中国诗人昆仑的诗句……把革命和战斗的火种当礼物，一把送给欧罗巴，一把送给美利坚，一把留给中国自己。”并在段尾注明：“这是本人的翻译，未查到昆仑原诗。”可是译者所谓的诗人“昆仑”就是毛泽东，见《念奴娇·昆仑》：“安得倚天抽宝剑，把汝裁为三截？一截遗欧，一截赠美，一截还东国。”

诸如以上的翻译，不一而足。在《民族：国家与暴力》一书中，译者把“Mencius”（孟子）翻译为“门修斯”。可见国内一些学者潜身于研究西方著作与理论，却忽略了对中华优秀文化、传统经典的学习与研究。

案例3所涉及的被批评译者多是知名高校的教授或学者，批评主体中有不畏权威的普通读者和网友，也不乏具有坚守学术良知与品格的学者，他们的评论给读者明智地选择译著和出版社提供了参考。其批评的话语具有率真性，或犀利泼辣，或幽默讽刺。批评形式表现为网友发帖，大量跟帖追文，体现出批评的自发性、互动性和广泛性。因批评主体的身份和学术背景不同，批评的角度呈多元性。

3. 结语

网络翻译批评和纸质媒体批评相比，虽然学术性稍欠，但是有着纸质媒体批评所不具有的优势。网络媒体为翻译批评提供了相对自由和开放的空间，网络翻译批评以其组织形式的自发性、时机的瞬时性、参与的广泛性、话语的率真性、角度的多元性、主体的互动性和影响的显著性等特征，有效弥补了纸质媒体翻译批评的不足。同时，网络翻译批评也让我们更加清楚目前国内翻译的现状：有些不负责任的出版社与能力不足的译者，为追名逐利，草率翻译和出版；一些劣质译著出自大学学者之手，出版这些劣质译著的也有知名出版社。傅雷曾在60多年前说“破除了情面，百分之九十九点九的翻译书都要打入冷宫”（怒安，2005：32）。前辈的这句话时刻提醒我们，要反思出版界和翻译界的乱象。不可否认，中国的翻译事业取得了巨大成就，但是翻译界和出版界的乱象同样不可否认。在“中国文化走出去”战略、在“一带一路”倡议急需大量优秀翻译人才的时代背景下，如此翻译乱象，亟待整顿。

此外，目前网络翻译批评的主体多是普通读者和网友，具有专业背景的评论者相对较少，批评具有一定的片面性和盲从性。因此，为更好地利用网络媒体批评的力量，促进翻译质量的提高，希望有更多翻译界、评论界和出版界的专家学者能够参与网络翻译批评，发挥示范和引领作用。

【注释】

①此案例是根据大学英语教师张克文《“只翻译了个大概”的译本是如何产生的?》整理而成。此文发表在“新京报书评周刊”微信公众号“霉土豆”栏目，2017年4月27日。

②（澳）理查德·哈兰德著，《从柏拉图到巴特：西方文艺思想史》［M］. 韩晗译，中央编译出版社，2014年版。

③“那时”指的大概是1929—1933年间；被退的两部译稿是指《贝多芬传》和《恋爱与牺牲》。

④本案例整理自“翻译教学与研究”微信公众号登载的书评君2016年1月25日的推文《一些译著的不合理之处》。《新京报书评周刊》、智客、中国文明网等媒介平台都有登载。

【参考文献】

［1］黄肖彦. 传播模式观照下的网络翻译批评模式研究［D］. 广州：广东外语外贸大学，2013.

［2］褚杨杨，田翠芸. 界壳理论下网络翻译批评机制构建［J］. 河北联合大学学报（社会科学版），2015（5）：101－104.

［3］蔺志渊. 网络环境下的翻译批评研究［J］. 时代文学（下半月），2010（1）：49－50.

［4］任玲. 交往行为理论观照下网络翻译批评主体间性研究［D］. 兰州：西北师范大学，2015.

［5］王一多. 中国网络翻译批评现状及其研究［J］. 外语教学，2016（3）：99－103.

［6］王一多. 网络翻译批评——新的批评空间［J］. 外语研究，2015（4）：73－76.

［7］许钧，高方. 网络与文学翻译批评［J］. 外语教学与研究，2006（3）：216－220，241.

［8］傅雷. 翻译经验点滴. 翻译研究论文集［M］. 北京：外语教学与研究出版社，1984：90.

［9］怒安. 傅雷谈翻译［M］. 辽宁：辽宁教育出版社，2005：32.

【作者简介】

李振国，中央民族大学在读博士，贵州师范学院副教授。主要研究方向：文化与翻译。电子邮箱：630439292@qq.com。

何克勇，中央民族大学教授、博士生导师。主要研究方向：笔译理论与实践，中西文化比较。

具身认知视角下的口译课混合式学习模式设计与实践[①]

◎邓志辉（中山大学外国语学院　广州　510275）

【摘　要】　本文将具身认知理论引入口译教学的混合式学习模式创建，借助便捷的数字媒介建立学习者与技术的具身关系，围绕教学设计在活动、资源和促进三方面的挑战，从物理和意向两个维度进行具身教学设计，实现学习环境的虚实空间混合建构。教学实证表明该模式在形成自主训练习惯、提高口译学习热情、加强课程交互度等方面具有积极的促进作用，能有效保证口译技能的习得效率和学习者满意度，对我国的口译教学模式创新和混合式学习研究具有借鉴意义。

【关键词】　具身认知，混合式学习，口译教学研究

Abstract　This paper takes an embodied cognition perspective to the design of a blended learning model for Consecutive Interpreting Course and reports how the model is successfully constructed by following the theoretical guidance of embodied cognition theory. Smartphone is used as a convenient and efficient media for the construction of an on-line learning space. Overall course design carefully caters to the three typical challenges in terms of activity, resource, and facilitation, when implementing embodied cognition theory to teaching practice. An effective learning environment is built by blending the on-line and off-line learning spaces, through an embodied design of various teaching and learning activities. This blended learning model proves effective in developing self-autonomous learning, enhancing learning interests, and improving interaction. Research results also indicate a rather high level of learner satisfaction.

Key words　embodied cognition, blended learning, interpreting teaching research

1. 研究背景

随着教育技术的发展普及和网络资源的日渐丰富，基于网络教育平台的混合式学习模式构建和翻转课堂教学理念已成为我国高校教学改革的一个重要内容（田阳等，2018：8）。混合式学习主张借助信息技术，根据课程需要结合多种教学形式，帮助学习者取得最优化的学习效果（Singly，2003：51）。口译课作为高校外语课程模块中的重要环节，其教学内容、教学载体和教学成果均呈现出社会对接的即时性和动态性，对信息化程度要求也极高（陈圣白，2015：31－32），在进行改革教学模式、构建混合式学习模式方面有先天优势，但是口译教学普遍存在课堂时间严重不足的问题

① 基金项目：本文是广东省哲学社会科学“十三五”规划“外语信息化专项”重点项目“教育信息化背景下大学英语‘翻转课堂’教学模式有效性研究”（GD16WXZ17）和教育部·外研在线2018产学合作协同育人项目“基于Unipus高校外语教学平台的大学英语混合式教学有效性研究（201801A204）”的阶段性研究成果。

（王洪林，2015：60），因此在应用层面，如何建立一套教师能够操作的混合式教学设计思想与方法，实现真正有效的“混合”，既是混合式学习研究的核心议题（王靖、陈卫东，2016：69），也是进行口译课程混合式学习研究与实践面临的挑战。

20 世纪末发展起来的具身认知理论为构建混合式学习模式提供了全新的理论指导。具身认知是认知理论在技术与生活无缝融合、生活与学习环境之间呈现高互动特征背景下的一次范式转变（王靖、陈卫东，2016：68），它强调身体及其与环境的交互经验对认知的作用，为人们重新理解和定义认知提供了崭新视角。具身认知理论指导下的学习既是具身的，也是情境的，具身经验需要借助技术对学习环境的支持来提供概括与记忆的线索，并通过学习活动的设计得以加强和巩固（王辞晓，2018：21）。

本文拟在上述理论背景下探讨口译课程的混合学习模式构建，基于笔者所在高校中山大学的教学实践，提出具身认知理论指导下的口译课混合式学习模式设想，主要讨论教学模式和课程评估两方面，以期为口译课教学模式的创新提供一定启示。

2. 研究现状

混合学习在近年来业已成为国际高等教育和基础教育领域发展的共同趋势（Johnson, et al., 2015：12），国内外专家学者相继提出各类混合学习模式（如 Horn & Staker，2014；孙众，2017；胡立如、张宝辉，2016），从教学设计的角度探索混合学习模式过程，但如胡立如、张宝辉（2016：22）所言，多数混合学习研究偏于关注面对面学习和在线学习相结合的技术操作成分，而忽略了对混合学习真正作用机制的考虑。因此，随着具身认知逐渐受到学习科学领域的关注，部分学者开始尝试将具身设计原则引入教学研究与混合学习模式研究，如王辞晓（2018）通过探析人与技术的各种具身关系，指出应重视学习过程的设计，使技术“不可见”；应重视具身学习环境的设计，确保具身环境的情境交互持续且有效；具身设计应包括技术的设计、技术支持的具身环境设计以及相应的教学设计。郑旭东等（2019）基于学习者与环境的交互作用，讨论了具身学习的内涵及其设计理念，指出具身学习的设计须聚焦于以具身交互促进经验建构；王靖、陈卫东（2018）引入具身认知视角，从为谁混合、为何混合和如何混合三方面对混合式学习的本质进行探析；王丽英（2018）将具身设计融入混合学习设计，结合实证提出 STEM 教育的混合学习模式等。

在学校教学环境下，混合式学习最常“混合”的是线上自学与线下课堂教学，因此翻转课堂成为落实混合式学习最常见的手段。我国口译教学的混合式学习研究目前主要集中于一系列基于翻转课堂的教学实践报告或教学模式设计与探索，如王洪林（2015）的“口译技能 + 商务主题”式口译训练翻转课堂教学模式，陈圣白（2015）基于语料库的口译翻转课堂教学模式，许文胜、吕培明（2015）基于云端翻转课堂与社交媒体互动融合的口译教学革新方案，胡雅楠、万正方（2018）聚焦不同教学环节之师生任务设计和评估体系的口译翻转课堂教学模型，王剑娜（2018）基于翻转课堂的口译课混合式教学模式等。这些研究为口译教学的改革与创新提供了理论与实践借鉴。但如何基于具身认知理论考察混合式学习的理论价值，创新性地对口译课程混合式学习模式进行具身设计，则是有待深入探讨的课题。

3. 口译混合式学习模式的具身设计

3.1 理论依据

具身认知理论指导下的课程设计可从技术、环境和教学三方面进行（王辞晓，2018：22－24），我们对口译混合式学习模式的具身构建即围绕这三个方面展开。

（1）技术支持。

Price 等人（2009：15）指出人与技术有多种交互类型，并在多种技术支持下形成三种具身学习空间，即物理空间（指借助移动技术与传感技术将身体活动与抽象概念相连接）、虚拟空间（强调学习的沉浸感）和虚实混合空间。对于伴随着信息技术成长起来的当代大学生而言，智能手机是生活中无意识的融入部分，即时消息是沟通的日常方式，享受和使用无限制的在线资源则被视为当然（顾小清等，2012：24）。鉴于此，我们决定基于智能手机终端创建线上虚拟学习社区，课程所需的所有教学资源均可通过虚拟社区获得，大多数自主学习或训练任务亦可在此开展完成，以此实现学习者在虚拟空间的学习沉浸感，再结合线下实体课堂及实践空间，构建虚实混合的口译课具身学习空间。

（2）环境创建。

具身学习环境的建构包括物理具身和意向具身两方面，首先帮助学习者通过物理具身调动感知觉经验，继而通过意向具身助其保持相关经验，最后通过学习任务进行意义建构的加工（Black，2010：49）。物理具身要求提供直观的、情境化的学习，使学生通过直接参与各类口译活动与实践来体验口译技能的获得感受，意向具身要求教师运用多种技能手段，指引学生自己去理解口译相关知识。总体而言，学生的主动参与是具身学习环境构建的关键（肖菊梅、李如密，2018：58）。基于此，我们以各类线上线下的口译学习、训练、检测和应用任务或活动为连接载体，结合口译情境化教学和口译知识体系建设教学环境，实现对课程混合式学习环境的物理与意向维度的具身建构。

（3）教学设计。

将具身认知理论引入教学实践时，教学设计需要充分考虑活动、资源和促进三方面的因素（Abrahamson & Lindgren，2014：360）。基于此，我们在口译教学活动设计中，秉持活动任务从简单到复杂的过渡原则，强调活动应能有效调动学习者此前的身体经验；提供的口译教学资源既要数量充分，又要让不同程度的学生有个性化的内容与难度选择，即为学习者提供适当的“供给量”，助其逐渐达到学习目标。此外，在教学中应注意为学习者提供各类口译能力评估指导和口译任务的实时反馈，通过情境交互实现环境的促进作用。

3.2 混合式学习模式的构建

基于上述理论原则，我们于2018年秋季学期，在中山大学外国语学院2017级翻译辅修班“中级实用口译”课程中开展了混合式学习模式的具身设计与实践，该课程的先修课程为“初级实用口译”，两个级别均以技能为纲，中级课程主要围绕笔记技能进阶、翻译的语言转换、语言外因素、视译等环节进行英汉口译技能的进阶培养。课程不设固定教材，但提供几本辅助教材，同时通过专门的课程网站提供课程资源。要求学生每周课前在线自主完成固定的学习任务，实体课堂上组织各类教学活动，围绕核心技能进行训练与应用，对自主学习成果进行检测与考评，实体课堂外还要求学生参加各类口译实践。该模式属于Horn & Staker（2014：28）介绍的四大混合式学习模式中的轮换模式（Rotation Model），具体结构可用图1表示。下面基于图示进行详细说明。

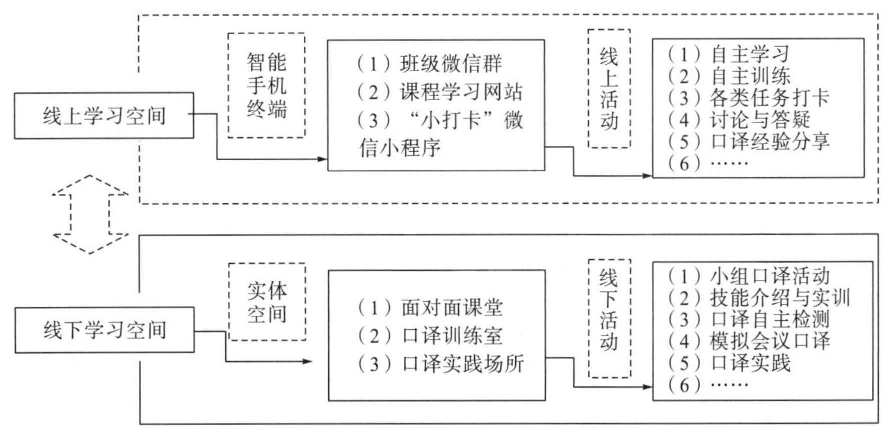

图1　口译课程混合学习模式

3.2.1 线上学习空间构建

（1）线上学习社区。主要采用三种方式构建线上虚拟学习社区，一是班级微信群，用于发布课程通知和各类学习讨论，如答疑、技能介绍、主题讨论等；二是课程学习网站，提供所有课程要求的、可供线上自学的口译资源，包括音视频资源、学习策略汇编、口译实战经验分享、口译实践信息等；三是“小打卡”微信小程序，用于学生完成每天的自主学习任务后在各自班级所属的“圈子”内打卡，打卡的内容可以是10分钟以内的语音、9张以内的图片或25M内的视频。

以上三者均可借助智能手机终端完成，目的是建立一个学习者可快捷进入、成员间高效互动且具有一定压力感的线上学习社区，因为混合式学习是一个学习者个体与“虚拟”混合环境持续互动的系列事件（叶浩生，2015：109），是认知主体在虚拟与现实相结合的混合环境中，通过两者“实施相互作用的压力活动”（王靖、陈卫东，2016：70）。

（2）线上学习任务。每周教师或班长会向课程网站或班级微信群发送学习资源，内容包括口译技能学习和口译常用表达学习两部分。前者包括以“欧盟－亚欧口译培训合作项目”视频教学资料为主的各类教学小视频；后者基于两方面来源，一个是每周由班长负责收集的学生新闻简报生词汇编，另一个是教师提供的常用表达汇编。

（3）线上训练任务。学期初拟定一个建议全班学生共同遵守的“自主训练计划”，原则上每一天都有需要完成的任务，但是同一周的任务允许学生根据自己的实际情况，在时间安排上灵活处理，包括每天名人演讲跟读（3～5分钟的音视频材料）、每周笔记强化训练（至少3次，每次5～8分钟的音视频材料）、每周交替传译训练（基于笔记内容），要求每周至少发送3天的笔记照片和口译的音频或视频到“小打卡”程序，供教师团队检查并酌情反馈。

3.2.2 线下学习空间构建

（1）课内教学活动，包括以下三项内容。

第一，小组口译活动。每周两组共4名学生进行现场交替传译活动。每组须提前围绕某个国内外新闻准备一个1分钟的新闻简报，然后每组先后派一名学生围绕该新闻的主题发表一个3分钟的演讲（1英1中），与此同时，另一组中本次不发表演讲的学生则须为之提供基于笔记的交替传译。由于班级规模在30人以内，该活动可以进行两轮，即全班每一名学生均有机会分别完成一次演讲和一次传译。

第二，学生现场点评。小组口译活动期间，其他学生需要从语言使用、策略运用和职业素养三方面对译员进行评估，并记录下各自认为的优秀或不足的案例。小组任务完成后，教师随机收集部分学生的评估记录进行存档，同时抽取部分学生对本次译员进行现场点评。

第三，口译技能实训。原则上每周均会就某项新介绍的口译技巧点（例如语言转换中的逻辑重构技巧、视译的顺句驱动技巧等）提供有针对性的实训。

（2）课外实践活动，包括以下三个方面。

模拟会议口译。每学期组织两次模拟会议，由教师提前两周提供口译场景信息，每次由部分学生担任主持人、讲者或译员，其他学生担任观众或评委，同时向其他口译班级开放，以引入更多观众，提高口译任务的现场感。

口译训练室自主检测。教师提前设置好材料后，要求学生每周至少一次前往口译训练室进行一次自主检测，检测结果会自动保留录音至教师端以备存档。

各类口译实践。定期在课程网站上提供各类口译员短聘信息（较典型的如广交会口译），鼓励学生自主参与各类口译实践。

3.2.3 具身设计理念

以上混合式学习模式的学习环境建设和教学过程均体现了具身设计的理念。如图2所示，在技术层面，借助智能手机终端连接虚实交融的混合学习空间，学生根据教学安排与个性化需求在两个空间轮换学习与实践；在环境层面，通过设计各类线上线下的口译情境化学习与训练活动，调动学习者的感觉和知觉经验，实现环境建构的物理具身空间，同时结合不同手段帮助学习者形成口译的知识与经验体系，实现环境建构的意向具身空间；在教学层面，通过设计循序渐进的训练任务、提供数量充分且难度适中的学习资源、提高师生与生生互动，落实教学设计的具身理念。

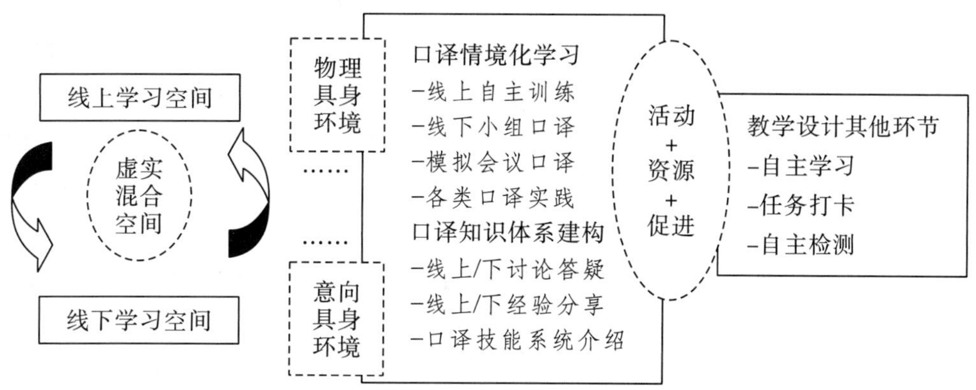

图2　学习环境与教学过程的具身设计理念

3.2.4 评估体系

学期末设有统一的期末考试，从视译和交替传译两方面对学生进行课程终结性评估。除此以外，本课程基于教学目标，以混合式学习模式中的各项教学活动为纲，建立了一整套形成性评估体系，目的是“根据课程内容、学生智力发展水平及其学习现状”设计评估任务，学生基于教师的反馈信息对学习情况进行判断和解释，以开展下一步学习，同时教师根据学生的学习情况调整评估任务和评估标准（文秋芳，2011：41）。下面主要介绍针对各项教学活动的形成性考评思路。

（1）自主训练任务的评估。

“小打卡”程序会自动保存每位学生的打卡内容与时间，口译训练室也会自动保存学生每周口译小测的录音，教师可随时抽查，并适时提供反馈。该项任务的设置主要是为了帮助学生形成良好的自主学习习惯，因此小打卡程序上的笔记任务和口译任务主要以任务完成的“量”为形成性评价指标，占总评成绩的5%，但是口译检测则同时结合任务完成的“质”进行评估，占10%。本项共占总评成绩的15%。

值得一提的是，该项任务中学生上传的笔记照片和音视频档案是教师进行反馈的重要基础。一方面，教师定期归纳学生笔记上呈现出的共同特征与问题，在班级微信群中统一指出后，课堂上再相应地组织有针对性的训练；另一方面，教师分别在第8周和第15周针对每个学生的笔记档案和口译音频进行两次个性化分析与反馈，帮助学生个体有针对性地开展下一步的学术听力训练。

（2）小组口译活动的评估。

该项活动包含两个任务，每位学生均相应地获得两项分数：一是3分钟内的主题发言，占5%，二是对发言进行基于笔记的交替传译，占10%。主题发言从逻辑性、语言能力、发言技巧三方面进行评估，交替传译从信息传达、技巧运用和综合素养等三方面进行评估。本项共占总评成绩的15%。

（3）模拟口译活动的评估。

每次活动特设现场学生评委和教师评委，为每位译员评分，全学期每位学生均会有一次口译机会，从信息传达、技巧运用和综合素养等三方面进行评估，占总评成绩的10%。

（4）口译评估能力的评估。

基于学生每周对小组口译任务的评估表（每人至少会提交1次）以及模拟会议口译活动中的评估表（每人担任1次模拟会议评委），考查学生评委对他人口译任务进行评估的能力。从评估的准确性（与教师评委的差异对比）和理据（是否提供例据）两方面进行评估，占总评成绩的5%。

（5）口译常用表达积累的评估。

取期中和期末两次小测的平均分，占总评成绩的5%。

3.3 课程效果

参考斯隆联盟网络高等教育质量标准（熊华军、李倩，2014：102）进行学习效果的量性和质性分析。因篇幅所限，此处仅简要介绍其中对学习效能和学生满意度的部分质性分析结果。

（1）学习效能。

其主要基于学生各类训练与检测的形成性评估档案进行质性分析。

笔记技能的提升。笔记的档案显示，至学期末，大部分学生已较好地掌握口译笔记技能，能就持续长度3分钟左右的发言内容作自成体系的口译笔记。

译语组织能力的提升。随着学期进展，3分钟小演讲在语言组织上有明显进步，体现为从最初的信息机械陈述，到开始明确聚焦某话题的有技巧的材料组织，再到体现某鲜明观点的有理有据的论证式陈述；与此相应，小打卡档案显示学生基于笔记的传译在信息的逻辑组织方面也显示出明显进步。

实战经验的丰富。两轮模拟会议口译中，学生译员的进步明显，尤其体现为译前准备更充分、临场应变更从容、策略运用更轻松等；此外，学生在各类场所的口译实践也获得客户非常积极的反馈，有几位学生甚至因此获得较稳定的长期口译兼职机会。

口译职业素养的提高。口译自主训练和自主检测的音频档案显示，随着学期进展，学生在口译产出的整体风貌，尤其是声音及语速的控制力方面有显著提升。

（2）学习者满意度。

其主要基于期末的学习者课程满意度五级量表结果以及焦点访谈结果进行质性分析。结果显示，学生高度肯定虚拟学习社区在促进自主学习方面的作用，对混合式学习模式在提升学习热情和课程交互度方面表示满意，以上各项的满意度均值达到4.3分以上；对课程在满足个性化需求方面表示满意，均值为4.13分。焦点访谈中，学生再次证实虚拟学习社区的积极意义，例如“跟着全班一起打卡，感觉一个学期进行的英语学习和训练比前两年加在一起都多”“不间断的训练让我突破了口译笔记的难关”“口译常用表达的补充训练太有用了，在实训时遇到相似场景可以张口就来的感觉特有成就感”“在打卡圈里看到其他同学的笔记和口译，让我觉得自己这么渣还不努力真说不过去”等。以上表明本课程的混合式具身学习模式建设取得了初步成效。

访谈中，学生也提到了课程面临的挑战与不足，如自主训练任务偏烦琐，以至压缩专业课的学习时间；实体口译室自主检测增加了操作难度，建议改为线上检测；课堂时间有限，学生点评时间宜缩短；期待教师针对个体提供更多针对性反馈等。这些建议为未来的实践提供了借鉴。

4. 结语

口译课的具身情境化混合学习模式在教学中融入具身设计原则，借助便捷的数字媒介建构虚实交融的学习空间，结合各类情境化实训任务与知识体系建构，旨在实现混合式学习模式的物理具身和意向具身空间建设，提高课程交互性，满足学习者的个性化需求，从而促进有效学习。教学实践的结果表明该模式在初期阶段已获得预期效果。

在未来的教学与研究中，对口译课程的混合式具身学习模式建设需要注意以下两方面问题：（1）须注意自主训练任务的可持续性。可根据学生特点，适度增加对自主任务检测的灵活度，确保自主学习活动既能有效激发学生的主动性和自我管理能力，又不至于产生过大压力；（2）须注意线下课堂教学与线上学习的有效配合。宜密切跟踪学生的线上参与和任务完成情况，并依此调整线下教学计划，提高与线上学习的交互反馈度，更好地满足学生的学习需求。

【参考文献】

[1] 田阳，杜静，黄荣怀. 面向混合学习的学习与社交协同策略探究［J］. 中国电化教育，2018（5）：8-14.

[2] Singly，H. Building Effective Blended Learning Progrtams［J］. Educational Technology，2003，43（6）：51-54.

[3] 陈圣白. 基于语料库的口译翻转课堂教学模式创新研究 [J]. 外语电化教学, 2015 (6): 31-36.

[4] 王洪林. 基于"翻转课堂"的口译教学行动研究 [J]. 中国翻译, 2015 (1): 59-62.

[5] 王靖, 陈卫东. 具身认知视角下的混合式学习本质再审视 [J]. 远程教育杂志, 2016 (5): 68-74.

[6] 王辞晓. 具身认知的理论落地: 技术支持下的情境交互 [J]. 电化教育研究, 2018 (7): 20-26

[7] Johnson, L, et al. NMC Horizon Report: 2015 Higher Education Edition [R]. Austin, Texas: The New Media Consortium, 2015.

[8] Horn, M. Staker, H. Blended: Using Disruptive Innovation to Improve Schools [M]. United States: Jossey-Bass, 2014.

[9] TeachThought. 12 Different Blended Learning Models [EB/OL]. www. teachthought. com/learning/12 - types - of - blended - learning/. 2016. Accessed 2019 - 2-21.

[10] 孙众, 宋洁, 骆力明. 混合课程动态设计研究 [J]. 电化教育研究, 2017 (7): 85-90, 116.

[11] 胡立如, 张宝辉. 混合学习: 走向技术强化的教学结构设计 [J]. 现代远程教育研究, 2016 (4): 21-31, 41.

[12] 郑旭东, 王美倩, 饶景阳. 论具身学习及其设计: 基于具身认知的视角 [J]. 电化教育研究, 2019 (1): 25-32.

[13] 王丽英. 建构具身思维的混合学习模式设计与实践 [J]. 高等理科教育, 2018 (5): 1-10.

[14] 许文胜, 吕培明. 云端翻转课堂模式下的口译教学探索 [J]. 中国外语教育, 2015 (4): 39-45.

[15] 胡雅楠, 万正方. 基于"翻转课堂"理念的口译教学模型设计——以"口译笔记"授课环节为例 [J]. 中国翻译, 2018 (6): 47-51, 99.

[16] 王剑娜. 基于"翻转课堂"的混合式口译教学探索 [J]. 华北理工大学学报 (社会科学版), 2018 (4): 105-112

[17] Price S, Roussos G, et al. Technology and Embodiment: Relationships and Implications for Knowledge, Creativity and Communication [J]. Department for Children Schools & Families & Future lab, 2009. 01 (1): 1-22.

[18] 顾小清, 林仕丽, 汪月. 理解与应对: 千禧年学习者的数字土著特征及其学习技术吁求 [J]. 现代远程教育研究, 2012 (1): 23-29.

[19] Black J. An Embodied/Grounded Cognition Perspective on Educational Technology [J]. New Science of Learning, 2010: 45-52.

[20] 肖菊梅, 李如密. 从"离身"到"具身": 课堂学习环境的新构建 [J]. 教育理论与实践, 2018 (1): 56-60

[21] Abrahamson D., Lindgren R. Embodiment and Embodied Design [M]. The Cambridge Handbook of the Learning Sciences, 2014: 358-376.

[22] 叶浩生. 身体与学习: 具身认知及其对传统教育观的挑战 [J]. 教育研究, 2015 (4): 104-114.

[23] 文秋芳. 《文献阅读与评价》课程的形成性评估: 理论与实践 [J]. 外语测试与教学, 2011 (3): 39-49.

[24] 熊华军, 李倩. 美国网络高等教育质量标准的五大支柱 [J]. 外国教育研究, 2014 (11): 102-110.

【作者简介】

邓志辉, 中山大学外国语学院教授。主要研究方向: 翻译理论研究。电子邮箱: dzhetty@163.com。

新时代中央文献翻译术语日译解析
——以2018年两会报告为例

◎赵蓬蓬（中央党史和文献研究院　北京　100017）

【摘　要】 中国特色社会主义已经进入了新时代，各领域都取得了辉煌的成就。作为翻译工作者，我也体会到了中央文献翻译的一些新变化，比如缩略术语的增多、科技方面的新词层出不穷，还有很多独具中国特色的概念很难找到对等的表达，这些都是翻译工作的难点。我们发挥了国家团队翻译的优势，在初译、改稿、核稿、定稿等各个环节严格把关，再加上外国专家的智慧，形成了较为成熟的译文。由于两会报告翻译时间紧任务重，译文必然存在一些不足之处，但是它作为我们的翻译成果，极具时代特色，我认为有必要向学界和日语翻译爱好者推广普及。

【关键词】 政策方面的缩略语，体现时代特色的新词，体现功能对等的新词翻译

Abstract The socialism with Chinese characteristics has entered a new era. Great achievements have been made in all fields. New changes have occurred in the translation of CPC documents. The abbreviation of terms is becoming popular; the new high-tech words are emerging one after another and equivalents for many Chinese unique concepts cannot be found in another language. These are the major difficulties in translation. As a national translation team, we gave play to our advantages by guaranteeing the quality of the draft translation, revision and the final version. And with the aid of foreign experts, we worked out a comparatively good translation. Because of the pressing time and arduous task, there remained some weak points in our translation of the CPC documents. But as our translation embodies the characteristics of the times, we think it is necessary to make it known to the research circle and translation learners.

Key words abbreviations in China's policies, new words symbolizing characteristics of the times, functional equivalence in new word translation

十九大报告提出中国特色社会主义进入了新时代。从此中国的发展到了一个更高层级的历史方位上。中国在和世界的关系层面上呈现出中国日益走近世界舞台中央，不断为人类做出更大贡献的格局。随着“一带一路”伟大倡议的提出和实践，中国需要宣传自己共商、共建、共享的理念和开放包容、合作共赢的主张，增强国际理解，中央文献翻译是体现这一意图的重要工作。总结分析翻译工作，可以承前启后，保证今后的译词的传承性，及时总结归纳翻译工作的经验在学术上、对外宣传上都很有意义。

1. 中央文献翻译发展到新阶段

党的十九大报告指出，经过长期努力，中国特色社会主义进入了新时代，这是我国发展的新的历史方位。进入新时代，中国的政治、经济、科技、文化以及军事领域都得到了空前的发展。中国特色社会主义伟大旗帜在世界上高高举起，体现

出社会主义的生命力、影响力和感召力。十九大报告也明确指出，中国特色大国外交就是要推动构建新型国际关系，推动构建人类命运共同体。这就明确了新时代中国外交追求的总目标，以满足中国特色大国外交进入新时代的现实需求。单丝不成线，独木不成林。中国的共商共建共享的理念和开放包容合作共赢的主张，要得到世界各国的理解和拥护，做好翻译沟通工作是不可或缺的手段。阐释和宣传党的理念和主张，尽可能地达到外国读者容易理解、引起共鸣的程度，就是我们翻译工作者的职责。

改革开放初期，对外界充满了好奇的人们，开始如饥似渴地吸收外来知识和文化，因而翻译市场上主要以外译中为主。随着时代发展，我国综合国力不断增强，国际地位不断提高，在国际事务中发挥着越来越重要的作用，提高对外话语权的需求日益迫切。根据中国翻译协会的统计，2011 年中译外占据了整个翻译市场的 54%，第一次超过了外译中的比例，2014 年中译外占到了翻译总工作量的 60%（黄友义，2018：3）。这说明社会主义中国进入新时代，作为发展中的大国要担起更多的国际责任，展现中国的时代担当，宣传中国理念、中国智慧、中国作用，增强国际理解，为中国下一阶段的发展争取更加有利的国际环境，加强对外话语权的建设的需求越来越强烈。当今中国各领域发展迅猛，特别是进入信息时代后，新的概念、新的事物不断涌现，也给翻译工作增加了难度，对翻译人员提出了挑战。

2. 当前中央文献翻译的特征

2018 年的两会报告术语和新词众多，涵盖政治、经济、科技、教育、医疗、民生等各个领域。很多新词在社会上流行已久，也有很多第一次出现在人们眼前的新概念。这些术语有些是重要的政策概念、有些是时代的新生产物，还有些是我国科技领域的新成绩。总结起来就是政治方面的缩略语多、新提法新概念多、科技创新成果多、中国特色表述多。我们的译文在社会上影响重大，甚至很多日本的权威媒体在提及中国的发展时，也会采取我们的译文版本。做这么重要的翻译工作，我们在感到无限光荣的同时，也感到了责任之重大，所以有必要每年对翻译工作进行总结和整理，以利于一些重要译法的传承发展和不断创新。

3. 2018 年两会报告新词翻译

中国特色社会主义理论中有很多中国独有的概念和表述，要正确把握和理解中国特色社会主义理论的实质与内涵，才能充分表达。

3.1 政策方面的缩略语的翻译

近年来改革开放进入深水区，新生事物和新概念层出不穷。汉语又属于归纳总结性极强的语言，简洁的语言更加有力量、易于传播，因此产生了大量的缩略语，如果不加解释地直译则不能传情达意，解释过多又有损原文简洁有力的语言风格。我们的处理方法一般是尽量兼顾两者，采取先直译，再加上括号，添加解释阐明含义的方法。这样的例子有很多（如表 1）。

表 1　政策方面的缩略语翻译举例

“双随机、一公开”监管	「双無作為、一公開（検査対象を無作為抽出し、法執行・検査員を無作為選任して派遣し、検査および処置の結果を速やかに公開すること）」型監督管理
扫黑除恶专项斗争	「掃黒除悪（黒社会を一掃し、悪を取り除く）」特別闘争
“四个意识”	「四つの意識（政治意識・大局意識・核心意識・一致意識）」

续表

"四个自信"	「四つの自信（中国の特色ある社会主義の道・理論・制度・文化への自信）」
"放管服"改革	「行政簡素化と権限委譲」、「緩和と管理の結合」、「サービスの最適化」改革
"四风"	「四つの悪風（形式主義・官僚主義・享楽主義・贅沢浪費の風潮）」
国务院"约法三章"	国務院の「法三章（①庁舎などの新築・改築・拡張、②政府機関などの定員数、③海外出張・公務接待・公用車の経費という三点の抑制に関する約束事）
河长制、湖长制	河長制・湖長制（各級党組織・政府の指導者が管轄地区内の河川・湖沼などの水環境保全の責任を担う制度）
"三公"经费	「三公」経費（海外出張費・公務接待費・公用車経費）
"三严三实"专题教育	「三厳三実（厳しく身を修め、厳しく権力を用い、厳しく自らを律すること［三厳］と、計画は現実的に立て、事業は着実に進め、人として誠実であること［三実］）」特別教育、
"两学一做"学习教育	「両学一做（党規約・党規則と習近平総書記の一連の重要講話を学び、適格な党員になる）」学習教育」
"五位一体"总体布局	経済建設・政治建設・文化建設・社会建設・生態文明建設から成る「五位一体」の総体的配置
"四个全面"战略布局	「四つの全面（①小康社会の全面的完成、②改革の全面的深化、③全面的な法に基づく国家統治、④全面的な厳しい党内統治）」の戦略的配置
"两免一补"政策	「二免一補」（雑費、教科書代の免除と寄宿生への生活補助）政策
"双一流"建设	「世界一流大学・一流学科づくり」（18年计划）「双一流」づくり（18年政府）
"多证合一"改革	多証合一（さまざまな許可証を一本化すること）」改革
"证照分离"改革	「証照分離（審査・認可と商業登記の強制的順序をなくし、どちらからでも手続きができるようにすること）」改革
"两个毫不动摇"	「二つの揺るぐことなく（①揺るぐことなく公有制経済をうち固めて発展させ、②揺るぐことなく非公有制経済の発展を奨励・支援・リードする）」
"极点带动、轴带支撑"网络化空间格局	「極が牽引し、軸が支える（中心都市が発展を牽引し、主要交通路が支える）」ネットワーク化した空間構造
"三供一业"	「三供一業（水・電気・暖房供給と不動産管理）」
2016年度能源消耗总量和强度"双控"目标责任评价考核	2016年度のエネルギー消費総量・原単位ダブル抑制目標責任評価考課

其中的"四个意识"第一次出现是在2016年的政府报告中，原文是"增强政治意识、大局意识、核心意识、看齐意识"，译为"政治意識・大局意識・核心意識・一致意識（党中央にならうこと）を強める"，并未出现"四个意识"的表述；后续报告中出现"四个意识"的翻译直接译为"四つの意識"。

3.2 体现时代特色的新词翻译

中国的政治、经济、文化、教育、科技等各个领域都展现了巨大的变化，其内容之新、信息量之大、变化之快是前所未有的，作为翻译人员必须紧跟时代步伐，重视学习积累和查阅资料，厚积薄发才能在关键时刻一显身手（如表2）。

表 2　体现时代特色的新词翻译

“厕所革命”	「トイレ革命」
大数据、云计算、物联网	ビッグデータ、クラウドコンピューティング、モノのインターネット（IoT）
一站式服务	ワンストップ・サービス
网购、快递	オンラインショッピングと宅配便
“僵尸企业”	「ゾンビ企業」
政府和社会资本合作（PPP）模式	政府（パブリック）・民間（プライベート）資本連携（・パートナーシップ）（PPP）モデル
国债市场化改革、收益率曲线建设	国債の市場化改革と利回り曲線（イールドカーブ）の機能健全化に関わる取り組み
孵化体系	インキュベーション体系
大型新 X 射线调制望远镜卫星“慧眼”	大型硬 X 線変調望遠鏡衛星「慧眼」
量子保密通信“京沪新干线”	量子暗号通信基幹ネットワークである「京滬幹線」
天舟一号货运飞船	無人宇宙貨物船「天舟一号」
暗物质粒子探测卫星“悟空”	暗黒物質粒子探査衛星「悟空」
具有完全自主知识产权的中国标准动车组“复兴号”	独自の知的財産権をもつ「中国標準」の高速列車の復興号
我国“人造太阳”（全超导托卡马克核聚变实验装置）	わが国の「人工太陽」実験装置 EAST（完全超伝導トカマク型核融合実験装置）
海域可燃冰	海域でのメタンハイドレート
海水稻	海水稲（海水で育つ稲）
高产水稻新种质	高収量稲の新型遺伝質
用化学物质合成完整活性染色体	化学物質を活用して完全な酵母染色体を合成する
国产深海滑翔机“海翼号”	国産の水中グライダー「海翼」号
高铁网络、电子商务、共享经济、移动支付、基因检测	高速鉄道網、電子商取引、シェアリングエコノミー、オンラインショッピング、モバイル決済、遺伝子検査
陆海天网“四位一体”互联互通体系	陸・海・宇宙・サイバースペース「四位一体」相互連結体系
共享单车	シェアリング自転車
“中国品牌日”活动	「中国品牌日（中国ブランドデー）」イベント
无障碍环境建设	バリアフリー施設の建設
智能制造	スマートマニュファクチャリング
工业互联网平台	インダストリアル・インターネットのプラットフォーム
网上零售额	オンラインによる商品の小売額

3.3 体现功能对等的新词翻译

美国语言学家尤金・A. 奈达（Eugene A. Nida）提出的功能对等理论在文献翻译上也有体现（谭载喜，1984）。由于不同语言具有各自的特征，在形式和内容上都保持一致几乎不太可能，只能充分理解原文含义，灵活地用目的语表现出来。就是说翻译时不求文字表面的死板对应，不仅要做到词汇意义上的对等还要做到语义、风格和文体的对等。通俗地讲就是在翻译的过程中不强求一字一句的对应，而是要真正地将所翻译的内容实现语言形式和文化习俗上的转化，这也是中译外的最大难点之一。

表3　体现功能对等的新闻翻译

个人税收递延型商业养老保险试点	個人所得税繰延型（積み立て期間中は保険料に所得税を課税せず、保険金の受給時に課税する）商業養老保険の試行
（深入推进“互联网＋政务服务”，使更多事项在网上办理，必须到现场办的也要力争做到）“只进一扇门”“最多跑一次”	（「インターネット＋政務サービス」を踏み込んで推進し、オンラインでできる手続きの割合を増やし）窓口に出向かなければならない手続きは一ヵ所に一度足を運べば済むようにする
亲清新型政商关系	親身で清廉な新型政商関係（政府と民間企業との関係）
小微企业融资难、融资贵问题	小企業・零細企業の抱える「資金繰り難、資金調達コスト高」問題
蓝天保卫战成果	青い空を守る戦いの成果
二手车限迁政策	中古車の地域間取引規制政策
深化沿线大通关合作	沿線諸国との大通関（通関業務効率化）協力
商务备案与工商登记“一口办理”	商務部門への届出と工商部門への登記を一本化する
城镇“大班额”	都市部の「大班額（すし詰め学級）」
稳步提高城乡低保、社会救助、抚恤优待等标准	都市・農村の最低生活保障、社会救済、恩給援護などの基準
早日实现安居宜居	広範な人民大衆が一日も早く快適な住宅に安住できるようにする
“新官不理旧账”	決して反故にしてはならない
激励约束、容错纠错机制	インセンティブ・制約メカニズムと失敗許容・是正メカニズム
个人主义、分散主义、自由主义、本位主义、好人主义、宗派主义、圈子文化、码头文化	個人主義・分散主義・自由主義・本位主義・事なかれ主義、セクト主義・派閥文化・縄張り文化
两岸同根，骨肉相亲	両岸はルーツを共にする骨肉の兄弟である
新旧发展动能接续转换	新旧原動力のバトンタッチ・転換
包容审慎监管	「包摂・慎重」を旨とする監督管理
大众创业、万众创新	大衆による起業・革新
实施普惠性支持政策	包摂的な支援政策
政府投资撬动作用	政府による投資の呼び水効果
强基础、增后劲、惠民生	基盤の強化、持続力の増強、民生の改善
重审批、轻监管、弱服务问题	過度の審査・認可、あまい監督管理、不十分なサービスという問題
政府定价的经营服务性收费	政府が価格を定める営利目的のサービスの費用・料金
决不允许占着位子不干事	要職にありながら何も実行しないということは決してあってはならない
散煤治理	生活用石炭対策
流量“漫游”费，移动网络流量资费	データ・ローミング料金を廃止し、モバイルデータ通信のパケット料金
政府性基金和行政事业性收费、政府定价的经营服务性收费目录清单全国“一张网”制度	政府系基金・行政事業性費用料金徴収と政府による価格決定の営利目的サービス料徴収に関わる目録リストに基づく全国統一の管理網制度
加大引智力度	海外からの頭脳導入にさらに力を入れたこと
打通“断头路”和“瓶颈路段”扩容工作	「断頭路（先端が切れてしまい、他の道路に繋がっていない道路）」の貫通工事と「隘路区間」の道幅拡張工事

续表

个人税收递延型商业养老保险试点	個人所得税繰延型（積み立て期間中は保険料に所得税を課税せず、保険金の受給時に課税する）商業養老保険の試行
政策规则标准三位一体“软联通”	政策・ルール・基準「三位一体」の「ソフト面の連結」
公立医疗机构药品加成	公立医療機関の医薬品価格上乗せ政策
能效、水效领跑者制度	エネルギー効率・水効率トップランナー制度
财政收支紧平衡	財政収支の「逼迫の中での均衡」
“玻璃门”“弹簧门”“旋转门”	「ガラスドア（表面上参入規制が撤廃されているが、実際は参入障壁が存在する）」「バネ付きドア（参入したとしても政策などの要因により、撤退を余儀なくされること）」「回転ドア（表面上は民営企業と国営企業は同等に扱われるが、実際は国営企業に有利な投資条件などが設けられている）」
“择校热”“大班额”	「越境入学の過熱化」「定員超過クラス」
飞地经济	「飛び地経済」
跨境电商	越境 E コマース
全口径跨境融资宏观审慎管理	全範囲のクロスボーダー融資に対するマクロプルーデンス管理
全口径外债监管体系	全範囲（外貨建て・人民元建て）対外債務への監督・管理体系

4. 中央文献新词翻译应把握的要点

中央文献中概念性词语的翻译应注重把握中国特色社会主义理论的实质与内涵，概括性强的缩略语翻译要兼顾原文的简练风格和内容上的可理解性；对于各领域出现的新词翻译一方面要加强平时积累，另一方面可以借用英语以及其他语种进行检验；具有中国特色的新生词汇要准确理解其内涵，尽量使用清晰明了的表达方式表现其含义，形式上可以灵活一些，不为原文所束缚。翻译能力是一个人的综合素质的体现，是在长期的学习和积累中慢慢形成的。曾有局内老专家指出，一名合格的文献翻译工作者至少要十年才能有小成，所谓十年磨一剑，道路是艰辛而漫长的。作为翻译工作者要终身学习、不断积累，才能厚积薄发、不辱使命。

【参考文献】

[1] 黄友义. 服务改革开放40年，翻译实践与翻译教育迎来转型发展的新时代［J］. 中国翻译，2018(3).

[2] 谭载喜. 奈达论翻译［M］. 北京：中国对外翻译出版公司，1984.

【作者简介】

赵蓬蓬，中央党史和文献研究院第六研究部日文处一级翻译，多年从事党和政府重要文献的日译工作，主要担任2005年至今的历年两会报告和党代会报告、《江泽民文选》《胡锦涛文选》《中国共产党党史》等会议报告、文献的翻译工作。电子邮箱：13701200341@163. com。

论董乐山先生的翻译成就与译学贡献①

◎阳　鲲（广东财经大学外国语学院　广州　510320）

【摘　要】　当代著名翻译家董乐山先生从事翻译长达半个世纪，留下众多精彩译作和精辟译论。然而，学界对他的研究和重视与其突出的贡献和历史地位极不相称。通过系统梳理董乐山先生杰出的翻译成就以及对当代中国翻译研究的贡献，本文指出董乐山先生不仅是20世纪国内文学翻译的大家，还是新中国学术翻译的先行者、新闻翻译的开拓者以及中国翻译研究"文化"转向的倡导者，是当之无愧的"新一代翻译家的一个堪称典范的代表人物"。

【关键词】　董乐山，文学，西学，新闻，贡献

Abstract　Dong Leshan, a famous translator in China, has made great achievements in both translation theory and practice. An analysis of his translational achievements and contributions reveals that Dong plays a leading role in the translation of foreign literature, academic works, news and in initiating the cultural turn in contemporary Chinese translation studies. Dong is undoubtedly a representative figure among the new generation of famous translators in China.

Key words　Dong Leshan, literature, western academic works, news, contributions

引言

近年来，翻译家研究日渐升温，成为翻译研究的一个热门课题。西方学者罗宾逊的《译者登场》（Robinson，1991）以及皮姆的《翻译史研究方法》（Pym，1998）都凸显了译者在翻译史中的主体地位，切斯特曼更是旗帜鲜明地提出"译者研究"（Translator Studies）的专门研究（Chesterman，2009）。我国对翻译家比较有意识的系统研究始于20世纪80年代，如今已取得了令人鼓舞的成绩，但仍存在有待深耕远拓的领域（穆雷，2003），比如学界对已故著名翻译家董乐山先生的研究和重视与其在当代翻译史上的卓越贡献和历史地位极不相称。已有的研究较多关注的是其文学翻译成就（如唐琳，2012；陈克菲，2014；沈卓丹，2016；易茂，2018），较少提及先生在西学启蒙、新闻翻译、翻译研究方面的贡献。鉴于此，本文梳理董乐山先生的翻译成就，明确提出他对当代中国翻译研究的贡献，彰显他在我国文化事业中的重要地位，并以此文纪念这位逝世20周年的翻译大家。

董乐山先生（1924—1999）才华横溢，涉猎广泛，从20世纪50年代开始，他秉承独力翻译为主、不拒合译之邀、不辞校译之苦的原则，为世人奉献了卷帙浩繁的翻译作品。他酷爱文学，中英文俱佳，翻译了多部精彩隽永的西方文学名著，并对

① 基金项目：本文是国家社科基金项目"近代英文期刊对中国经典的译介与传播研究1800—1949"（17BYY053）的阶段性成果。

文学翻译中的重要问题发表过深刻见解，是当代公认的文学翻译大家。从20世纪60年代开始，他精心选译西方社会科学著作，并撰写多篇译序，启人心智，成为新中国学术翻译的先行者。50年代时，他在新华社从事新闻翻译工作长达八年，能力突出，并致力于培养新闻翻译人才，参与翻译新闻学专业著作，并写作论文阐述新闻翻译中的常见问题，是我国新闻翻译的开拓者。译事之余，他笔耕不辍，撰文倡导学界关注影响翻译的社会文化因素以及翻译活动中译者以外的行为主体，积极探讨社会因素的作用与机制，可谓80年代国内翻译研究“文化”转向的积极倡导者。

1. 文学翻译的佼佼者

一提起翻译家董乐山，读者可能最先想到的是《西行漫记》（又名《红星照耀中国》）与《一九八四》这两部在改革开放后的中国社会产生过深远影响的文学译作。事实上，先生的文学翻译成就远不止于此。他一生中翻译了十余部英美文学作品，译笔流畅地道，享有盛誉。此外，先生勤于反思，就文学翻译发表了众多精辟独到的见解。董乐山先生在文学翻译的理论与实践上两面俱到，是20世纪我国文学翻译的佼佼者。

董乐山先生早年接受了私塾和教会小学的中西文化熏陶，早年创作并发表过诗歌、短篇小说、书评、影评、剧评，毕业于中国第一所现代高等教会学府——上海圣约翰大学，英语功底深厚。他的第一部译作是1958年由人民文学出版社出版的捷克小说《红光照耀着克拉德诺》。“文化大革命”结束后他受三联书店之邀，翻译斯诺夫人（Lois Wheeler Snow）的《我热爱中国——在斯诺生命的最后日子里》。1979年受三联之邀，重译斯诺（Edgar Snow）的名著《西行漫记》，获得巨大的成功（张小鼎，2006），之后国内各家出版社再版都依据这一译本。董先生还翻译了英籍华裔作家韩素音自传三部曲之一的《伤残的树》、英国作家奥威尔（George Orwell）的《一九八四》与《奥威尔文集》、英籍匈牙利裔作家库斯勒（Arthur Koestler）的名著《中午的黑暗》、美国作家卡波蒂（Truman Capote）的《赫莉小姐在旅行中》、奥哈拉（John O'Hara）的《九十分钟以外的地方》、希腊作家卡赞扎基斯（Nikos Kazantzakis）的《基督的最后诱惑》、英国作家巴拉德（J. G. Ballard）的长篇小说《太阳帝国》、美国当代中短篇小说选《鬼作家及其他》、美国作家冯纳格特（Kurt Vonnegut）的《囚鸟》和《冠军早餐》、记述二战的纪实文学作品《巴黎烧了吗?》以及英国作家勒卡雷（John le Carré）的间谍小说《锅匠、裁缝、士兵、间谍》。此外，他还编译了文集《探索的路上》，收录十四篇美国作家访谈录。董先生的翻译选择大都是有意为之，正如翻译家巫宁坤（1999）所说，从斯诺到奥威尔，从《西行漫记》到《一九八四》，这不是一个翻译家无所谓的选择，也不是什么思想的飞跃或突变，而是勾画了一个始终关注中华民族和人类终极命运的智者曲折的心路历程。1994年，因其卓著的文学翻译成就，先生与杨宪益、沙博理、赵萝蕤、李文俊同获中国作家协会设立的“中美文学交流奖”。

董乐山先生的翻译文笔隽永流畅，评论界认为他的译文“对我国翻译文风从欧化到中国化的转变有重要的示范作用”（亦波，2001）。所谓欧化，是指语法、文笔或用词受欧洲语言影响，一般带贬义。董乐山先生曾指出，“欧化”的弊端是源自“没有意识到英语句子结构和汉语句子结构之间的一个不同，即形合与意合的不同”[①]（卷二：98）。先生所秉持的“中国化”原则是指“既能准确无误地传达原作的思想内容，又在表达上无生硬牵强、词不达意或曲解原意之处”（卷二：103），译文符合汉语表达习惯，流畅可读。这一原则与以神似说、化境说为代表的近代中国翻译“文艺派”的观点一脉相承。以外国人名的翻译“中国化”为例，董乐山先生的“中国化”诉求是指：所谓中国化，并不是一定要选用中国人名中常用的汉字来译外国人名，这样的确会产生金发碧眼的洋人穿上长袍马褂这种不伦不类的效果。当然本人自译汉名例外……但是为什么不能来一个折衷，比如说把人名地名用字缩短一些，只用三个汉字或四个汉字？因为外语人名地名中，有的虽然很长，也并不是每个字母都发音，即使发音，也不是每个音节都是重读的。如果采用这个原则，那么“哈马舍尔德”就可以简化为“哈马舍”，“艾森豪威尔”就可以简化为“艾森豪”，“索尔斯伯里”简化为“索斯伯”……（卷二：117）

可见，这确实不失为一种可行的翻译方法。需要指出的是，董乐山先生在追求“中国化”的同时反对极端的归化，他明确表示：“如果是滥用中文成语，什么‘南柯一梦’‘黄粱美梦’‘寅吃卯粮’等等，一部外国文学作品成了中文陈词滥调的堆砌，这就不可取。”（卷二：82－83）。

2. 学术翻译的先行者

学术翻译工作能反映译者的学识素养与学术志趣，表明其真知灼见与对社会的责任担当，近代启蒙思想家、翻译家严复正是通过译介西学来启迪士大夫阶层的心智，向国人发出“与天争胜，图强保种”的呐喊的。20世纪60年代，中国所经历的一系列政治运动对知识分子形成了较大的冲击，西学翻译工作几近停滞，而当时董乐山先生自发地开始翻译西方社会科学著作。鉴于新中国的学术翻译工作自改革开放以来才开始蓬勃发展（邓正来，1996），本研究认为，董先生是新中国学术翻译的先行者。

“文化大革命”前夕，董乐山先生独具慧眼与胆识，提议翻译出版畅销欧美的德国纳粹通史《第三帝国的兴亡》，1965年该书的汉语译本内部发行，译者有包括董乐山在内的九人之多，由董乐山先生统一校订。十年后，他借该书重印的机会，重新逐字逐句校订，耗时足足一年。这部精彩的学术著作给当时的读者带来了极大的震撼，在中国知识界影响深远，也确立了董乐山先生在翻译界的地位。此后，他参与校订了集体合译的美国现代史巨著《光荣与梦想》，与梅绍武、苏绍亨、傅惟慈合译了内容丰富的《马克思和世界文学》，摘译了托夫勒（Alvin Tofler）的《第三次浪潮》，单独校订了大部头的译作《美国志》与《美国新闻史》。由董乐山、苏金琥等译者在1982年版《美国新闻史》中“向不大规范的传统新闻学提供了多种规范，如编辑主任、煽情主义、新式新闻事业等译名的确立”（展江，2004）。董乐山先生在晚年尤为多产，翻译了西方思想史读本《西方人文主义传统》、西方文化传统普及读物《古典学》以及美国报人斯通（I. F. Stone）的政治哲学著作《苏格拉底的审判》。译文集《知识分子写真》由董乐山先生主译，包括“美国作家谈创作”“知识分子写真”和“书话三则”三部分。翻译这一系列学术著作是先生寄寓思想和才华的一种方式，是一个知识分子在当代中国发挥的独特作用，这些译作也成为我国众多从事西方文化研究的人的启蒙读物（潘小松，2005）。董乐山先生在翻译学术著作时保持了一贯严谨认真的翻译态度，据介绍，经由董乐山先生前后三次通校，130多万字的《第三帝国的兴亡》中几乎没有翻译错误（杨葵，2010：79）。又如，在翻译《马克思和世界文学》的第十二章至结论部分时，针对原文中大量出自马克思的引文，董乐山先生亦是极为严谨的（梅绍武，2002）。

董乐山先生在学术翻译上的成就与贡献不仅在于他在“文化大革命”开始之前即开始译介西学，并持之以恒地向我国思想界、文化界输入西方社会科学精品之作，还在于他所写的多篇序跋与随感，这些充满智慧灵光的文字表现了他把翻译的选择与对命运的感触和对历史的关照紧密联系的情怀。例如，在翻译了英国史学家、牛津大学副校长布洛克（Alan Bullock）的《西方人文主义传统》之后，他写作了《人文主义溯源 》《人文主义译名溯源》《人文主义与人道主义》《西方人文主义与中国人文精神》四篇文章，从翻译以及汉语的角度评析人文主义的内容实质，这些文章与这一译作共同构成了当时我国西方主流思想史启蒙读物之一。

外国学术著作的引进与流传能够影响一国之学术的发展，20世纪80年代国内一些知名出版社开始集中译介系列学术丛书，如商务印书馆的“汉译世界学术名著丛书”、三联书店的“现代西方学术文库”以及上海人民出版社的“西方学术译丛”，滋养了整个中国学术界。随着改革开放的发展，外国学术书籍的引进和翻译越来越广泛和频繁，我国学术翻译事业获得了前所未有的活力。董乐山先生早在20世纪60年代就开始了学术著作的翻译，多年来孜孜以求，上述译作无一不折射出董先生的博学，他对历史学、新闻学、西学启蒙的贡献可谓“润物无声”，是我国学术翻译事业当之无愧的先行者。

3. 新闻翻译的开拓者

董乐山先生是国内公认的文学翻译大家，在西学翻译方面亦有突出成就，学术界也更多地关注他在这两方面的贡献，因此其新闻翻译的实践及理论建树一直未能得到足够的重视。事实上，新中国成立后，董乐山先生在新闻翻译的权威机构新华社从事翻译工作达八年之久，在事业上曾有过耀眼的辉煌，是新中国新闻翻译事业的开拓者。

1950年，大学毕业后的董乐山考取新华社外文部，开始从事国际新闻翻译工作。此时的他有新闻机构的从业经验（1947年至新中国成立，他曾在中国国民党浙江省党部机关报《东南日报》以及美国新闻处上海分处短暂工作），他的译文天天见报，有时还占一整版或半版的篇幅。据介绍（亦波，2010），他“从普通翻译做起，但因为工作出色，很快就独立担纲。当时一般翻译每小时只能翻译三四百字，而他每小时至少可翻译七八百字，最快时可达千字，而且文字质量高”。当时的同事、社科院美国所专家曹德谦先生回忆：“一天译一万字，一般人难以置信。但以董乐山的英文底子，他确实能做到。”（卷一：396）1956年新华社成立翻译部，董先生作为业务秘书主管日常业务工作，参加重要新闻稿件的翻译和定稿，编写了几万字的《新闻翻译手册》，提携后进。他还为中国外来词汇的汉译标准化做出了重要的贡献，现在已经成为汉语中常用的一些词汇，诸如“导弹”“穆斯林”“超级市场”“威慑”“遏制”等，都是他参与制定的。曾任职于新华社的国际问题专家李慎之先生对于董乐山先生的水平赞誉有加：“老董对于提高新华社当时的翻译水平起了很大作用……我始终认为，我国的翻译水平最好的时候是50年代，其中有董乐山很大功劳。”（卷一：385）

董乐山先生不仅在新闻翻译的实践上成就突出，在新闻翻译的理论建树上也有所贡献。新闻翻译中的突出问题之一是专有名词以及新词的汉译，为此他撰写了一系列论文。他感慨“新名词的定译，十分重要而煞费脑筋”（卷二：204－205），指出在外来语的翻译过程中出现了殖民地化与本土化两种现象（卷二：280）以及汉语对外来语的三种汲取方式（卷二：281），分析了导致“译名混乱”的三个原因（卷二：228）。针对汉语中“主义”一词泛滥的现象，他认为原因在于“翻译污染”（卷二：219）。针对外国人名的翻译，他旗帜鲜明地提出译名“中国化”的建议（卷二：117）。这些文章既有语言学的理论依据，又有实例的阐述说明，其观点在今天仍具有较强的指导意义。他的长文《谈谈新闻英语的特点》（卷二：166－179）概述了新闻英语的特点，分析了具体实例的翻译，不啻为一篇学习新闻翻译的有分量的参考论文。

董乐山先生自20世纪70年代起开始记录读书看报过程中碰到的新词，日积月累，1984年在刘炳章同志的协助下，他出版了《英汉美国社会知识小词典》，包含4000余词条，涉及天文、地理、军事、政治、历史、掌故、宗教、神话、学派、组织、商标、口号、新词、缩写、报纸杂志、电视节目、戏剧艺术、知名人物，以至外号、诨名、俚语、俗称、赌博牌戏等众多方面，多数条目为一般词典及百科全书所不载，是对于我国英语读者和译者极为有用的一本工具书。1995年这一词典再版，董乐山先生修订、增补了2000余词条。他从未受过词典编撰的训练，但该词典原稿的体例排样竟然与一家以出词典著名的美国书局 Barnhardt 所出的 *English Since 1962* 词典一模一样（卷二：154），这样的巧合只能说明董乐山先生的天赋与用心。此外，他对于英汉词典的使用颇有体会，曾撰文谈及词典的不可译性（卷二：122－123）与可译性（卷二：124－125），涉及《综合英汉大词典》、《英华大词典》、《蓝登书屋韦氏英汉大学词典》（卷二：153－155）、《英华大词典（修订本）》（卷二b：156－161）、《牛津高阶英汉双解词典》第四版（卷二：162）等。

董乐山先生是新中国新闻翻译的权威机构新华社的优秀翻译，可谓我国新闻翻译工作的标杆。他的相关论文是其对于新闻翻译实践的深刻反思，具有较强的指导意义。他的社会知识词典则体现了其高度的责任心与高超的语言能力。董乐山先生无论在实践上还是理论方面，都是我国新闻翻译事业当之无愧的开拓者。

4. 文化转向的倡导者

一般认为，西方翻译研究在20世纪90年代出现了“文化研究”转向。有学者认为，在西方翻译研究的“文化”转向传到中国之前，中国翻译学界在王宗炎和董乐山的引导下，已经悄然开始了中国式的“文化”转向，这种中国式的“文化”转向中的“文化”内涵与西方有所不同，它指的是文化知识（王东风，2013）。本研究基本认同这一观点，即认为在80年代中国翻译学界出现了本土的研究转向，但是本文认为这种中国式的“文化”转向的内涵不仅限于关注文化知识在翻译中的关键作用，还包括考察与翻译活动密切相关的各种社会因素以及翻译活动中译者以外的其他行为主体的作用。董乐山先生正是这一转向的倡导者，他在80年代发表的多篇论文涉及译作的出版社、翻译人才的选拔、翻译职业等方面，探讨了多个社会因素，可以说，他积极倡导了中国翻译研究的“文化”转向。

在《谁来防止低劣翻译作品的问世》《批评之声太少》以及《翻译续书热》等文章中，董乐山先生集中探讨了除译者之外、对翻译活动举足轻重的一个主体——出版社的作用，犀利地指出了一些出版社的严重问题：大量出版错误百出的伪劣译作、大量翻译出版流行小说、翻译出版国外有文学价值和学术价值的书籍时缺乏积极态度等。根据美国翻译理论家勒菲弗尔的观点，出版社作为翻译活动的赞助人，是控制文学创作和翻译的外因，拥有“促进或阻止”文学创作和翻译的“权力”（Lefevere，1992：14）。因此，明确出版社的责任、敦促其承担应尽的社会责任，于一国的翻译事业作用大焉，董乐山先生关注这一出版市场乱象，体现了其知识分子的社会责任与良知。作为翻译界的前辈，先生对翻译人才的选拔有过建言：“评选方式恐怕需要效法美国的普利策或全国图书奖，组织一个评委会，到一个与外界隔绝的僻静之地，住上个把月，关起门来中外文对照仔细评读由各出版社初步推选的作品，然后讨论评定最后人选……”（卷二：133－134）先生从事翻译多年，对翻译职业所面临的问题多有感触，他深感翻译报酬过低（卷二：118－119）、译者署名问题敏感（卷一：305－309）、为人校订译稿不如自译（卷二：120－121）、翻译工作者在社会上不受重视（卷二：105－106）。早在1981年，他就撰文《大家一起来重视翻译工作》，呼吁：“根据翻译工作者本身的学术性质和要求，在社会科学院系统下成立一个翻译研究所，对翻译工作进行历史的、全面的、发展的研究。这里牵涉到自古以来中外翻译理论的研究，经验的总结，比较语言学的研究，词典的编纂，电脑翻译的研究和试验，等等。”“成立翻译家协会或翻译学会之类的学术团体，对内团结全国翻译工作者，切磋业务，加强联系，保障权益；对外与世界各国相应组织进行联系和交流。”（卷二：104）

一年之后，他的第二条建议得以实现，翻译工作者的群众性学术团体——中国翻译工作者协会于1982年正式成立，1983年中国对外翻译出版公司创立的《翻译通讯》改为中国翻译工作者协会会刊《中国翻译》正式出版。但是，董先生所期待的第一条至今仍任重道远，中国社会科学院作为我国哲学社会科学研究领域最高和最全面的国家级学术机构与综合研究中心，其下属的文哲学部包括文学、民族文学、外国文学、语言、哲学、世界宗教研究所，翻译研究所仍没有一席之地。

5. 结语

翻译家董乐山学识渊博，卓然有成，“他的译作无一不具有振聋发聩的力量，能对中国知识界和中国社会产生较深远的影响”（庞旸，2002）。他毕生致力于翻译事业，其突出的成就与贡献，以促进社会进步为己任的责任感和使命感使他获得了社会广泛的尊重，成为“新一代翻译家的一个堪称典范的代表人物”（李辉，2002）。文学是他译介数量最多的一个体裁，《西行漫记》《一九八四》《巴黎烧了吗?》是其代表性文学译作，他提出并践行“中国化”翻译原则，既与中国传统译论中的神似说、化境说一脉相承，又独到精辟，切实可行。董乐山先生在文学翻译领域，实践与理论并重，是公认的文学翻译大家。他“借别人文章，浇自己块垒”（丁元甲，1992），精心选译历史、西学启蒙等学术性著作，希望国人以史为鉴，明辨是非，是我国当代学术翻译领域的先行者。50 年代时他在新华社从普通翻译做起，直到主管日常业务，兢兢业业，成绩斐然，是新中国新闻翻译事业的开拓者。作为翻译家的董乐山先生“跨越专业，以社会改造为旨归，把知识分子人格与社会要求结合在了一起”（林贤治，2000），“他的译作倾向性之所以这么明显、影响之所以这样深远，就是因为他对于世界有自己的认识，对社会政治思潮有自己的立场。这大概是作为翻译家，人们至今仍然怀念他的主因”（潘小松，2005）。董先生在翻译理论上亦有建树，他旗帜鲜明地提出“中国化”的翻译原则，关注影响翻译的多个社会文化因素，积极倡导了我国翻译研究的“文化”转向，对当代中国翻译研究做出了积极贡献。董先生逝世已经二十年，但他的译著与思想始终具有持久的生命力。哲人长逝，而精神永在。

【注释】

①本文所引为河北教育出版社 2011 年版《董乐山文集》，该文集是四卷本，省略“董乐山，2011”字眼。

【参考文献】

[1] Robinson, D. The Translator's Turn [M]. Johns Hopkins University Press, 1991.

[2] Pym, A. Method in Translation History [M]. Manchester: St. Jerome, 1998.

[3] Chesterman, A. The name and nature of translator studies [J]. Hermes-journal of language and communication studies. 2009 (42).

[4] 穆雷. 翻译主体的“发现”与研究——兼评中国翻译家研究 [J]. 中国翻译, 2003 (1).

[5] 唐琳. 翻译生态环境中译者的适应与选择——以董乐山汉译 Nineteen Ninety-Four 为例 [D]. 湘潭: 湘潭大学, 2012.

[6] 陈克菲. 图里翻译规范理论视角下董乐山《西行漫记》中译本的研究 [D]. 郑州: 郑州大学, 2014.

[7] 沈卓丹. 翻译伦理视角下的文学翻译策略抉择——《一九八四》董乐山译本与刘绍铭译本比较分析 [D]. 上海: 华东师范大学, 2016.

[8] 易茂. 赫曼斯系统论视角下的文学翻译经典研究——以董乐山译本《一九八四》为例 [D]. 重庆: 四川外国语大学, 2018.

[9] 张小鼎.《西行漫记》在中国——《红星照耀中国》几个重要中译本的流传和影响 [J]. 出版史料, 2006 (1).

[10] 巫宁坤. 董乐山和《一九八四》 [J]. 中华读书报, 1999-02-10.

[11] 亦波. 与命运抗争——董乐山的一生 [C].《董乐山文集》(第一卷). 石家庄: 河北教育出版社, 2001.

[12] 董乐山. 李辉编. 董乐山文集 [C]. 石家庄: 河北教育出版社, 2001.

[13] 邓正来编.《布莱克维尔政治学百科全书》,“编者序”, 北京: 中国政法大学出版社, 1996.

[14] 杨葵. 过得去 [C]. 桂林: 广西师范大学出版社, 2010.

[15] 王东风, 李红满. 论王宗炎先生对当代中国翻译学的贡献 [J]. 中国外语, 2013 (4).

[16] Lefevere, A. Translation, Rewriting, and the Manipulation of Literary Fame [M]. London: Routledge, 1992.

[17] 庞旸. 戴镣铐跳舞的思想者 [J]. 博览群书, 2002 (3).

[18] 李辉. 值得细细品读的人和书——《董乐山文

集》:《董乐山文集》编后随感［J］. 博览群书，2002（3）.
［19］丁元甲. 不问春夏秋冬 但知辛勤耕耘——访翻译家董乐山［J］. 中国翻译，1992（3）.
［20］林贤治. 只有董乐山一人而已［J］. 随笔，2000（6）.

【作者简介】

阳鲲，广东财经大学外国语学院副教授。主要研究方向：文学翻译。电子邮箱：yangkun4692@126.com。

目的论视角下《红楼梦》诗词杨译本、霍译本的翻译策略分析

◎梁金柱　罗　嘉（成都纺织高等专科学校外语学院　成都　611731）

【摘　要】　在对《红楼梦》诗词的翻译中，杨宪益和霍克斯采用了不同的翻译策略，杨译本偏向于异化策略，霍译本偏向于归化策略。本文根据目的论的三个基本原则，从译者、委托人、目的语读者等方面分析两种译本的翻译目的，并以实例论证两位译者在《红楼梦》诗词翻译中使用的不同翻译策略的合理性。

【关键词】　目的论，《红楼梦》诗词，翻译策略

Abstract　Yang Xianyi and David Hawkes employed different translation strategies in the translation of *Hong Lou Meng*. Yang's version tends to be foreignization while Hawkes' version applies domestication. Both of the translators' works fulfill their different skopos of translation. The paper tries to verify and justify the two translators' choices based on the detailed study and analysis of many specific examples. Therefore, the conclusion of the paper is reasonable and descriptive.

Key words　Skopos theory, poetry in *Hong Lou Meng*, translation strategy

引言

《红楼梦》是一部具有世界影响力的世情小说，也是举世公认的中国古典小说的巅峰之作。当代"红学泰斗"周汝昌评价《红楼梦》为我们中华民族的一部古往今来、绝无仅有的"文化小说"。如果想要了解中华民族的文化特点，最好的办法就是去读《红楼梦》（周汝昌，2009）。

《红楼梦》中共有 200 余篇形式各异的诗词，从诗、词、曲、赋，到联额、歌、诔、谜、骚体和酒令等，近乎涵盖了这一文学体裁的所有方面。它们是镶嵌在这部文学作品中的璀璨明珠，不仅向读者描绘了作品人物的性格，也暗示着人物的命运，如《好了歌》和《红楼十二曲》揭示了宝玉和一群不同身份、地位的女性的宿命。因此，对《红楼梦》诗词的研究是解读《红楼梦》的一把钥匙。此外，由于古体诗简洁凝练的语言和特定的格式规范为翻译增加了难度，许多外语版本的《红楼梦》都避开了最难的诗词翻译，但是去掉诗词如同抽去了《红楼梦》的灵魂。故而对于《红楼梦》中诗词翻译的研究就凸显出其重要性了。

《红楼梦》的译本约有 60 种，当中影响较大的译本有两种，分别是杨宪益、戴乃迭的译本 *A Dream of Red Mansions*（Yang Xianyi and Gladys Yang，1999）和大卫·霍克斯的译本 *The Story of Stone*（David Hawkes，1973）。杨译本主要采用了异化的翻译策略，霍译本主要采用了归化的翻译策略。这两种译本虽然风格迥异，但均为读者和学界公认的传世佳译。本文将从目的论的角度评述两个译者采取不同策略的原因和实现的效果。

1. 翻译目的论

翻译目的论（Skopos Theory）中的“Skopos”源于希腊语，意为“目的、意图”，最早由汉斯·弗米尔（Hans J. Vermeer）提出，后经克里斯蒂安·诺德（Christiane Nord）发展完善。目的论包含三条原则：目的原则（the skopos rule）、连贯性原则（the coherence rule）和忠实性原则（the fidelity rule）。其中目的原则（the skopos rule）是该理论的首要原则，即翻译目的决定翻译手段（The end justifies the means）。弗米尔认为“翻译是一种基于源语文本进行的、一系列翻译行为的活动。任何一种翻译行为的目的以及它所要表现的风格，都应该由译者和委托翻译任务的一方进行协商”（Vermeer，1989：221）。因而，译者应该在特定的情境下，结合委托人的翻译要求，根据翻译目的决定采取何种翻译策略及手段。

1.1 霍译本翻译目的分析

霍克斯是英国著名的汉学家，曾任牛津大学汉学系主任及教授。霍克思本人对中国文化十分感兴趣，他选择翻译《红楼梦》的目的是“首先被它的魅力所感染，然后才着手翻译它的，期望能把他所感受到的小说的魅力传达一些给别人”（刘士聪，2004：10）。他在译本序言里说，“这部小说给予我的乐趣，哪怕我只能使读者体会一小部分，我这一生也不算虚度了”（Hawkes，1973）。另外，委托方企鹅出版社选择翻译《红楼梦》的目的是向西方读者介绍“中国文学中一部了不起的社会风俗小说”（Hawkes，1973）。因此，霍克斯在翻译中特别注重译文的艺术性、娱乐性、可读性。他将译文读者的接受程度放在第一位，在翻译中进行了较多的改写、增添和删减，从而让读者获得更轻松愉快的阅读体验。这也是霍译本中存在诸多为人所诟病的“文化误读”的原因。

1.2 杨译本翻译目的分析

杨宪益是外文出版社的翻译专家，与夫人戴乃迭毕生致力于中国文化传播，被誉为“翻译了整个中国的人”。杨宪益一直坚持“翻译要保留文化特色，树立国家形象，建立国家话语权”的原则，并为实现这一目标奋斗终生。所以，在翻译中国文学作品时，他一贯主张翻译的忠实性，强调在翻译过程中要尊重原文，尽可能地忠实于原文。“翻译时不能作过多的解释。译者应尽量忠实于原文形象，否则，就不是翻译，而是改写了”（任生名，1993：33）。另外，《红楼梦》杨译本的委托方是外文出版社，是杨宪益的工作单位，在那个时代背景下，这其实是一项必须完成的政治任务，不太能给杨宪益留下太多自由发挥的空间。杨宪益坦言“霍克斯的翻译自由度似乎更大一些”“他就比我们更有创造性。我们太死板，读者不爱看，因为我们偏于直译”（杨宪益，2001）。戴乃迭也曾遗憾地表示“他们在翻译中享有的自由度太小，有些趋于学究气”（Henderson，et al. 1980）。

2. 杨、霍译本诗词翻译策略

如上所述，杨、霍二人所持的翻译目的是有天壤之别的。作为外文出版社分派的政治任务，杨宪益所考虑的是如何在最大程度上保留原著中的经典文化元素，如何将书中描写的当时中国社会的缩影以及精神文化生活传递给西方世界；而霍克斯在选择翻译《红楼梦》时，既是译者又是实际上的委托人，其翻译的目的是向西方读者传递阅读《红楼梦》之乐，因而采取了与杨译本截然不同的翻译策略。

2.1《红楼梦》诗词中的音韵翻译

许渊冲曾说：“不同之语言有不同之音韵。”（许渊冲，1988）吕叔湘说过：“不同之语言有不同之音律，欧洲语言同出一系，尚且有独特之诗体，以英语与汉语相去甚远，其诗体固不能苟且相同。”（吕叔湘，1988）因此如何在译文中保留原著的音律之美成了诗词翻译中的一大难点。

《红楼梦》第一回跛足道人所唱的《好了歌》云：“世人都晓神仙好，唯有功名忘不了！古今将相在何方？荒冢一堆草没了！世人都晓神仙好，只有金银忘不了，终朝只恨聚无多，及到多时眼闭了！世人都晓神仙好，只有娇妻忘不了，君生日日说恩情，君死又随人去了！世人都晓神仙好，只有儿孙忘不了，痴心父母古来多，孝顺儿孙谁见了！”《好了歌》是《红楼梦》的点题之作，为衣衫褴褛状如乞丐的跛足道人所唱，用的是最通俗、最浅显的语言，同时非常有韵律感，便是乡野村妇也能一听便懂。且看二人的翻译：

杨译本	霍译本
All Good Things Must End	Won-Done Song
All men long to be immortals Yet to riches and rank each aspires;	Men all know that salvation should be won, But with ambition won't have done, have done.
The great ones of old, where are they now? Their graves are a mass of briars.	Where are the famous ones of days gone by? In grassy graves they lie now, every one.
All men long to be immortals, Yet silver and gold they prize	Men all know that salvation should be won, But with their riches won't have done, have done.
And grub for money all their lives Till death seals up their eyes.	Each day they grumble they've not made enough. When they've enough, it's goodnight everyone!
All men long to be immortals Yet dote on the wives they've wed,	Men all know that salvation should be won. But with their loving wives they won't have done.
Who swear to love their husband evermore But remarry as soon as he's dead.	The darlings every day protest their love: But once you're dead, they're off with another one.
All men long to be immortals, Yet with getting sons won't have done.	Men all know that salvation should be won, But with their children won't have done, have done.
Although fond parents are legion, Who ever saw a really filial son?	Yet though of parents fond there is no lack, Of grateful children saw I ne'er a one.

注：杨译本详细参考：杨宪益，戴乃迭. A Dream of Red Mansion［M］. 北京：外文出版社，1994：16；霍译本详细参考：David Hawkes. The Story of Stone［M］. London：Penguin Book，1973：9 - 10.

霍译押韵自然工整，每小节的一、二、四行押韵，韵尾采用的形式是：AABA，AACA，AADA，AAEA，和原文一致。尾韵“won，done，one”和原作“好、了、了”的韵脚高度契合。另外，口语化的用词也符合原文通俗浅显的风格。因而，读起来朗朗上口，妙趣横生，和原诗有异曲同工之妙。从音韵和形式的角度来看，霍译本无出其右。相比之下，杨译本虽然也注意韵律，但读起来则不如霍译本亲切顺畅，在词汇的语体色彩上与原文风格也略有出入。读者对于霍译本的接受度自然高于杨译本。当然，为了追求译文的简明自然和音韵的和谐，霍译本不得不牺牲一些意象和细节，例如将“功名”译为“ambition”，将“眼闭了”译为“goodnight”，因此在意境表达与忠实性原则上略逊于杨作。

2.2《红楼梦》诗词中的典故翻译

用典，是古诗词中常用的一种表现方法，在增加了作品意蕴的同时，也给读者阅读造成了一定的影响。诗人臧克家说：“典故往往给今日的读者造成不少麻烦，不把它们的意思弄清楚，就打不开诗意的窍门。”（董渊，2008）典故中包含的大量文化信息对于西方读者来讲会构成阅读障碍，削弱作品的可读性。

《红楼梦》第三回描写林黛玉的形象时写道“闲静时如姣花照水，行动处似弱柳扶风。心较比干多一窍，病如西子胜三分。”

杨译本[①]	霍译本
In repose she was like a lovely flower mirrored in the water;	In stillness she made one think of a graceful flower reflected in the water;
In motion, a pliant willow swaying in the wind.	In motion she called to mind tender willow shoots caressed by the wind.
She looked more sensitive than Pi Kan[①], more delicate than Hsi Shih[②].	She had more chambers in her heart than the martyred Bi Gan;
①A prince noted for his great intelligence at the end of the Shang Dynasty. ②A famous beauty of the ancient kingdom of Yueh.	And suffered a tithe more pain in it than the beautiful Xi.

注：杨译本详细参考：杨宪益，戴乃迭. A Dream of Red Mansion［M］. 北京：外文出版社，1994：48；霍译本详细参考：David Hawkes. The Story of Stone［M］. London：Penguin Book，1973：32.

“比干”和“西施”两位历史人物在中文语境中几乎是“忠臣”和“美人”的代名词，中国读者对此典并不陌生。霍克斯的译文采用了直译的方法，对两个人物没有做必要的解释，容易造成西方读者对于林黛玉才华和美貌的理解大打折扣。杨译本采用了直译加注的方式解释了比干和西施两个历史人物，便于让西方读者能更好地欣赏林黛玉的人物形象。两位译者对于典故的处理方式都是从自身的翻译目的出发的，杨译本向西方读者传播了中国文化，而霍译本让西方读者获得了最大程度的阅读快感。霍本人曾解释道，小说中大量提及书籍、戏曲和诗歌，在曹雪芹及他的中国同辈看来理所应当，但对本就缺乏文学背景的西方读者而言，似乎更加困惑和难以理解……尽管脚注可以很好地解决这个问题，但阅读一篇赘满脚注的小说对我而言似乎像戴着镣铐打网球。（Hawkes，1973）

2.3《红楼梦》诗词中的修辞手法翻译

修辞格是文学作品中为提高表达效果所使用的特殊表达方法的集合。修辞格的运用在《红楼梦》诗词中可谓比比皆是。据不完全统计，仅在《红楼十二曲》中就有40余处修辞格，包括比喻、夸张、借代、双关、回文、对偶等。囿于篇幅所限，本文无法一一赘述，仅以《红楼梦》第五回晴雯的判词“霁月难逢，彩云易散。心比天高，身为下贱”为例。

杨译本	霍译本
A clear moon is rarely met with,	Seldom the moon shines in a cloudless sky,
Bright clouds are easily scattered;	And days of brightness all too soon pass by.
Her heart is loftier than the sky,	A noble and aspiring mind,
But her person is of low degree.	In a base-born frame confined.

注：杨译本详细参考：杨宪益，戴乃迭. A Dream of Red Mansion［M］. 北京：外文出版社，1994：74；霍译本详细参考：David Hawkes. The Story of Stone［M］. London：Penguin Book，1973：49.

曹雪芹运用了对偶的修辞手法来描绘晴雯鲜明的个性和悲惨的结局。对偶是用字数相等、结构相同、意义对称的一对短语或句子来表达二者相对应或相近的修辞方式。如诗中的“霁月”对应“彩云”、“难逢”对应“易散”、“心”对“身”、“天高”对“下贱”。由于中英文两种语言的巨大差异，要想完全实现形式上的对应几乎是不可能的。杨译用“clear moon”对“bright clouds”、“be met with”对“be scattered”、“her heart”对“her person”在最大限度上实现了与原文的对应，“天高”和“下贱”之间的对偶虽未译出，但已是妙手天成，不可强求。相比之下霍译为了照顾西方读者的阅读习惯，将原作中的对偶修辞均舍弃不译，改而用押韵的方式，使之读起来节奏明快，韵味十足，此举也属神来之笔。虽然两位译者在不同程度上都牺牲了忠实原则，但是最终均达到了各自的翻译目的，这也是符合目的论“翻译目的决定翻译手段”的原则的。

3. 结语

作为功能派翻译理论的核心，目的论为翻译研究提供了强有力的理论工具。在目的论的框架下，翻译行为的目的性被明确指出并用于指导译者灵活地根据翻译目的采取不同的策略，只要翻译策略与目的论的原则相符合，对原文本进行调整和修改都是必要的和可接受的。霍译本以读者为中心（reader-centered），力求将原作带给他的快乐传达给西方读者。因此，他更多地采取了归化的策略。有些文化负载词（culture-loaded words）也被霍克斯以西方文化中的意象取代，如将佛教用语“阿弥陀佛”翻译成基督教用语“God bless my soul”。从跨文化交际的角度说，这种做法并不利于长远的文化传播与交流，但是从目的论的角度来看，却实现了作者最初的翻译目的。杨译本以作者为中心（author-centered），致力于对外宣传优秀的中国文化，他的翻译目的就是最大限度地保留中国传统文化元素。因此，他在翻译中更多地采用了异化的策略。两个版本的译作均受到了不同读者群体的推崇和喜爱，这本身也证明了翻译目的论在指导译者翻译工作中的科学性。

【参考文献】

[1] 周汝昌.《红楼梦》与中华文化［M］. 北京：中华书局，2009.

[2] Yang Xianyi and Gladys Yang. A Dream of Red Mansions［M］. Beijing: Foreign Languages Press, 1999.

[3] David Hawkes. The Story of the Stone［M］. London: Penguin Books, 1973.

[4] Vermeer Hans-Josef. Skopos and Commission in Translational Action［M］//Readings in Translation Theory. Helsinki: Oy Finn Lectnra Ab, 1989: 173－183.

[5] 刘士聪. 红楼译评：《红楼梦》翻译研究论文集［C］. 天津：南开大学出版社，2004.

[6] 任生名. 杨宪益的文学翻译思想散记［J］. 中国翻译，1993（4）.

[7] 杨宪益. 漏船载酒忆当年［M］. 北京：十月文艺出版社，2001.

[8] Henderson, K. R., Hsien-yi Yang, Gladys Yang, et. al. The Wrong Side of a Turkish Tapestry［M］. Hemisphere, 1998.

[9] 吕叔湘，许渊冲. 中式音译比录［M］. 香港：三联书店，1988.

[10] 董渊. 谈诗词鉴赏常见典故和意象［J］. 时代文学，2008（4）.

【作者简介】

梁金柱，成都纺织高等专科学校讲师。主要研究方向：翻译理论与实践。电子邮箱：27297974@qq.com。

罗嘉，成都纺织高等专科学校讲师。主要研究方向：翻译理论与实践。电子邮箱：515023620@qq.com。

变译理论，变通口译[①]
——以2018年两会答记者问为例

◎石铭玮（成都文理学院外国语学院 成都 610401）

【摘 要】 “变译”之“变”意为“变通”“改变”等，“口译”之“译”也需“准译”“顺译”“快译”。“变译”从理论视角提出应变手段，“口译”以实战为主运用变通策略。二者皆因实际而变，以灵活为其共性。本文试将二者融合，初探其理论指导和实践运用的互补性和实效性。

【关键词】 变译，口译，变通

Abstract Translation Variation Theory emphasizes flexibility and adaptability, while Interpreting requires accuracy, smoothness and quickness. The former theoretically puts forward the adaptive means and the latter puts them into practice. Both of them are based on the actual conditions and focus on the flexibility. This paper will integrate them and analyze their complementarities and effectiveness.

Key words Translation Variation Theory, interpreting, flexibility

引言

变译理论又叫翻译变体理论，由黄忠廉于1997年在国际翻译研讨会上提出。根据《变译理论》一书中的描述，该理论与“全译”构成了一对新的翻译范畴，指译者在特定条件下根据特定读者的特殊需求采用增、减、编、述、缩、并、改等变通手段对源语进行信息传递的翻译活动。在该书中，黄忠廉表示该理论不仅适用于笔译，而且也适用于口译。但从该书的编写内容来看，变译理论主要运用于笔译，对口译而言，变译理论的运用程度仍然不足，相关的参考文献也较少。

口译和笔译虽同属翻译范畴，但笔译主要以文本形式为读者传递视觉信息。相比之下，作为一种高强度的信息处理过程，口译活动不仅对译员的双语功底和专业知识有要求，还需要译员具备较强的现场应变能力，这其中就包括灵活的口译技巧和一定的跨文化交际意识。扎实的双语功底可以帮助译员准确理解源语含义，并使译员在译语输出时有足量的语料作为支撑。丰富的专业知识在口译活动中的重要性毋庸置疑，由于译员的口译经历大都涉及多个领域，故大量的知识储备可以帮助译员直接或间接地提高译语质量，还可在一定程度上帮助译员减轻心理负担。较强的应变能力包括灵活的口译技巧，可以促使译员快速选用某种翻译策略，从而对源语信息进行恰当的变通处理。跨文化交际意识对译员而言也必不可少，特别是在外交口译当中，不同国家的国情、体

① 本文系国家社会科学基金青年项目（14CYY002）、四川外国语言文学研究中心一般课题（SCWY15－26）、成都文理学院2019年校级科研项目（WL201912）的阶级性成果。

制和文化等可能存在着不完全对等的情况，全译或直译均有可能使听众产生一定的理解偏差。这样一来，译员就有必要突显自身在交际中的主体性，积极采用某种翻译变通策略，尽可能地使交际参与方感到愉悦，从而达成某种交际目的。故在笔者看来，双语功底和专业知识是译员从事实际口译活动的必备条件，而应变能力和跨文化交际意识的培养便是在此基础上要求译员做到变通有度。

本文将从信息整合、语义传递和文化交流等层面出发，考察变译理论当中的增、减、改这三种变通手段，结合 2018 年两会答记者问中的口译实例，初探变译理论在口译活动中的运用，并在此基础上对其呈现出的实用性和启发性展开思考。

1. 口译活动的变通之需

Roger T. Bell 曾指出："语言是一种具有各种特征的代码，包括语音、文字、语法、词汇、语义等方面的特征。"（转引自周青，2005：20 - 23）针对口译这种专业性较强的语言交流活动，译员需准确辨认出讲者发言中的各种标记，以掌握其中的语旨、语式和语场，从而在口译活动中有效把握讲者和听众之间的关系，恰当利用口译活动所处的实际场合，并以此为基础实现口译交际在一定范围内的主要目的。期间，讲者和听众之间的相互关系可能会因持续的沟通而出现动态的变化，实际场合及信息传播媒介也会相继对讲者的发言、译员的思维活动及听众的理解产生影响，种种因素在影响口译活动的同时，也决定着交际意图的实现。

由此可见，口译活动的即时性较强，不稳定性和不确定性因素也较多，这便要求口译员在传递信息时灵活变通。然而，灵活变通的策略也要求译员适度得当。正如鲍刚（1998：250 - 254）在论及口译"灵活度"控制技术与信息反馈时指出，源语意图、交际环境和交际反应等方面的沟通效果，乃是译员把握"灵活度"时在思维深层次的主要参照值。在有效把握口译活动"灵活度"的主要参照值之后，译员便需采取相应的变通策略进行语言整合，以兼顾交际参与方之间的文化差异和减少实际场合中的语言环境等因素的影响。尤其是在交替传译的进行过程中，译员须在较长的讲话之后进行翻译，这便要求译员具备较强的连贯记忆和信息重组能力。其中，信息重组便要求译员考虑各种因素，并采取相应的变通策略调整译语结构、表达源语含义，实现跨文化交际的目的。

2. 口译活动的变通手段

2.1 主语增译

作为一种"意合"语言，汉语往往讲究"只可意会，不可言传"，这种现象在日常交流中非常常见，人们也无须对彼此言语中的准确性有过高要求。然而，在外事活动当中，考虑到不同国家立场不同且文化各异的因素，讲者须本着客观公正的原则，做到立场鲜明、态度明确、逻辑清晰、言简意赅。但是，即使讲者的发言满足了上述条件，能够清楚领会其中意图的可能只有源语听众，原因便在于其发言本身仍然存在"结构不全"的语言现象。若译员不采取措施对这种现象进行调整，部分听众在理解时或许就会产生突兀之感，无法完全理解源语含义。而在采取措施的同时，译员便是在通过及时迅速的变通之道传播讲者意图。

源语：没有一家独大，而是各方平等参与；没有暗箱操作，而是坚持公开透明；没有赢者通吃，而是谋求互利共赢。

译语：No country is dominating the process, all parties have an equal say; there is no backroom-deal, everything is transparent; there is no winner takes all, every project delivers win-win results.

可以明显看出，动宾结构及排比句式是本段源语非常明显的特点，这种前后相似的语言形式可以给听众留下较为深刻的印象。然而，若按源语形式进行"全译"，不做任何变通处理，源语中的"无主语"现象就很容易使听众在理解时出现模糊不清之感，即使听众能结合上下文语境大致感知源语中的所指对象，也只能在头脑中形成较为抽象的认知，故“虽留其形，实失其意”。

从译语可以看出，译员明显使用了变译当中的增译手段，不仅保持了源语的排比特征，而且通过增加主语使其变成了主谓宾俱全的句式结构。这种增译手段不仅使得听众可以更为直观地感受到讲者的实际意图，同时还将译员的主体作用体现得更加明显，而这种主体作用的凸显既反映了变译手段本身的变通特点，也体现出译员在口译活动中的主动性特征。

在传统的翻译观中，译者“隐形”占据主流，因此读者感觉不到译者的存在。而在新的翻译观当中，比如翻译解构主义派就主张用辩证、动态和发展的哲学观来看待翻译，认为译文和原文是一种共生关系，而不仅仅是一种模仿和被模仿的关系（赵小兵，2004：82）。这样一来，“译者显身”的现象便更多地体现在了翻译活动当中，译者的主体性也随之得到彰显。如此说来，变译理论之增译手段在口译活动中的运用也在无形当中顺应了这种动态的新翻译观，不仅强调了译员的主观能动性，而且因此将变译中的变通策略更好地融入了口译活动，由此产生了更易于听众理解的译文。

2.2 删减

2.2.1 从句删减

口译语言属口语性语言，而口语性语言本身就具有“模糊性”和“松散性”（鲍刚，1998：27）。在汉语当中，人们常用某物象征某种意义，同时常对某处信息进行重复强调，以使表达更生动形象。然而，在英语当中，“重复”并不是其语言特点，反而会显得累赘啰唆。因此，译员若将意义较为模糊的象征性源语直接译出，听众可能会出现一定的“理解疲劳”，难以理解其中的象征意义。

源语：中国的开放应该是双向的、相互的，就好像双人划船，光靠单人使力，搞不好是原地打转，只有两人同向用力，船才能继续前进。

译语：Opening needs to be a two-way track, just as it takes paddling at both sides for a boat to move forward, otherwise it may keep spinning around at the same place.

通常情况下，考虑到外交口译的政治性因素，译员会遵循源语形式来进行信息传递，从而最大限度地避免译语听众出现理解分歧的现象。但就本段源语而言，其中蕴含的象征意义较为明显，“单人”和“两人”分别象征着“孤军奋战”和“集体合作”的对立关系，若保留源语的用词形式和句型结构，译语则会显得较为拖沓生硬，译语听众也仅能接收到数字指代的表面含义，难以将“互利合作”这一主题有效突显。

与源语相比，听众可以明显感觉到译语在句子顺序和逻辑上的较大调整。译员删减了“光靠单人使力”这一条件状语从句，转而通过“otherwise”这一逻辑转折词来突出前后信息的对比概念。此外，通过形式主语，这一句子结构将“两人同向用力使船前进”这一概念提前表述，遵循了英语前重心的原则，对汉语中的后置重点信息进行了强调，使译语显得紧凑简练。这种“删其形留其意”的方式，可以达到“无声胜有声”的信息突显效果，避免读者将过多注意力放在表面的数字指代上，而是在无形中感受到源语强调的集体智慧和力量。

2.2.2 意群删减

只要有翻译实践活动，对翻译伦理的思考就必然伴随始终，因为这是翻译的伦理属性决定的，也是翻译自身的需要（王大智、于辉，2012：70）。在翻译活动当中，语言往往承载着某种特定的文化，这种特定的文化又往往体现了某种特定的价值观。然而，由于国情和制度等因素的不同，价值观可能会因人而异、因国而变。但对于口译活动的相关参与方而言，无论各自的价值观有何不同，既然已经在通过口译这种交际方式开展交流，便是在试图跨越语言不通的障碍、克服文化差异的冲击，那么彼此就应该在交流中进行平等对话。基于平等对话的原则，译员需留意交际过程中的敏感话语，并在必要时采取变通手段对话语态势进行平衡，以顺利实现意图的传播和文化的传递。

源语1：由于媒体界对中国的开放有这样那样的议论，我在报纸上也有看到，所以我多说两句。我们的努力方向还是要使13亿人的市场成为中外各类企业、各类所有制企业都可以公平竞争的市场，给中国消费者以更多的选择，也促使中国产品服务升级，向高质量方向发展。

译语 1：In terms of opening up，our aim is to ensure that both Chinese and foreign-invested enterprises and companies under all types of ownership will be able to compete under fair terms on this big market in China with over 1.3 billion people，we want to ensure that our consumers will have more options and there will be further upgrade in Chinese products and services in pursuit of high-quality development.

在上述释例中，“这样那样”这一典型的汉语表达方式具有较为浓厚且复杂的主观感情色彩。那么，如果将文化背景不同、价值倾向多元且主观色彩也较复杂的源语全部译出，现场及场外的听众在接收该信息时，很可能因自身认知和价值观的差异而产生不同的理解，甚至误解。

在变译理论的删减策略当中，源语的形式和意义都会得到删减。通过对第一句的全部删减，译员改变了源语的形式，同时也删去了源语中带有一定偏向性的信息。在此删减过程中，译员的跨文化意识便无形地体现了出来。这种意识使译员在讲者和听众之间寻求认知平衡，为了达到这一平衡，译员主动删减了源语中可能使听众产生认知差异的信息，避免了因文化背景不同而产生理解分歧的现象，由此实现最大程度的交际顺畅。

2.3 改译

如本文开端所述，变译过程本质上就是根据读者的特殊需求，要求译者充分发挥主观能动性，对原作进行变通的翻译活动。这句话虽主要运用于笔译，但其实在口译中仍然具有指导意义。在口译活动中，译员须审时度势，实施应变举措，而具体的方式除了上文已然提及的增译和减译，还包括在保留源语含义的基础上对源语形式做出变动的改译。

源语 2：一大批合作项目正在全速地推进，为当地的经济社会发展发挥了雪中送炭的作用。

译语 2：A large number of BRI projects are well under way，adding needed momentum to the economic and social development of the host countries.

源语 3：不仅接地气，还要高标准；不仅效益好，而且高质量；不仅惠及中国，更要造福世界。

译语 3：BRI projects must be high-standard as well as results-oriented，high-quality as well as economically-viable，beneficial to the world as well as to China.

此处的三个案例均为“一带一路”主题下的分段描述。总的而言，三段描述的主旨是“介绍、建设和发展一带一路”，其中的表达也非常正面、积极。

译员在紧扣该主旨的前提下，根据实际情况将“对接”“雪中送炭”“接地气”和“效益好”等词做出了形式上的改译。这种方式不仅可以减轻汉语本身的模糊性和抽象性，使译语听众更容易理解。

源语 4：习主席遍访世界 57 个国家，接待了 110 多位外国元首访华。这些重大的外交行动不仅极大增进了国际社会对中国的了解，有效提升了中国的国际地位和影响，也为解决当今许多国际性问题指明了方向。

译语 4：To date，President Xi has visited 57 countries in different parts of the world and received more than 110 foreign heads of state. These important visits and meetings go a long way towards deepening the world's understanding of China，enhancing China' profile and influence，and facilitating the solution of many global problems.

在外交活动中，讲者的发言往往结构完整、层次分明，但仍旧可能会呈现出笼统、抽象的特点，即使汉语听众能意会讲者意图，但对于英语听众而言，汉语特色浓厚的表达若原封不动地直译过来，译语也只能是“看似得体，实则空洞”。故译员在处理此类源语时，不能不假思索地将看似简单易懂的源语用目标语一一对应，而应打破定式思维，按照“形虽异神却聚”的变通翻译策略，才能使译语切实有用而非无实际意义。

不难发现，本段源语呈现出了宏大、正式、官方的语言特点。在外交口译当中，讲者在很多时候都是以国际视野为发言立足点，故具备此类特点的语言形式较为常见。然而，若究其本质，此类语言形式虽使用频率较高、听众较为熟悉，但本身的语言表达过于笼统、不够具体，大部分听众也因此难以对其投入过多的注意力。故就本段源语而言，译员应采取措施使译语具体细化，才能既呈现出源语塑造的正面形象，又使听众理解其实际意义。

具体而言，既然源语中的表达因过于笼统而不利于听众理解，那么译员便可以在明晰其具体指代的基础上，采取改译的策略，避开源语的笼统表达，转而将其实际所指表述出来。在本段话轮中，译语大致保留了源语后半段的递进结构，但通过仔细观察，听众不难发现译语的用词形式较源语有较大改变。分析译语可以看出，“外交行动”这一概念较为庞大，而译语“visits and meetings”将其具体细化；“极大”这一副词过于抽象，听众也难以估量其描述的实际程度，而“go a long way”这一表达显得更为具象；“指明了方向”究竟是指明了何种方向，若不加详述，源语的模糊性仍然较强，听众难以捕捉其实在意义，而“facilitating the solution”在源语的基础上提出了更为切实的实施方案，可使听众对源语有更为透彻的理解。如此一来，虽然译语与源语看似差距很大，本质上却通过译员的改译处理传递出了更为实际且紧扣源语含义的信息。

3. 结语

本文考察了变译理论当中的增、减、改三种变通手段，结合 2018 年两会答记者问中的口译实例，对变译理论在外交口译中的运用做出了初步探讨。由此可见，变译理论可以通过外交口译的实际案例拓宽其运用范畴，而拓宽后的变译理论又可为外交口译提出契合度更高的理论依据，二者融会贯通、齐头并进。

不过，本文侧重变译理论在外交口译中的运用情况，至于其他领域的口译活动（比如财经、医学、体育、法律等），变译中的相关变通手段是否能继续运用并取得理想的效果，还需业界同仁的进一步钻研和探究。

【参考文献】

[1] 黄忠廉. 翻译变体理论 [M]. 北京：中国对外翻译出版公司，2000.

[2] 周青. 变译理论与口译探微 [J]. 中国科技翻译，2005 (3)：21.

[3] 鲍刚. 口译理论概述 [M]. 北京：旅游教育出版社，1998.

[4] 赵小兵. 论翻译的社会标准 [J]. 重庆大学学报，2004 (6)：82.

[5] 王大智，于辉. 中国传统伦理思想的基本特点及其启示 [J]. 外语与外语教学，2012 (2)：70.

【作者简介】

石铭玮，成都文理学院外国语学院助教。主要研究方向：口译理论与实践。电子邮箱：1126935213@qq.com。

译介研究

Translation and Communication

《三国演义》英译本在美国的接受情况研究（上）①

◎冉明志（攀枝花学院外国语学院　攀枝花　617000）

【摘　要】　本研究以接受理论和读者反应理论为依据，选取《三国演义》中“草船借箭”的三个英译本设计了调查问卷，并以普通美国读者为研究对象，采取定量分析的方式，重点考察目的语读者对三个英译本的反应和接受情况。研究结果表明，《三国演义》三个英译本中杨宪益译本的可读性、语言流畅性以及可理解性最高，邓罗译本次之，罗慕士译本最低。在此基础上，文章从译介任务的发起人、译者、出版机构、读者群以及翻译策略等方面提出了建议，以期切实有效地推动中国文学文化“走出去”，促进中华典籍外译和对外传播。

【关键词】　目的语读者，接受理论，可接受性，《三国演义》英译本，美国

Abstract　On the basis of Recption Theory and Reader-Response Theory, a questionnaire based on the three English versions of *Cao Chuan Jie Jian* of *Three Kingdoms* is designed to study the reception of ordinary American readers. As the findings show, Yang Xianyi and Gladys Yang's version ranks first in terms of readability, comprehensibility and language naturalness, and C. H. Brewitt-Taylor's version and Moss Roberts's version the second and the third. On this basis, the article proposes workable and effective measures in respects of the sponsor of the translation task, the translator, publishing institutions, the reader group, and translation strategies so as to promote the globalization of Chinese culture and literature as well as the translation and overseas spread of Chinese classics.

Key words　target language reader, Reception Theory, acceptability, English versions of *Three Kingdoms*, America

引言

中华文化要走出去，文学应先行，中国文学要走向世界，翻译工作是一座桥梁。中国文学能走出多远，很大程度上取决于翻译的质量。

胡江安（2010）研究了中国文学“走出去”的译者模式与翻译策略，指出中国文学走出去的理想的译者模式选择，应该是既了解中国文学，又了解海外读者，同时精通汉语和英语，并善于沟通国际出版机构和学术研究界的西方汉学家群体。朱振武（2017）在对《三国演义》两个英语全译本的译介策略进行比较研究、对典籍外译和中国文化走出去问题进行学理探讨后认为，文化经典的外译既要考虑忠实性和准确性，又要兼顾差异性

① 基金项目：本文为四川省社会科学研究“十三五”规划2017年度课题“《三国演义》英译本在美国的接受情况研究”（课题编号：SC17WY020）的研究成果。

和目的性，同时还要兼顾市场原则。郭昱、罗选民（2015）分析了罗译本的学术性及其在学术圈的接受情况，但其接受情况仅限于四个汉学家对英译本的评论，并未针对普通美国读者的反应与接受情况进行研究，故其研究结果存在较大局限性。骆海辉、王海燕（2012）基于美国学者金葆莉与董保中主编的《〈三国演义〉与中国文化》，研究了《三国演义》在美国的学术讨论情况，指出了书中的不足。张焰明（2017）分析了《三国演义》两个译本语内翻译的问题：古汉语词句和修辞格、古代宗教哲学和古代文史百科知识，指出典籍外译单兵作战模式的不足，提出典籍翻译应以汉学家为主体、中国译者校对为原则。

尽管许多学者从不同角度对《三国演义》英译本进行了研究，也取得了不少研究成果，但我们查阅相关文献资料后发现，迄今为止，还没有任何学者通过对美国读者进行问卷调查的方式研究《三国演义》英译本在美国读者中的接受和反应情况。因此，本研究旨在从接受美学和读者反应理论视角研究《三国演义》英译本在普通美国读者中的反应与接受情况，探讨中国古典文学走近美国读者的模式和路径。本研究的理论成果可以为中国文学、文化走出去提供借鉴，具有较高的学术价值。与此同时，本课题的研究成果也可以直接应用于中国文学作品翻译模式和翻译方法的研究。通过调查普通美国中国文学、文化爱好者普遍欢迎的译本及其特点来为中国文学作品的翻译提出针对性建议，为后续针对不同国别读者的中国文学翻译提供建议，有利于中国文学更好地走近普通美国读者，从而起到最大限度地传播中国文化、提升中国文化国际影响力的作用，为中国文化在世界的传播提供可操作的策略与路径。

1. 理论框架

接受美学，又称接受理论，诞生于20世纪70年代的德国，由以汉斯·罗伯特·姚斯（Hans Robert Jauss）和沃尔夫冈·伊瑟尔（Wolfgang Iser）为代表的康斯坦茨学派创立。20世纪70年代后的十年，接受美学异军突起，逐步发展成为德国重要的文艺流派，其影响遍及欧洲各国和美国，并与美国的读者反应批判合流。该理论以现象学和阐释学为理论基础，重视文学作品的社会效应，关注读者和文本在整个文学接受活动中的地位与作用（胡开宝，2006：10），认识到读者与文本的同等重要性。接受美学的核心是从受众出发、从接受出发，强调读者或者阅读行为在阐释文本中的作用，认为在文学阐释中，最重要的因素不是文本，而是读者。

姚斯（1982）关注的是“接受研究”，注重对文学接受现象的历史演变的考察。他提出了“期待视野”这一概念，认为文本的意义不是自我生成的，而是文本和读者之间相互交流的结果，文学文本处在过去与当下之间不断对话的过程中，阐释者当下的立场影响到他对过去文学的理解和接受，文学文本的理解和接受应该把过去与当下融合起来。也就是说，由于作者的创作与读者的阅读阐释均要受各自所处的历史环境的制约，尽管作者创作的作品与当时读者的期待视野有一定的重合，作品在一定程度上可以被读者理解，但因好的作品总是会打破人们的期待视野，当作品与读者的期待视野不一致时，读者要想完全理解作品，就必须调整或打破旧有的期待视野，在阅读过程中形成新的期待视野。

伊瑟尔（1978）的读者反应理论关注的是“反应研究”，把文学文本视为一种“召唤结构”（the Appeal Structure），这种结构诱发了读者反应的潜能，说明文本中的不确定因素和空白本身即是文本召唤读者阅读的结构机制。他认为，任何解读只能是文学文本的一种实现可能，文本意义是文本和读者之间相互作用的产物，而不是隐藏在文本内部的属性。他指出，在阅读过程中，读者的阅读期待被充分调动起来，完成作品的具体化过程。随着阅读的深入，读者原有的期待视野不断改变，新的期待不断形成，这都是“召唤结构”发生作用的结果。任何作品都没有完全成为一个完整的结构，里面包含了很多不确定的空白。当读者阅读该作品时，其对其中的内容、情节、语言呈现等都有不同且变化着的期待，并带着自己的期待去填补文本的空白。文本的空白可以激发读者结合自身经历，生成自己对作品意义的理解和反思。读者不同，文本空白所展现的含义就会不同，相同作品在不同读者眼中往往有不同意义。

奈达（2003）在其《翻译理论与实践》一书中指出，在检测译文的准确性、可理解性等时候，不能仅聚焦文本对等上，而应将注意力放在动态对等上，即读者反应对等。测试译本不只是比较文本，更在于测试潜在目的语读者的反应。这就像市场调研一样，无论理论上某种产品多么好，如果公众的反响不佳，再好的产品也不会被市场接受（Nida，2003：163）。他认为，翻译的服务对象是读者或言语接受者，要评价译文质量的优劣，必须看读者对译文的反应如何（曹进、丁瑶，2017：33），译文的质量如何需要通过观察目的语读者的反应来判断。

斯坦利・费什提出了“读者反应批判”这一术语，其目的不在于探寻文本意义，而是要求尽可能准确地描述、分析读者在阅读过程中按时间顺序不断做出的对文本的反应，记录下读者的阅读体验。他认为，文本的意义来自读者的接受过程，来自读者对文本的感知。与接受美学相比，读者反应批判理论更加强调读者的作用，注重对读者阅读活动的考察，是一个倡导以分析读者阅读过程的感受和反应为主的批判方法，被认为是文学接受美学的进一步发展。

接受美学强调读者在文学作品接受过程中的作用和地位，重视文学作品的社会效应。《三国演义》的英译本无疑属于文学作品的范畴，译本的美学要被读者感受并接纳。这些理论为研究《三国演义》英译本目的语读者的反应和接受情况提供了重要的理论依据和全新的视角。

2. 研究设计

2.1 研究目标与方法

本研究旨在考察普通美国读者对中国古典名著《三国演义》三个英译本的反应与接受情况，从而深入探索中国古典文学走近普通美国读者的路径和方式，为中国文学作品、中国文化的外译提出针对性建议，以期为中国文学和中国文化“走出去”提供参考和借鉴，为中国古典文学真正走近西方读者提供可能，最大限度地传播中国文化，让世界了解中国，进而提升中国文化的国际影响力和软实力。

基于上述目标，我们采用问卷调查法作为主要研究方法，在掌握前人研究成果的基础上设计相关问卷，充分利用各种联络资源和人脉关系，在美国外教的协助下展开问卷调查。同时，我们以个案研究法为辅助研究方法，挑选在我校教授英语口语的两名美国和平队志愿者作为个案研究对象，通过深度访谈的方法来了解调查对象对《三国演义》三个英译本的反应和接受情况。

2.2 问卷设计

本研究使用的问卷分为两部分，共设 23 个问题。本部分（第二部分）研究选取了《三国演义》第四十六回“用奇谋孔明借箭　献密计黄盖受刑”中“草船借箭”（共 1255 字）的杨宪益、戴乃迭夫妇译本（因张亦文译本与杨译本仅有三处极其细微的差异，故未选）、邓罗译本、罗慕士译本的译文，设 6 个问题，主要目的在于了解受试者对三个译文版本的接受情况（包括译文的可读性、可理解性、语言流畅性以及对中国传统文化的理解程度），考查受试者对《三国演义》英译本的反应，从而调查了解《三国演义》英译本在美国的接受情况。

3. 调查问卷的数据与分析

该部分共设 6 个问题，主要涉及受试者对《三国演义》三个英译本（节选）的语言可读性、可理解性和可接受性情况的反应以及阅读《三国演义》英译本对更好地理解中国文化的帮助作用。具体研究结果如下。

3.1《三国演义》三个英译本的总体可理解性

如图 1 所示，14 人（47%）认为《三国演义》英译本有很好的可理解性，10 人（34%）认为有较好的可理解性，3 人（10%）认为其可理解性一般，1 人（3%）认为其可理解性较差，1 人（3%）未勾选，1 人（3%）表示无法回答。因此，可认为《三国演义》英译本的可理解性还是不错的。

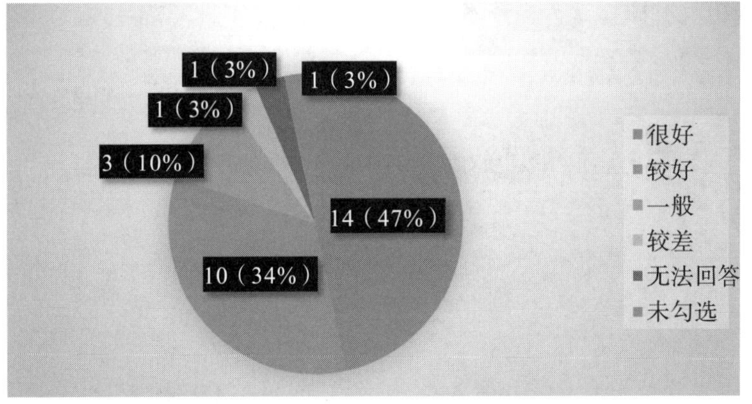

图 1　《三国演义》英译本的总体可理解性

3.2 对《三国演义》三个英译本中国传统文化的理解情况

如图 2 所示，3 人（10%）认为完全理解《三国演义》三个英译本中的中国传统文化，22 人（73%）认为比较理解，3 人（10%）认为不太理解，1 人（4%）认为难理解，1 人（3%）未勾选。因此，受试者对《三国演义》三个英译本中的中国传统文化的理解情况不错。

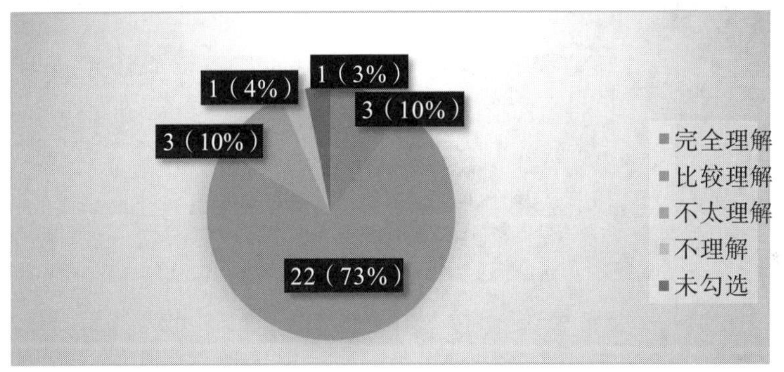

图 2　《三国演义》英译本中国传统文化的理解情况

3.3《三国演义》三个英译本的可读性比较

如图 3 所示，17 人（57%）认为杨译本的可读性是三个译本中最高的，8 人（27%）认为邓译本的可读性最高，4 人（13%）认为罗译本的可读性最低，而 1 人（3%）未勾选。

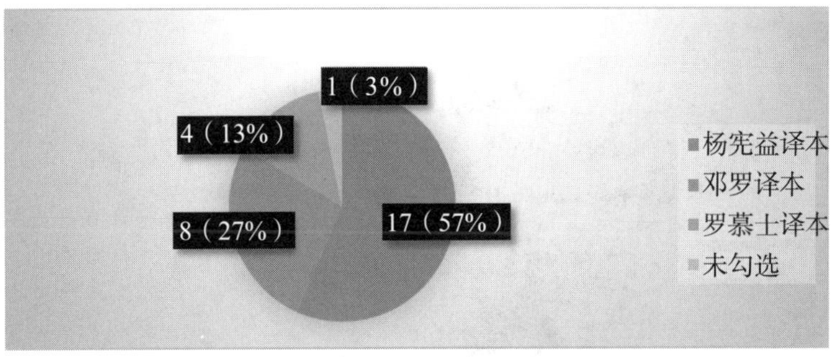

图 3　《三国演义》三个英译本的可读性比较

3.4《三国演义》三个英译本的语言流畅性比较

如图4所示，14人（47%）认为杨译本的语言更流畅自然，10人（33%）认为邓译本的语言更流畅自然，5人（17%）认为罗译本的语言更流畅自然，1人（3%）未勾选。

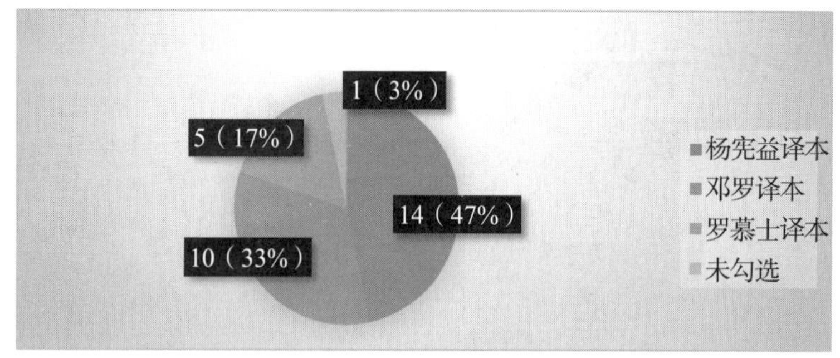

图4 《三国演义》三个英译本的语言流畅性比较

3.5《三国演义》三个英译本的可理解性比较

如图5所示，16人（54%）认为杨译本的可理解性最高，9人（30%）认为邓译本的可理解性最高，4人（13%）认为罗译本的可理解性最高，1人（3%）未勾选。

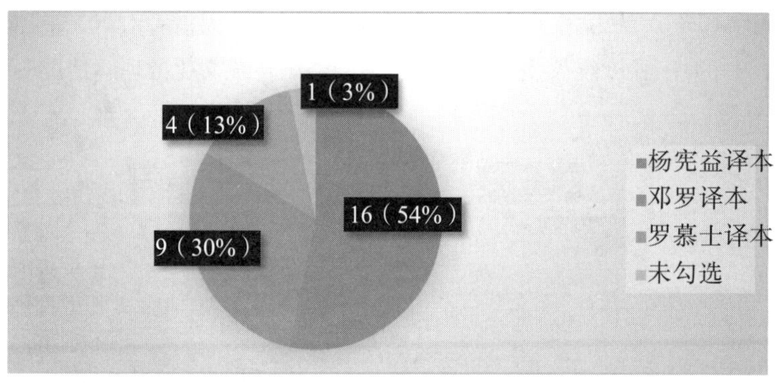

图5 《三国演义》三个英译本的可理解性比较

3.6 阅读《三国演义》英译本对更好理解中国文化的帮助作用

如图6所示，4人（13%）认为阅读《三国演义》对更好理解中国文化非常有帮助，17人（57%）认为有帮助，3人（10%）认为有些帮助，3人（10%）认为没有帮助，2人（7%）表示无法回答，1人（3%）表示未读过相关译本。由此看来，通过阅读《三国演义》英译本能够帮助读者更好地理解中国文化。

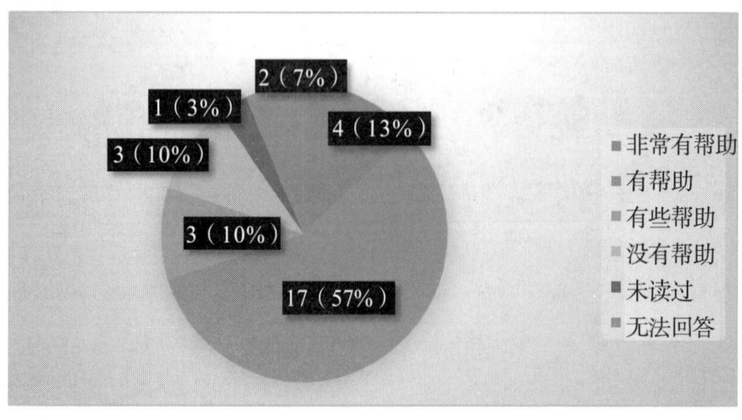

图6 《三国演义》英译本对更好地理解中国文化的帮助作用

4. 讨论与启示

上述研究结果显示，15 人（50%）认为《三国演义》罗译本和邓译本的总体可读性较好，24 人（80%）认为阅读《三国演义》英译本对更好地理解中国文化有帮助。一个令人感到意外的发现是，受试普通美国读者中分别有 17 人（57%）、14 人（47%）、16 人（54%）认为《三国演义》杨译本的可读性、语言流畅性以及可理解性是三个英译本中最高的，可见杨译本的可接受性也是最高的，其目的语读者反应也更好。这显然与我们平时认为罗译本和邓译本的可接受性理所当然要高于杨译本的猜测恰恰相反，因为邓罗和罗慕士的母语是英语，而杨宪益的母语是中文。杨宪益的夫人是英国人，曾在牛津大学专攻中国文学，热爱中国传统文化，与杨宪益结婚后居住在中国；而杨受过系统的国学教育，具有深厚的国学素养，且在英国留学多年，深谙中国传统文化，因此，在翻译时能更加准确地把握源语文化，且多采用脚注的方式弥补译文给目标语读者带来的文化背景缺失的不足，使目标语读者能更充分地了解中国传统文化。另一个意外发现是，尽管身为美国人的罗慕士所翻译的版本的出版时间最晚，其使用的英语也更接近现代美式英语，但译文的可读性、语言流畅性以及可理解性却是三个版本中最低的。另外，读者的评价也是衡量译文接受性的一个重要参考因素，以形成一个较为完善的读者评价体系，检验译本在目的语读者中的可接受性。为此有受试者在完成调查问卷后评价道：“杨译本的语言最清晰，邓译本次之，罗译本最别扭，有时真不知道它在表达什么，甚至要打问号，努力去猜恰当的单词；有时措辞也很别扭，晦涩难懂，不知它试图表达的确切意思是什么。”该读者的反应也可说明杨译本在目的语读者中的可接受性较高，语言更自然、流畅，可读性和可理解性更好，符合目的语读者的阅读习惯与心理期待。可见三个英译本在目的语读者中的可接受性存在较大差异，造成这种差异的主要原因可能是美国读者对中国文化的陌生等。

鉴于此，要切实有效地推进中国文学文化“走出去”，促进中华典籍外译和对外传播，课题组认为应该着重从对外译介任务的发起人（sponsor）、译者、出版机构、读者群、翻译策略选择等方面入手。

4.1 政府机构担任对外译介任务的发起者与组织者

目前，国内有组织的、大规模的旨在传播中国文学文化的对外译介项目多由国家机构或政府主持，如“熊猫丛书”“中国图书对外推广计划”“大中华文库”“中国文化著作翻译出版工程”“经典中国国际出版工程”“丝路书香工程重点翻译资助项目”“中国当代作品翻译工程项目”等。这种模式的优势在于可最大限度地将可用人力资源、物力资源和财力资源整合起来，但由于受到译入语国家意识形态、翻译政策、文化差异、价值观等因素的影响，以及缺乏对目的语市场、目的语读者及其阅读习惯等足够的调查研究，译作被目的语读者接受的效果似乎往往与预期相去甚远。同时，我们也应看到，由于执行这些项目的政府机构分属不同的主管部门，它们之间缺乏足够有效的沟通、协调与联系，难免在无形中造成各种资源的浪费。因此，加强这些机构或部门的沟通与协作，统筹规划，树立全局意识，充分发挥这些机构或部门的主导作用，充当对外译介任务的组织者，对中国文学文化对外译介是十分必要和重要的。

另外，在确定了对外译介工作的发起者后，翻译决策者们应该明确翻译目的和翻译要求。由于译文接受者是决定翻译目的的一个最重要因素，因此译前要充分研究他们的阅读习惯、阅读兴趣以及阅读取向，明确定位目的语读者，充分了解目的语市场和受众，挑选合适的译者，制定切实可行的翻译策略，在传播中华文学与文化的同时，增强译作在目的语读者中的接受度。

4.2 国内外译者合作，全面、准确传达“中国声音”，扩大中国文学与文化的海外影响力

如前所述，杨宪益、戴乃迭夫妇节译的《三国演义》版本相较邓译本和罗译本具有更高的可读性、语言流畅性以及可理解性。此外，大量的翻

译实践也证明，尽管国内并不缺乏与国外翻译家、汉学家外语水平和翻译能力相当的翻译家，但因国外翻译家或汉学家不仅具有天然的语言与文化背景优势，能精准把握译入语读者的用语习惯、文字偏好、审美情趣等细微差异，而且他们基于研究者与批评家的身份，可以在海外学术研究领域以及西方大众传媒中最大限度地传播中国文学并拓展其影响力及社会效应（胡安江，2010：11），所以仅靠国内翻译家难以使译作达到预期效果。谢天振教授建议“设立专项基金，鼓励、资助国外的汉学家、翻译家积极投身中国文学、文化的译介工作；组织国内相关专家学者和作家与国外从事中译外工作的汉学家、翻译家见面，共同切磋他们在翻译过程中碰到的问题”（张聪，2014：215）。德国著名的医史学家、汉学家及中医药典籍英译专家文树德（Paul U. Unschuld）与我国医史文献研究所的郑金生研究员及美国知名学者 Hermann Tessenow 合译《素问》，以及莫言作品由美国汉学家葛浩文进行外译就是很好的实例。

由此可见，翻译决策者们需要在译者选择上做出明智的决定，选择那些既熟悉中国文学现状，了解海外读者的阅读取向、阅读需求以及阅读习惯，又能熟练使用母语进行文学翻译，并擅于沟通国际出版机构与新闻媒体及学术研究界的外国翻译家、汉学家群体，或许不失是一种实现中国文学“走出去”的最理想的译者模式。同时，中国译者与海外译者合作，不仅能更为准确地传播中国文学与文化，而且能保证译文的可读性与流畅性，使译文符合海外读者的阅读需求与阅读习惯，最大限度地传播中国文学与文化，并扩大其在海外的影响力。

4.3 与海外出版机构、媒体及学术界合作，加大译本推介，拓展海外市场

在确保译本高质量完成后，翻译决策者们还需要寻求与国际知名出版机构、主流新闻媒体以及相关学术研究界的合作，充分利用并发挥其固有优势与作用，利用那些著名研究者和批判家以及著名出版社在读者中的知名度和影响力，加大对译作的宣传与推介力度，以期引起更多潜在读者对译作的关注，获得其对译作的认可与接受，吸引更多经销商将译作推向读者市场，扩大国际市场。此外，还应大力培养熟悉中国文学作品、了解国际市场与海外出版环境的职业出版经理人，制定更加切实可行的出版与推广策略，与海外著名出版机构合作，将译作有效推向国际市场。莫言作品的外译本由国际知名出版社出版并取得巨大成功就是一个非常好的例子。当然与出版机构保持良好的合作关系并考虑其市场利益也是十分重要的。

4.4 积极培养读者群，引起其关注，获得其认可

不可否认，译作被读者认可与接受在很大程度上是判定一个译作成功的重要因子，译作的读者越多，说明其认可度与接受度就越高，译作的市场影响力就越大。因此，在挑选翻译项目（文本）前，翻译决策者们需要谨慎选取潜在目标读者群，并研判目标市场读者的阅读取向、阅读需求及阅读习惯，并根据研究结果，在译作正式推向市场前，加大与主流媒体和相关学术界的合作力度，向潜在读者积极推介与评荐译作，并利用知名研究者和批评家的知名度与影响力，引起潜在读者的关注与阅读兴趣，培养潜在读者群，使译作在目标市场达到预期目标并取得成功。

4.5 合理选取翻译策略，保证译文的准确性、可读性与可接受性

我们在对比研究《三国演义》的英译本后发现，杨译本更多地采用了异化策略和直译方法，在翻译具有鲜明中国文化特色的文化专有项时偏好采用文内解释与文外解释相结合的手法，强调译文对原文的忠实，注重传播中华文化；邓译本与罗译本则更多运用了归化策略和意译方法，辅以释义、转译、替代、改写等翻译手段，因为他们自己就是翻译的发起人，翻译目的就是在介绍中国文化的同时满足英语文学爱好者的阅读需求。

胡安江（2010：14）认为归化译法是中国文学“走出去”的现实期待，其目的在于追求文学译本的准确性、可读性与可接受性，让中国文学译本走近海外读者，走近西方主流文化，保证文学译本能够获取海外市场与商业利润以及为海外读者所认可和接受。闫玉涛（2010）在分析了沙博理翻译的《水浒传》后认为，异化与归化相结合的翻译策略是古典文学外译的必经之路。但应该注意的是，在翻译具有鲜明而独特的中国特色的文化专有项时，异化译法是一种较为理想的策略选择与跨文化交际的桥梁。

5. 结语

在本研究中，我们通过对普通美国读者的问卷调查比较研究了《三国演义》三个英译本的可读性、语言流畅性、可理解性以及阅读《三国演义》对美国读者了解中国文化的促进作用，并提出了建议。中国文学与文化要“走出去”，需要翻译任务的发起人与决策者整合各种优势资源，选择有深厚中文功底、熟悉中国文学、热爱中国文化的汉学家参与翻译活动，积极与海外著名出版社、媒体以及知名研究者与批评家合作，充分利用各自优势，将译作推介至海外目标市场。决策者们还应充分研究目标读者群及其阅读取向和阅读需求，译者需要合理选择翻译策略，采用归化策略追求中国文学译本的准确性、可读性及可接受性，运用异化策略翻译具有鲜明中国文化特色的文化专有项，保持中国文化的民族特征与独特性，让读者充分了解中华文化的独特魅力。

【参考文献】

[1] 胡安江. 中国文学“走出去”之译者模式及翻译策略研究——以美国汉学家葛浩文为例［J］. 中国翻译，2010（6）.

[2] 朱振武.《三国演义》的英译比较与典籍外译的策略探索［J］. 上海师范大学学报，2017（6）.

[3] 郭昱，罗选民. 学术性翻译的典范——《三国演义》罗慕士译本的诞生与接受［J］. 外语学刊，2015（1）.

[4] 骆海辉，王海燕.《三国演义》在美国的学术讨论——《〈三国演义〉与中国文化》述评［J］. 中华文化论坛，2012（6）.

[5] 张焰明. 从《三国演义》的两个英译本看典籍外译的理想译者模式［J］. 广东外语外贸大学学报，2017（6）.

[6] Jauss, Hans Robert. Toward on Aesthetic of Reception［M］. Trans. Timothy Bathi. Minneapolis: University of Minnesota Press, 1982.

[7] Iser, Wolfgang. The Act of Reading: A Theory of Aesthetic Response［M］. Baltimore and London: Johns Hopkins University Press, 1978.

[8] Nida, Eugene A., et al. The Theory and Practice of Translation［M］. Leiden: Honinklijike Brill NV, 2003.

[9] 张聪. “中国文学走出去：挑战与机遇”学术研讨会综述［J］. 中国比较文学，2014（1）.

[10] 陈甜.《三国演义》在汉语文化圈与英语文化圈的译介与传播比较研究［J］. 湖南工程学院学报（社会科学版），2017（1）.

[11] 黄笛. 论中华文化外译的策略与途径［J］. 小说译介与传播研究，2015（6）.

[12] 闫玉涛. 翻译中的归化和异化：沙译《水浒传》分析［J］. 山东外语教学，2010（2）.

【作者简介】

冉明志，攀枝花学院外国语学院教授。主要研究方向：笔译实践。电子邮箱：ranscpzh@ 163. com.

费孝通社会科学英译研究

◎霍青霞 刘晓峰（西安外国语大学英文学院 西安 710128）

【摘　要】 社会科学翻译已引起学者的关注，但大多数都集中在英译中，对中译外的社科翻译活动进行的研究还不多。本文以社会学家费孝通英译的《云南三村》和《昆厂劳工》为研究对象，分析了其翻译方法，发现费孝通在英译时主要运用了编译法，将原文从结构到内容进行了编译。在结构方面，通过增添介绍、结语部分，整合重复部分，让两译本成为规范的学术报告。在内容方面，通过采用明示化翻译法以及简化翻译法，淡化了政治问题，在传播文化的同时兼顾读者。费孝通的翻译经验对当今通过翻译向世界介绍中国文化仍具有借鉴意义。

【关键词】 费孝通，英译，编译法，《云南三村》，《昆厂劳工》

Abstract Although more and more researches have focused on the translation of social sciences, most of them are about English-Chinese translation while the other orientation is very much neglected. Thus, the study analyzes Fei Xiaotong's Chinese-English translation strategy based on his translation of *Earthbound China* and *China Enters the Machine Age*. In the translation process, Fei mainly adopts editing translation strategy by rearranging the structure and content of the original texts. In structural rearrangement, he makes the book more academic in form by adding introduction and conclusion parts and integrating the repetitive parts. In content, he uses explicitation and simplification which help weaken political concerns. The practice of Fei's translation is valuable for contemporary introduction to the world of Chinese culture through translation.

Key words Fei Xiaotong, Chinese-English translation, editing translation, *Earthbound China*, *China Enters the Machine Age*

1. 引言

费孝通（1910—2005）是我国著名社会学家、人类学家和民族学家，是我国社会学和人类学的奠基人之一，但少为人知的是费孝通还是一名卓越的翻译家。费孝通生长在一个具有中外交流背景的家庭，从小就开始接触中外文化的互动，这为他之后成功翻译社会学著作奠定了基础。费孝通一生著译文字超过500万，他在初中时就翻译过一些童话，1943年在美国留学时，曾编译发表了*Earthbound China*与*China Enters the Machine Age*两本书。1948年又翻译了马林诺斯基的《文化论》、斐斯的《人文类型》以及梅岳的《工业文明的社会问题》等书。1972年与吴文藻以及谢冰心一起翻译了海斯及穆思的《世界史》、韦尔斯的《世界史纲》（郑延国，2000；马士奎、邓梦寒，2014）。在为潘光旦与胡寿文合译的《人类的由来》所作的后记中，费孝通明确表达了自己的翻译观：“我常谓翻译难于创作。创作是以我为主，有什么写什么。而翻译则既要从人，又要化人为己，文从己出，是有拘束的创作。信达雅的信，就是要按原文的一字一句和盘译出，译者要紧跟密随著者的思路和文采，不允许有半点造作和走样。凡是有含混遗漏的，就成败笔；凡是达意而不能传情的，就是次品，翻译的困难就在此，好比山山要越、关关要破，无可躲避。翻译的滋味也就在此，每过一山，每破一关，自得之境，其乐无穷。”（费孝通，1982）

可以看出，费孝通不仅翻译了大量社会学著作，推动了中国社会学的发展，还提出了对翻译的独特见解。但由于费孝通作为社会学家的名声远远超过其在翻译方面的贡献，其翻译思想以及社会科学翻译并未引起足够关注。正如学者所言，由于我国译界对应用文体翻译（史）长期缺乏研究，加上其中有些翻译家在各自专业领域独树一帜，其专业上的声誉盖过其翻译事业上的辉煌，以至在过往的翻译史中难寻踪影或着墨不多（郑延国，2000；方梦之、庄智象，2016）。

2. 文献综述

如上所述，费孝通的学术思想实际上包含社会科学思想和翻译思想两个方面。对其学术思想的研究主要集中在其社会科学思想上。从研究视角来说，主要有社会学、人类学、民族学等几个方面。从发文量来看，平均每年在知网上发表的相关文章能达到140篇。但研究费孝通翻译思想的却少之又少。笔者以“费孝通、翻译”为搜索词在知网和读秀两个学术库中搜索，经过筛选，整理出四篇专门研究费孝通翻译思想的文章和一篇涉及费孝通翻译实践的文章。根据这四篇文章的研究内容，笔者将其分为两类：宏观角度的研究与微观角度的研究。宏观角度的研究从整体出发探究其翻译思想，而微观角度的研究则是结合实例探讨其翻译策略等。从宏观角度进行研究的有《费孝通：与翻译有缘的社会学家》（郑延国，2000）、《费孝通的社会科学翻译成就》（马士奎、邓梦寒，2014）和《费孝通的翻译实践和翻译思想》（马士奎、徐丽莎，2017）。在《费孝通：与翻译有缘的社会学家》（郑延国，2000）一文中，基于费孝通为潘光旦先生所译的达尔文名著《人类的由来》撰写的后记，作者将费孝通的翻译思想概括为三点：翻译的性质——有约束的创作；翻译的标准——和“化境论”所差无几；以及翻译的甘辛——翻译是苦乐并存的。而后两篇文章在结构上大同小异，都先按时间梳理了费孝通的译作，然后总结了其翻译特点：一是侧重选择自己了解的作者和作品，熟知原作题材及原作者观点；二是翻译实践与学术研究息息相关；三是注重副文本手段的运用；最后一个是翻译态度十分严谨，诚恳谦逊。最后总结了其翻译思想：翻译必须在内容和形式两方面忠实于原作，译作必须符合目的语的表达习惯，译者在翻译过程中要充分发挥个人的主观能动性。从微观角度进行研究的只有《探究费孝通的翻译策略：以〈人文类型〉为案例》（张玲玲，2014）一篇。这篇文章通过具体例子总结了费孝通的翻译策略，得出其在翻译时采用了直译、意译相结合的方法，转换法以及增词法等翻译方法的结论。一篇涉及费孝通翻译实践的文章是《二战中费孝通的美国之行》（顾钧，2015）。顾钧在此文中提到费孝通在留美期间翻译《云南三村》和《昆厂劳工》两本书，其中《云南三村》更是中国学术走向英语世界的里程碑。除了上述五篇文章之外，《中国翻译家研究（当代卷）》（马士奎、徐丽莎，2017）一书中也有一章专门探讨了费孝通的翻译，这一章从生平简介、翻译活动、代表性译作、翻译特点、翻译思想以及翻译影响对费孝通的翻译做了详细阐述。

从以上对费孝通的翻译策略、翻译特点及翻译思想的综述，可以看出这些研究多从宏观角度出发，结合具体文本进行研究的较少。此外，这些研究探讨的大多是费孝通汉译的国外社会学著作。但实际上，费孝通还英译了中国社会学书籍，其英译的两本书曾引起美国学术界的轰动（顾钧，2015）。多位学者呼吁在未来的翻译史研究中要扩大翻译史研究面向，不仅要关注西学汉译，还要关注汉籍外译（穆雷，2000；方梦之、庄智象，2016；屈文生，2018；袁丽梅等，2018；屈文生，2018）。因此本文将基于费孝通外译的两本著作

《云南三村》与《昆厂劳工》，探究其外译策略与方法，探索费孝通先生在翻译方面的成就，完善费孝通的翻译思想，并为当今中国学术外译提供借鉴。

3. 翻译背景

3.1《云南山村》《昆厂劳工》介绍

《云南三村》是费孝通和他的学生张之毅于20世纪30年代末40年代初在云南农村所作的调查报告，包括《禄村农田》《易村手工业》《玉村农业和商业》，其中第一篇由费孝通著，后两篇由张之毅所著。这三篇报告对农村社区的社会结构以及运作方式做了一个描述，是“魁阁”（1939年设在云南呈贡县（今昆明市呈贡区）魁星阁的燕京大学－云南大学社会学实地调查工作站）的代表性成果，是社会学的代表作。

《昆厂劳工》是史国衡1940年在费孝通的指导下完成的。该报告调查了昆明一家国营军需厂中工人的生活状况。书中还附录了田汝康著的《内地女工》，论述了当时女工进工厂的社会原因以及她们对工业发展的作用。

3.2 翻译背景

1943年，美国政府以同盟国的身份邀请中国各个大学派遣教授赴美访问，进行文化与学术交流，云南大学派费孝通应邀。在访问美国一年的时间里，受太平洋学会的资助，费孝通编译了云南大学社会学研究室的研究成果。费孝通先是在哥伦比亚大学完成了《云南三村》的第一个报告《禄村农田》的翻译工作，期间得到了他的学生保罗·库珀（Paul Coopr）的协助；后在芝加哥大学得到雷德斐尔德夫人的协助，翻译了《云南三村》的后两个报告，全书 *Earthbound China*（《云南三村》英译本）于1945年由芝加哥大学出版社出版（顾钧，2015）。费孝通在哈佛大学编译了 *China Enters the Machine Age*（《昆厂劳工》英译本），翻译完成后，费孝通的老师埃尔顿·梅岳（Elton Mayo）以及多萝西娅·梅岳对译本进行了阅读，然后费孝通又根据他们两人的建议修改了难理解的地方，最终该书于1944年由哈佛大学出版社出版（费孝通，1981）。*Earthbound China* 还被收入了英国 Kegan Paul 书局的国际社会学丛书。

3.3 翻译目的

从梅岳为《昆厂劳工》英译本写的序和费孝通为《云南三村》英译本写的序中，读者可以了解到费孝通翻译这两本书的目的以及他的一些翻译标准与原则。1943年正值抗日战争，战争使得全球的交流变得越来越迫切，西方希望尽可能多地了解中国，美国在这一年邀请中国学者去交流访学，费孝通代表云南大学应邀访美。在一年的访学中，费孝通受英美学术圈的鼓励，翻译了一些有关中国内地经济状况的书籍，为西方社会学家系统、科学地介绍了中国的情况。费孝通翻译作品的目标读者是社会学学者，而不是普通读者，因此在整个翻译过程中对大众读者考虑得较少。其翻译原则是译文表达可以不地道，但要确保读者在理解上没有困难，尽量对原文本进行较小的改动。译作成功与否取决于读者的反应。由于当时的美国学者对中国的情况了解较少，费孝通翻译的时候在很多地方都加以解释，以促进文化与学术交流。

4. 翻译策略

费孝通在翻译时采用了编译法，对《云南三村》和《昆厂劳工》的结构和内容都做了调整，使其更加符合英美阅读习惯。

4.1 结构的编译

将《云南三村》和《昆厂劳工》与其英译本进行对比，笔者发现原文与译文并不完全对应。笔者将这两本书的整体结构调整总结为以下两表（表1和表2）。

表 1 《云南三村》章节对比表

《云南三村》	***Earthbound China***
序	Introduction（《禄》导言 + 《易》序 + 调查方法）
禄村农田	Part Ⅰ Luts' un：A community of Petty Landowners
导言	
第一章 农作	Ⅰ Farm Calendar
第二章 劳力的利用	Ⅱ Agricultural Employment
第三章 农田的担负	Ⅲ Sources of Family Incomes
第四章 农田分配	Ⅳ Distribution of Landownership
第五章 劳力的出卖	Ⅴ Farm Laborers
第六章 自营和雇工	Ⅵ Farm Management by Petty Owners
第七章 租营	Ⅶ Tenancy
第八章 生计	Ⅷ Family Budgets
第九章 生计（续）	与第八章合译为一章
第十章 农田的继袭	Ⅸ Inheritance on Land
第十一章 农村金融	Ⅹ Family Finance
第十二章 农田卖买	Ⅺ Land Transactions
易村手工业	Part Ⅱ Yits'un：Rural Industry and the Land
序	
第一章 调查的经过和方法	
第二章 土地利用	Ⅻ Land Utilization
第三章 农业里劳力的过剩	XIII Farm Labor
第四章 农业里的投资	XIV Investments in Agriculture
第五章 村民的生计	XV Standards of Living
第六章 农工之间	XVI Sources of Income other than Industry and Agriculture
第七章 织篾器	XVII Basketry
第八章 土纸作坊的组织	Ⅷ Natures and Organization of the Paper Industry
第九章 土纸制造和运销	XIX Papermaking and Marketing of Paper
第十章 纸坊经营和经济利益	XX Management and Profit in the Paper Industry
第十一章 金融和土地	XXI Capital and Land
玉村农业和商业	Part Ⅲ Yuts'un：Commerce and the Land
第一章 农业耕作和蔬菜种植	XXII Farming and Tuck Gardening
第二章 土地所有和土地使用	XXIII Land Tenure
第三章 织布和养鸭	XXIV Supplementary Occupations
第四章 家庭消费和积累	XXV Household Consumption
第五章 农村人口的外流	XXVI Population Movements
第六章 传统社会中财富的猎取	XXVII The Acquisition of Wealth

续表

第七章　商业资本的活动	整个一章合译为 XXⅦ 的第三部分
第八章　资金利用和土地权的集中	XXⅧ The Effects of Commerce on Village Households
	Conclusion Agriculture and Industry（三个村庄 + 江村）

表 2　《昆厂劳工》章节对比表

《昆厂劳工》	**China Enters the Machine Age**
第一章　导言	Introduction
第二章　工人来源	Ⅰ Sources of Labor Supply
第三章　技工的内移	Ⅱ The Nonlocal Skilled Worker
第四章　内地劳力的退化	Ⅲ Local Workers
第五章　态度与效率	Ⅳ Attitudes and Efficiency
第六章　工资	Ⅴ Wage
第七章　工人生计	Ⅵ Workers' Budgets
第八章　工人的保养	Ⅶ Social Accommodations
第九章　厂风	Ⅷ Morale
第十章　劳工的安定性	Ⅸ Instability of Labor
第十一章　劳工的扩充与继替	
第十二章　工人的管教	
	Ⅹ China's Transition
附录 内地女工	Supplementary Chapter by Ju-K'ang T'ien：Female Workers in a Cotton Mill

首先，从整体结构上来说，如表 1 所示，《云南三村》原文由《禄村农田》《易村手工业》和《玉村农业与商业》三篇独立的报告组成。但在译文中费孝通为了让三篇报告看起来更像一个整体，对其结构进行了调整。原文的三个报告除去每个报告的导言和序之外，分别有 12 章、11 章和 8 章，一共 31 章；整个英译本分为三个部分，分别有 11 章、10 章和 7 章，一共 28 章，每一部分对应原来的一个报告，具体调整为：《禄村农田》的“导言”、《易村手工业》中的“序”和第一章“调查的经过和方法”成了整个英译本的导言；而英译本的总结部分则是译者对前面三部分以及译者的博士论文《江村经济》的总结，这一部分在原文中并没有。第一部分《禄村农田》中的第八、九章在译文中合并成了一章，并删去了理论知识部分。第三部分《玉村农业与商业》的第七章前 6 部分在译文中被缩减为译文第二十七章的第 3 部分。此外，在每一部分开始的时候，英译本都有两三段介绍，不仅包括三个村庄的基本信息，还包含这一部分研究的目的、意义以及与其他两部分研究的联系。《昆厂劳工》原文一共有 12 章以及一个附录章节，而译文为 10 个章节与 1 个附录章节（见表 2）。具体变动为原文第一章导言在英译本中没有计作 1 章；原文的第十章与第十一章在译文中合并成了 1 章；而原文的第十二章则没有翻译。此外，译者根据前几章的研究，自己进行了总结，成了译文的第十章。

除了整体结构的调整之外，章节内部也有所调整。由于篇幅有限，笔者只将《云南三村》中第三部分《玉村农业与商业》中的第六章到第八章的调整以表格（表 3）形式呈现，因为这部分的调整最大。章节内部的调整具体为：《云南三村》

中《禄村农田》第二章中的1、2部分，在译文中被编译为一个部分；第七章的3、4部分没有翻译；对第十二章的2、3部分进行了合译，而对4、5部分则进行了省略。《易村手工业》中第二章的1部分变为了译文中第十二章的介绍部分；第八章的3、4部分在译文中整合成了一部分；第九章的1部分在译文中没有单独成为一部分，而是分散在了后面几部分之中。《玉村农业与商业》变动则比较大，因为这部分许多内容在前面两部分已经提过，所以译者省略了很多内容。

表3　《云南三村》第三部分第六、七、八章对比

玉村农业与商业	PartⅢ Yuts'un: Commerce and the Land
第六章　传统社会中财富的猎取 1. 升官发财 2. 私运鸦片 3. 鸦片走私中所担当的危险	XXVII The Acquisition of Wealth Public Office Illegal Traffic（原文的第三部分与第二部分合译） Commerce（第七章整章）
第七章　商业资本的活动 1. 玉溪商业活动及商业环境 2. 在商业中玉溪一些巨富的兴起 3. 商业资金与鸦片贩卖相结合 4. 商人在金融上的活动 5. 商业资金的转化趋势 6. 1940年以后巨富的衰败和新兴 7. 商业给予农村经济的影响	
第八章　资金利用和土地权的集中 1. 玉溪商业的落后性、投机性和冒险性 2. 商业资金流向土地 3. 城乡地主在土地上不同的剥削方式 4. 地权的分散与集中 5. 国民党政府对农村得加紧剥削及其后果	XXVIII The Effects of Commerce on Village Households 省略 Enslaved Weavers Concentration on Landownership 省略

第二章的1部分在译文中省略；第四章的7、8、9、10部分在译文中被整合成为一个部分，省略了很多内容；第五章的3部分在译文中被省略；第六章的2、3部分在译文中被合并成一部分；第七章整章被合并成一部分，成了译文第六章的最后一部分；第八章的1、2、5部分在译文中被省略，未译。

4.2 内容的编译

除了对结构进行调整，费孝通对整个文本的内容也进行了编译，使其更符合西方读者的阅读习惯。一些内容的编译已经在上一部分中提过了，对这些内容的编译多是因为几部分所讲述的内容相连（如《云南三村》中《易村手工业》第九章的1部分，这部分被分散在了后面几部分中。因为这部分讲的是土纸的总体制造步骤，后面几部分是分别讲述）。此外，费孝通还对一些涉及文化与政治的内容进行了编译，如《云南三村》与《昆厂劳工》这两本书都以日常生活为基础展开，涉及了很多中国特有的文化和政治方面的内容，费孝通在翻译这些内容的时候采用了编译法，淡化了政治问题，减轻了读者的阅读负担。这里的编译法具体来讲包括明示化翻译与简化翻译。

4.2.1 明示化翻译

明示化翻译即在译文中解释阐明一些在原文中隐含的内容，这些内容如果不明示则会对目标语读者造成阅读困难（Mark Shuttleworth & Moira Cowie，2004：55）。这种翻译方法在这两本书中主要体现在对中国特有的节气、单位、成语以及风俗习惯的处理上。

【例1】往年禄村人民在惊蛰过后就可以播谷，可是那年阴历二月初八（阳历三月二十八，春分后七天）播的谷，全冻死了。(《云南三村》，18)

According to the custom of previous years, the farmers of the village sowed their rice seed in the nurseries shortly after Ching Che (the middle of March). But seven days after Ch'un Fen, i. e., on March 28, the germinated seed were killed by frost. (*Earthbound China*, 24)

西方并没有“节气”一说，如果直接音译过去，读者一定不知道这两个节气指何时、有何意义。这一例子中提到了春分的具体日期，因此费孝通在翻译时在惊蛰后面也增添了日期，这样读者既能知道这两个节气的日期，又能知道两者的关系。而且在这个例子中费孝通还省略了阴历，只翻译了阳历，减轻了读者阅读负担。

【例2】很多地方招姻只发生在没有儿子的人家……（《云南三村》，169）

... but it is normally operative only as a temporary solution when the deceased owner has no male successor. In such a situation the daughter will take a husband into her father's house, so that she may have children to perpetuate the family line. (*Earthbound China*, 113)

“招姻”是中国特有词汇，指上门女婿。在这里译者补充了信息，解释了“招姻”的具体含义，既为读者提供了背景知识，又向读者介绍了中国的风俗。

4.2.2 简化翻译

简化法指译者出于某种原因在翻译时删减掉一些信息。费孝通采用简化翻译主要是为了减小文化差异与淡化政治问题。

【例1】因为战时后方的物价是连续上涨的……所以依靠工资的增加绝赶不上物价的上涨。（《昆厂劳工》，76）

Cost of living increases weekly because of inflation, the increase moves up faster than the workers' nominal wage. (*China Enters the Machine Age*, 75)

这句话中的战时就是指抗日战争时期，但是费孝通在翻译时并没有明确译出，而是以战争造成的“通货膨胀”代替了“战时”，淡化了政治问题。

【例2】大公的开支，依我知道的是：土主庙里的香火钱……（《云南三村》，71）

Specifically, its funds are spent for the maintenance of the village temple... (*Earthbound China*, 54)

“香火钱”是中国特有词汇，费孝通在翻译时采用了简化法，减少了文化差异。

4.3 编译原因

从上述的分析可以看出，费孝通在翻译时对原文本的结构、内容都进行了编译，针对其采用编译法的原因，笔者认为有以下几点：

首先，从翻译的背景来看，埃文·佐哈尔（1978）在多元系统理论中提到，当一种文学系统处于边缘地位时，翻译文学会占据中心地位。在费孝通翻译这两本书时，新中国还未成立，各个学科的发展仍处于萌芽状态，处于向西方学习借鉴与自我探索的过程之中，中国的整个学术系统处于边缘地位，很多学科依靠翻译效仿西方，因此西方的翻译作品在中国享有中心地位。同理，当外译中国作品时，译者会不自觉地从结构以及内容上去迎合西方读者的阅读习惯。

其次，从翻译的主要目的来看，正如前面叙述的一样，费孝通翻译的目的是进行学术交流，向西方学者介绍中国社会学的发展。因此，中国的经济状况、社会发展才是最重要的内容。一些有关文化与政治的内容并不是最重要的。一定的编译法能减轻读者的阅读负担，使他们更好地了解中国的发展，达到翻译的目的。

最后，从译者的身份来看，费孝通是社会学领域的学者，而且两本书都与其自身有关。《云南三村》中的第一部分是他自己所著，其余两部分是在他的协助下由其学生张之毅完成的。《昆厂劳工》是在费孝通的指导下由其学生史国衡完成的。因此费孝通对这两本书非常了解，知道哪些内容对于西方学者了解中国来说是重要的，他在翻译时做的取舍有一定的根据，具有合理性。

5. 翻译影响

5.1 在国外的影响

这两本书在美国出版之后立刻引起了国外学

者的关注，成为他们了解中国的重要窗口。在他们看来，*Earthbound China*（《云南三村》）首次以现代实证方法对云南的三个村庄进行了考察，记录了这三个村庄经济和社会关系的变化，在此之前，从来没有这么丰富具体的数据来记录和分析中国内地农村①；*China Enters the Machine Age*（《昆厂劳工》）是第一本对战时中国的工厂以及农民进入工厂的影响进行深入研究的书籍。从这本书中，美国的企业家学到了十分实用的东西，社会学家也学到了一种新的研究方法。②此书还为那些对中国工业革命与英美工业革命感兴趣的学者提供了宝贵资料（Harley Farnsworth Macnair，1945）。从上面对两本书的介绍以及评价中，我们可以看到其价值：一是这两本书都采用了实地考察的方法进行研究，数据翔实，分析具体；二是这两本研究的对象正符合人类学研究的发展趋势，即研究对象由原始民族到发达民族③；三是这两本书促进了社会学与人类学的融合。④两本书自出版后就一版再版。*Earthbound China* 首次由芝加哥大学于 1945 年出版，后来在 1947 年和 1976 年再次出版。劳特利奇出版社（Routledge）于 1948 年、1949 年、1998 年、1999 年、2000 年、2001 年和 2010 年出版了此书。*China Enters the Machine Age* 由哈佛大学出版社于 1944 年、2014 年出版，普雷格出版社（Praeger）于 1968 年出版了此书。两本书的不断再版，可反映出其重要性不言而喻。

5.2 对费孝通自己的影响

这两本书的翻译不仅对国外产生了影响，同时也对费孝通本人以及中国带来了极大影响。1947 年出版的《不列颠百科全书》中，云南大学被列为中国 15 所著名大学之一，这得益于费孝通这样的国际知名教授。⑤而这两本书的翻译极大地提高了费孝通在整个世界的社会学学术圈中的名声。两本书是继费孝通博士学位论文《江村经济》的又一力作，对费孝通在 1980 年获得布朗尼斯劳·马林诺夫斯基奖起到了推动作用。

6. 结语

费孝通在翻译《云南三村》与《昆厂劳工》两本书时以英美国家的社会学学者为目标读者，以介绍中国内地的经济、社会发展，促进两国学术交流为目的，在翻译过程中采用了编译法，从结构到内容都做了改动，使两个译本更加符合英美人的阅读习惯。在结构的编译方面，费孝通增添了介绍和结语等部分，对于内容相连部分采用了“连类”翻译法，对重复的部分也进行了删减整合。在内容的编译方面，费孝通对涉及政治的部分进行了简化翻译，淡化了政治问题，对于文化因素，费孝通有的补充了背景知识，采用了“隐性厚翻译”法使原本隐含在文中的意思变得明晰化，利于文化交流；有的则进行了减译，方便读者阅读，通过这些方法，即实现了翻译目的，又推动了社会学的发展，同时也提高了他本人及中国社会学在国际学术界的地位。

费孝通的翻译经验对我们当今大力向世界介绍中国文化具有借鉴意义。如今，好多翻译作品更注重译文与原文的对等，而对目标读者的关注非常少，翻译的作品到底是否到达目的也不得而知（曹进、丁瑶，2017）。在翻译时，译者应首先明确目标受众，再决定采取何种翻译策略与方法，这样才能较好地实现翻译目的。其次，在翻译有关文化的内容时，不能一味地以传播文化为原则进行翻译，而要把握一定的度，在传播文化的同时兼顾读者。最后，译者也应该学习费孝通的精神，要对自己所翻译的东西有深入的了解，做到兢兢业业，认真负责。

【注释】

①https://openlibrary.org/books/OL15133237M/Earthbound_China.

② http://www.hup.harvard.edu/catalog.php?isbn=9780674433441.

③http://m.kdnet.net/content-1-729680.html.

④http://m.kdnet.net/content-1-729680.html.

⑤http://www.archive.wenming.cn.

【参考文献】

[1] 费孝通，张子毅. 云南三村 [M]. 天津：天津人民出版社，1990.

[2] 史国衡. 昆厂劳工 [M]. 上海：商务印书馆，1946.

[3] Fei Xiaotong & Zhang Ziyi. Earthbound China [M]. Fei Xiaotong, Trans. New York: Routledge, 2010.

[4] Shi Guoheng. China Enters the Machine Age [M]. Fei Xiaotong, Trans. Cambridge: Harvard University Press, 1944.

[5] 郑延国. 费孝通：与翻译有缘的社会学家 [J]. 社会科学报，2000 (6).

[6] 马士奎，邓梦寒. 费孝通的社会科学翻译成就 [J]. 中国科技翻译，2014 (1)：54－57.

[7] 费孝通. 潘、胡译《人类的由来》书后 [J]. 读书，1982 (8)：93－100.

[8] 方梦之，庄智象. 翻译史研究：不囿于文学翻译——《中国翻译家研究》前言 [J]. 上海翻译，2016 (3)：1－8.

[9] 穆雷. 重视译史研究，推动译学发展——中国翻译史研究述评 [J]. 中国翻译，2000 (1)：44－48.

[10] 屈文生. 翻译史研究的面向与方法 [J]. 外语教学与研究，2018 (6)：830－836.

[11] 袁丽梅，李帆. 史论结合，创新方法——翻译史期刊论文统计研究 [J]. 上海翻译，2018 (5)：47－51.

[12] 张玲玲. 探究费孝通的翻译策略：以《人文类型》为案例 [D]. 北京：中央民族大学，2014.

[13] 马士奎，徐丽莎. 费孝通《中国翻译家研究》（当代卷） [M]. 上海：上海外语教育出版社，2017：387－414.

[14] 顾钧. 二战中费孝通的美国之行 [J]. 中华读书报，2015 (17)：1－5

[15] 费孝通. 费孝通学历简述 [J]. 文献，1981 (3)：160－166.

[16] Even-Zohar, Itamar. The Position of Translated literature within the Literary Polysystem [J]. Poetics Today, 1990 (1): 45－51.

[17] EarthboundChina. Retrieved January 29, 2019, from https://openlibrary.org/books/OL15133237M/Earthbound_China

[19] 曹进，丁瑶.《丰乳肥臀》英译本可接受性的调查研究——以美国田纳西州读者的抽样调查为例 [J]. 中国翻译，2017 (6)：33－38.

【作者简介】

霍青霞，西安外国语大学英文学院硕士研究生。主要研究方向：翻译理论与实践。电子邮箱：664863775@qq.com。

刘晓峰，西安外国语大学英文学院、西安外国语大学翻译研究所副教授。主要研究方向：翻译理论与实践，翻译史。电子邮箱：liuxiaofeng@xisu.edu.cn。

埃兹拉·庞德汉诗英译的译介策略及启示[①]

◎高　博（南开大学滨海学院公共外语教研室　天津　300270）

【摘　要】　埃兹拉·庞德是西方诗坛上影响极大的诗人，同时也是一位对中国文化充满热爱的翻译家。作为译者，他不仅翻译过大量的儒家经典，而且还向西方国家译介了许多中国古诗，其中以《华夏集》最为著名。本文探讨了庞德在译介中国古诗时所采用的具体方略，以期为中国古典诗歌“走出去”提供相应的启示。研究结果表明，正是由于庞德巧妙地运用了“契合时局的翻译选材”“跨越中西的诗意融合”“古今相谐的艺术呈现”以及“唯美创新的诗歌节奏”等译介策略，其译诗才能在西方国家获得巨大成功。

【关键词】　埃兹拉·庞德，《华夏集》，译介策略，接受效果，中国古典诗歌“走出去”

Abstract　Ezra Pound, a well-known poet in the western world as well as a scholar who is interested in Chinese culture, has not only introduced most of the Chinese classics to the west countries but translated a lot of Chinese ancient poems into English, among which *Cathy* gained the greatest reputation. This paper aims to analyse the translation strategy to Pound's *Cathy* and futher intends to give some suggestions on the outgoing of the Chinese literature. The results show, due to the strategies such as "proper compilation" "intergtated translation" "time-acrossed skills" and "creative rhythms", Pound's translaion has made a huge impact in the west countries.

Key words　Ezra Pound, *Cathy*, translation strategy, reception, translation of ancient Chinese poems

引言

埃兹拉·庞德（Ezra Pound，1885—1972）是20世纪西方诗坛上影响巨大的诗人。他一生完成了诗作、论文集、翻译文集共70多部，成为英美现代诗歌史上的一座里程碑。庞德之所以取得这些成就，其主要原因就在于他几乎倾尽一生对中国文化进行学习、翻译、吸收与创造（高博，2018）。作为译者，庞德不仅翻译过《大学》《论语》《中庸》《诗经》等中国传统儒家典籍，同时，他还向西方国家译介了许多经典的中国古典诗歌。这些译诗以《华夏集》（*Cathy*）为名于1915年结集出版。《华夏集》付梓以后，在欧美国家引起了极大轰动。“它的出版立刻在英美诗坛掀起了翻译中国古诗的热潮，甚至，它使中国古诗一度‘淹没了英美诗坛’。”（赵毅衡，1979）庞德的汉诗英译在西方世界产生的影响之大由此可见一斑。本文试图探讨庞德在译介中国古诗时所采用的具体方略，以期挖掘出其译诗能够在西方国家获得成功的相关因素，继而为中国古典诗歌“走出去”

① 基金项目：本文系天津市哲学社会科学规划课题“形貌修辞学视阈下中国现代文学作品英译研究”（TJWW17－205）和全国高校外语教学科研项目“文学翻译中的形貌修辞研究”（2017TJ0009B）的阶段性成果。

提供相应的启示。

1. 庞德汉诗英译的译介策略

1.1 契合时局的翻译选材

《华夏集》是庞德根据旅日东方学者费诺罗萨（Earnest Fenollose）记录的有关中国古典诗歌的笔记翻译而来。费氏笔记共有中国古诗150余首，而庞德只选译了其中的19首。[①]具体来讲，据赵毅衡考证，费氏笔记所记内容非常潦草，很多诗歌没有汉语原文，只有日语注音。其中，屈原赋相对完整，包括《离骚》《九歌》《渔夫》等都注有汉语原文及日语注音，但庞德一首都没有选用。另外，笔记中还记录有宋玉的《风赋》、白居易的《琵琶行》、魏武帝的《短歌行》和蔡琰的《胡笳十八拍》等，这些诗的注解和释意也都相当完整，但庞德也没有选用（赵毅衡，2013：164）。这说明，庞德选诗自有其独特的一套取舍标准。他的标准与欧洲当时动荡战乱的社会背景密切相关（庞德翻译《华夏集》时正值第一次世界大战进行期间）。"他的标准切合了当时欧洲严峻的社会背景。所以，庞德最终只选择翻译了那些可以用来表现厌战愁时、哀怨离恨主题的诗歌。"（蒋洪新，2001：52）就此问题，休·肯纳也曾指出："《华夏集》在很大程度上是一部有关战争的作品，其中所描述的关于'背井离乡的弓箭手''无人体贴的妇女''被击溃的王朝''孤独的边疆战士''昔日的荣光'和'美好的回忆'，都是出于作者对当时四分五裂的比利时和动荡不安的伦敦的敏感，这些题材才被从费诺罗萨笔记的众多诗篇当中挑选出来。"（Kenner，1971：202）

《华夏集》指涉的另一个重要主题与"离别"有关。为了表现这一主题，庞德选择了四首中国古诗，它们是《送元二使安西》《送友人入蜀》《送友人》以及《黄鹤楼送孟浩然之广陵》。这四首诗或寓情于景，或借景抒情，生动地刻画出亲朋分离时的伤感心情。庞德的译诗并没有直接宣泄这种悲伤心情，而是通过景物的烘托和细微动作的刻画，营造了不可言说的离愁别绪。面对庞氏译诗中构建的情景，深陷第一次世界大战中的欧洲人民自然会产生普遍的认同感。

综上可见，庞德对《华夏集》的选辑契合了第一次世界大战时期的时局。通过描绘战争给人们带来的深重灾难，庞德深刻地揭露出第一次世界大战的残酷本质。这样的选材不仅符合当时西方读者的心理期待，更是引起了他们的强烈共鸣。由此，可以说，正是庞德对译诗题材所做的有意选择才为《华夏集》在西方世界的有效传播奠定了广泛的大众阅读基础。

1.2 跨越中西的诗意融合

庞德一直倡导一种"世界文学"的观念，他希望能够建立"一个抛开时代和国界的普遍标准，一种世界文学的标准）"（Pound，1968：453）。本着这种志向，庞德对文学孜孜以求，不断地从全世界各国的语言和文学当中汲取有用的养分。根据庞德自述，为了找出诗歌之所以能成之为诗、诗歌在翻译中哪些部分是不会丧失的这些问题，他早在1901年就开始从事比较文学研究，从世界文学的宏观大视角入手，寻求"伟大的文学"（祝朝伟，2005：41）。庞德的比较文学研究无意去阐发相关理论，而是企图通过多民族文学研究去探索"活的因素"以服务于他的诗学。比较文学的方法还被庞德用来指导他自己的翻译实践，正如他所说："每篇译作都有必要看成是一定程度上对原作的鉴赏。"（Apter，1987：13）这里所谓的"鉴赏"指的是，"译作本身应该体现出译者对原作内容及形式有目的、有选择性地借鉴翻译。翻译应该以表现原诗的语言文化特征为重点，同时也要以译文读者的理解和接受为原则……对原作的评鉴不是对原作的肆意篡改，而是通过评鉴原作，译者应该充分理解原文在译入语中难以译出或不必译出的语言和文化成分，然后做出一篇艺术性忠实的译品"（王贵明，2002）。带着这种"鉴赏"的眼光，在翻译中国古典诗歌时，庞德一方面对原诗中艰涩难懂的文化信息进行过滤或替换，以达到拉近译诗与西方读者文化距离的目的；另一方面，通过品鉴，他又刻意保留了中国古诗中的某些"异质性因素"用来强化他个人的诗学理论。从这个意义上来讲，我们可以把庞德的翻译视为将源语因子移入译入语文化当中的过程（孙艺风，2016：28），其结果势必会产生出一种“中西糅合的多元文化产品”。以下，我们以庞德翻译的《送友人》为例来做说明这一问题。

【例1】

原文：

《送友人》（唐·李白）

青山横北郭，白水绕东城。

此地一为别，孤蓬万里征。

浮云游子意，落日故人情。

挥手自兹去，萧萧班马鸣。

庞译：

Blue mountains to the north of the walls,

White river winding about them;

Here we must make a separation,

And go through a thousand miles of dead grass.

Mind like floating wind cloud,

Sunset like parting of old acquaintances.

Who bow over their clasped hands at a distance.

Our horses neigh to each other

as we are departing.

我们先来分析例1译文中的“西化倾向”。李白原诗是一首精工巧酌的别行之诗。原诗中间两行切题，极写离别的愁苦。其中，以颔联“此地一为别，孤蓬万里征”最为别致（俞平伯，2013：597）。这句话描写了离人如“孤蓬”一般，远赴万里之外，表达了诗人对朋友漂泊生涯的深切关怀。庞德的译诗基本准确地传达了原意，唯独在该句中，他以“死草”（dead grass）代替“孤蓬”，这样的翻译确实减少了原诗的文化蕴含，但却有助于提高西方读者对原诗内容的觉解。此外，庞德对西方文化的关照还体现在他对尾联“挥手”一词的处理上。“挥手”是写分别时的动作，其他诸家大多译作“wave hands”或“wave to each other”，而庞德摒弃了“挥手”的普遍意义，将其译为“拱手鞠躬”（bow over their clasped hands）。“庞德的‘拱手鞠躬’借用了西方戏剧中常用的强硬化处理手段……他试图补充出更多的，文本中没有的东西以加强读者对情境的掌控。”（钱兆明，2016：59）

再看译文对“源语因子”的吸收。庞德将原诗中“浮云游子意，落日故人情”一句译为“Mind like floating wind cloud，Sunset like parting of old acquaintances”。不难看出，庞氏对该句中情感和句子结构的处理与原诗神形兼似，严丝合缝。具体来说，从内容上看，庞德将这两句译为两个明喻句，恰到好处地反映出诗人对朋友的依依惜别之情；从形式上看，庞译仿照了汉诗的句法结构，他刻意省略掉部分语法成分以借此模糊译诗中意义间的逻辑联系（如使用无冠词的句式及省略谓语动词）。这样的译文作为英语诗歌是相当奇特的，它“简洁含蓄，超越了传统英诗中的时空限制，在一定程度上再现了中国古诗那种将个人一时的体验转化为普遍恒常经验的诗意境界”（朱徽，2010：281）。

1.3 古今相谐的艺术呈现

庞德的好友，著名画家路易斯（W. Lewis）曾把庞德称作“一个热爱过去的人”（陶乃侃，2006：5）。用艾略特的话来说，“过去”对庞德不仅意味着“过去的过去意义”，而且还意味着“过去的现在意义”（Eliot，1932：49）。艾氏评语看似矛盾，但却暗示出庞德的“共相历史观”（universal views of history）。具体来讲，在庞德看来，“所有的时代都是当代的，我们应该以当下的视野去感悟历史的观点……应该从我们所处的时代和社会现实去审视历史，去挖掘和现代主义文学观念相关的历史因素”（Pound，1953：121）。他进一步指出，“历史的作用在于它的‘现在意义’，或者说存在于‘与现在产生共时的关系当中’……历史的根本意义在于我们对我们当代中的‘过去’所做出的新的解释”（ibid：130）。通过以上观点可以看出，庞德主张的历史观强调历史应服务于当代，而非单纯的过去。“或从某一当下立场反思历史，或从某一历史角度观察当代现象，构成了庞德的思维特征和模式。”（陶乃侃，2006：7）这样的思维模式关联着庞德的诗学建构，投射到他的诗歌当中表现为：庞德非常注重对传统的继承，但这一传统并非仅仅源自西方文学，而是来源于全世界优秀的古典文学。“他从世界各地的名著当中搜集、荟萃古典精华，通过翻译，编辑输入当下的时代信息，使古典为现代复活。”

（ibid：8）在翻译中国古诗时，庞德贯彻了他的“共相历史观”。就《华夏集》而言，他“不仅要求词和精神的翻译，而且还要求有‘认同感’，也就是说，现代读者要在某种意义上必须认同和意识到古人的精神内容，并从他们的思维与言语当中汲取到某些时髦的东西”（Kenner，1971：17）。庞德的译诗旨在以现代的眼光看待过去，但与此同时，它又从历史的角度，强调过去与现在的文化差异，尊重原诗的历史风貌，进而再现原诗的历史氛围。这种“古今相谐”的艺术特征可以从《华夏集》中得以明证。例如：

【例2】

原文：

《黄鹤楼送孟浩然之广陵》（唐·李白）

故人西辞黄鹤楼，
烟花三月下扬州。
孤帆远影碧空尽，
唯见长江天际流。

庞译：

Ko-jin goes west from Ko-kaku-ro,
The smoke flowers are
blurred over the river.
His lone sail blots the far sky.
And now I see only the river, the
Long Kiang, reaching heaven.

首先，从例2译文的措辞上来看，庞德一改当时维多利亚翻译家们常用的“仿古式”英语，转而使用当代简洁的口语化英语进行翻译，这体现出庞德强烈的现代意识。其次，在原诗中，作者通过使用大量意象（“烟花”“扬州”“孤帆”“远影”“碧空”和“长江”），借景抒情，烘托送别友人时的情景和离别时的伤感。庞德显然捕捉到了这种“古典的”“中国式的”抒情方式。在译诗中，他不仅着意保留原文中的意象，将“远行的孤帆”“无垠的天际”和“奔流的长江”等一一呈现，甚至，为了更好地渲染“伤别”的气氛，庞德更是创译出了新的意象（例如，将“烟花”直译为“smoke flowers”）。纵观全诗，不难发现，译者竭力模仿中国传统诗歌的艺术表现技法，其结果是使译诗成功地陶染上“诗中有画，画中有情”的古典气韵。庞德对中国古典文化的“考古发现”为其建构现代主义诗学提供了“时髦的东西”，这些“东西”成为他日后革新西方诗学重要的思想来源。可以说，翻译《华夏集》使庞德沉浸于一种对东方古典文化的崇尚之中，而且这一直与其现代主义诗学创新意识交织在一起，两者既有冲突又相互融合（王贵明、刘佳，2006）。

1.4 唯美创新的诗歌节奏

音乐性是庞德极为重视的诗歌元素。在他看来，诗歌不仅应该作为书面文字呈诸人的视觉，还应作为吟诵歌唱的材料诉诸人的听觉（高博，2017）。然而，庞德对当时维多利亚时期呆板僵化的诗歌节奏却表现得相当反感。他指出：“从1890年到1910年英语诗歌普遍都是可怕的混杂之物，未经铸造，大多数甚至连烘都没有烘过……诗里全是连奏，一堆面团似的，显得凝滞沉重，鬼才知道那是些什么东西。”（Pound，1968：51）庞德主张摒弃维多利亚时期华而不实的诗歌韵律。他认为：“诗的节奏应该成为情感传达的媒介，当节奏，或者说是元音或辅音的韵律与诗歌真正想要表达的情感完全一致时，这部分诗才算的上是最优秀的。”（ibid：78）基于这样的观点，在翻译中国古典诗歌的时候，庞德将中国传统诗歌几乎全部都翻译成了有韵或无韵的自由体诗。但是，这样的自由体诗并不意味着庞德彻底摈弃了诗歌的韵律和节奏，恰恰相反，它是一种“精心安排的，具有特殊节奏结构的自由体诗”（Ming，1999：169）。赵毅衡将这种特殊结构称为“短语节奏”。短语节奏与语义的展开相对应，也就是说，节奏单元划分大致与意群的划分相对应……短语往往与朗读时自然语调的呼吸群相一致，也与语句的意义联系方式相一致，因此，它比英语传统的切割词汇的音部节奏来得自然（赵毅衡，2013：208）。总之，庞德的短语节奏不再刻意“因律凑韵”，它祛除了诗歌中一些不必要的成分，从而保证了诗歌情感表达的完整性。我们来看一例：

【例3】

原文：

《送元二使安西》（唐·王维）

渭城朝雨浥轻尘，

客舍青青柳色新。
劝君更尽一杯酒，
西出阳关无故人。

庞译：

Light rain is on the light dust
The willows of the inn-yard
Will be going greener and greener
But you, sir had better take wine ere your departure;
For you will have no friends about you
When you come to the Gate of Go.

例3原诗共四行，庞德将其译为六行。从整体上看，译诗的节奏多是由两个或三个短语交替组成。其中，第一行和第二行均由两个短语节奏构成，第三行由三个短语节奏构成，其间的“greener”一词重复两次，形成头韵，同时还与第一行中“light”的复用形成呼应。第四行运用的是四短语节奏，它似乎是第一行和第二行节奏的累加，这句诗特别长，仿佛是诗人向友人劝酒时生发出的长长的感喟。诗歌的五六两行再次使用三短语节奏，这两行末尾的“you”和“Go”形成尾韵，诗的末行“Gate”和“Go”又形成头韵。由上可见，庞德在短短的六行诗中使用了为数不多的短语节奏。这些短语交替使用，使译诗节奏跌宕起伏，音韵多变，从而使该诗的韵律与诗歌的情感紧密相连，浑然一体。

2. 庞译汉诗在西方国家的接受效果

本文选取的译例均出自庞德所译的中国古典诗歌集《华夏集》。这里需要特别指出的是，庞德在翻译《华夏集》时并不通晓中文，其译文也并非直接译自汉语源本。如前文所述，《华夏集》是庞德通过费氏笔记转译完成。虽然费氏对笔记中的诗歌做了很多标注，但其中不乏明显的错误（蒋洪新，2001：29）。由此可见，将《华夏集》中的所有“误译”全部归因于庞德个人的有意为之不免有失偏颇。然而，不可否认的是，正是这些带“误译”性质的译诗在西方国家获得了广泛认可并取得了良好的传播效果。以《华夏集》中的译诗《河商之妻：一封书信》（“The River-Merchant's Wife：A Letter”）为例，该诗译自李白的《长干行》。这首诗于1954年被收录进入由奥斯卡·威廉斯（Oscar Williams）主编的《袖珍本现代诗》（*A Pocket Book of Modern Verse*）一书，成为20世纪众多重要英美现代诗歌当中的唯一译作。1976年，该诗又被收录到由科林斯·布鲁克斯（Cleanth Brooks）和罗伯特·潘·沃伦（Robert Penn Warren）联合主编的权威诗歌读本《理解诗歌》（*Understanding Poetry*）当中。进入20世纪80年代，《河商之妻：一封书信》的经典化地位得到了进一步提升。1984年，《美国诗歌五十年》（*Fifty Years of American Poetry*）出版，该诗选是由美国最具权威的“美国诗人协会”编撰，庞氏译文再次作为唯一的译诗入选。1998年，“美国诗歌与文学普及学会”选编的《美国名诗101首》（*101 Great American Poems*）又选入了这首译作。此外，在全球具有经典地位的《诺顿美国文学选集》（*Norton Anthology of American Literature*）的各种版本也都收入了此诗，《诺顿美国文学选集》是全球各大学教授美国文学的常用课本。《河商之妻：一封书信》的文学经典化是《华夏集》经典化过程中的一个典型范例。通过这一范例可以看出，庞译汉诗在西方国家的接受程度之高。

用来评价接受效果的另一条途径来自对输入语地区主流文学评论界批评的考察，“他们的论点常常会相当正确，也能得到许多读者的认同”（朱伊革，2014：135）。具体到庞译汉诗，对它的评价虽然存有一些争议，但依然得到了大多数英美诗人和文学批评家的认可。例如，艾略特曾称赞庞德是“我们时代中国诗的发明者”（Eliot，1934：14）。斯蒂芬·维利特于2005年再次指出：“庞德在我们的时代依然是中国诗的发明者，他的翻译方法已经稳固成为了一种标准。”（Willett，2005）在对《华夏集》的评论方面，英国当时著名的文学批评家克勒登·勃洛克（Arthur Clotton Brock）在英国最主要的文学评论刊物《泰晤士报文学副刊》（*The Times Literary Supplement*）上曾经撰文称赞《华夏集》。他特别强调："此诗集语言简练、明晰、准确"。福特评论说："《华夏集》是用英语写成的最美的书，如果这些诗是原作而非译诗，那么庞德便是当今世界上最伟大的诗人。"（Ford，1972：94）安吉拉·容·巴兰迪（Angela Jung Palandri）则进一步指出："如果不是庞德为《华夏集》中的译文注入了生气，这些中国古代的经典对西方而言仍然是遥不可及的。"（钟玲，2003：38）甚至对庞德本人很不友好的美国著名诗人雷克斯罗斯（Kenneth Rexroth）也不得不承认《华夏集》是"20世纪最佳诗作之一"（吴其尧，2008：110）。

3. 庞译汉诗对中国古典诗歌"走出去"的启示

吕世生曾以中国传统戏剧"西渐"为例，指出中国文学"走出去"通常需要经历从"误读"到"认同"的转折。在"误读"阶段，中国文学外译往往受制于西方文化的需求，其本质是西方国家的一种文化自利行为；而只有到"认同"阶段，中国文学的艺术价值才能得以全面彰显（吕世生，2017）。笔者认为，庞德的成功之处恰恰在于他将这两个阶段有机地统一了起来。具体来讲，一方面，庞德的译诗时刻关注着西方社会及文化发展的需要，为了满足这些需要，他对中国古诗进行了选辑和"改造"；另一方面，庞德在译诗过程中，充分认识到中国古诗崇高的艺术价值并自觉地将这种价值挪用到西方现代诗歌的创作中去。可见，庞德译诗的成就得益于西方文化自身需求及中国古诗艺术价值两种因素的共同作用。然而，"目前的中国古诗外译大多是建立在依靠中国学者来完成的基本思路之上，这种思路常常囿于自我文化立场而忽视了对他者文化的关切，其结果就是他们的译本自然很难引起西方读者的兴趣"（张西平，2015）。因此，我们不妨以庞德的翻译为鉴，在尊重中国文学价值的基础上，参照西方文化视野，通过翻译，使中国古典诗词具备世界意义，从而提高中国古典诗词在世界文学话语体系中的地位。我们相信，随着"中国力量"的不断积聚和"中国影响"的不断加深，西方读者对中国文学的认同感也会逐步增强。届时，"远游"的中国古诗将会更加接近中国文化的本真。

【注释】

①《华夏集》中选译的中国古诗包括：《诗经·采薇》《陌上桑》《古诗十九首·青青河畔草》《游仙诗》《停云》《送元二使安西》《长安古意》《长干行》《江上吟》《侍从宜春苑奉诏赋龙池柳色初青听新莺百啭歌》《古风十八·天津三月时》《古风十四·胡关饶风沙》《送友人入蜀》《登金陵凤凰台》《黄鹤楼送孟浩然之广陵》《送友人》《忆旧游寄谯郡元参军》《玉阶怨》和《古风六·代马不思越》。由于误读，庞德将其中的《江上吟》和《侍从宜春苑奉诏赋龙池柳色初青听新莺百啭歌》合译成一首诗歌，译诗名为"The River Song"。

【参考文献】

[1] 高博. 从"仿中国诗"（1914）到《诗经》（1954）——埃兹拉·庞德对中国传统诗论"兴"的译介［J］. 中国比较文学，2018（3）.

[2] 赵毅衡. 意象派与中国古典诗歌［J］. 外国文学研究，1979（4）.

[3] 赵毅衡. 诗神远游——中国如何改变了美国现代诗［M］. 成都：四川文艺出版社，2013.

[4] 蒋洪新. 英诗新方向——庞德、艾略特诗学理论与文化批评研究［M］. 长沙：湖南教育出版社，2001.

[5] Kenner，H. The Pound Era［M］. London：Faber and Faber，1971.

[6] Pound，E. Literaty Essays of Ezra Pound［M］. New York：New Directions，1968.

[7] 祝朝伟. 构建与反思——庞德翻译理论研究［M］. 上海：译文出版社，2005.

[8] Apter，R. Digging for the Treasure：Translation after Pound［M］. New York：Paragon House Publishers，1987.

[9] 王贵明. 译作乃是新作——论埃兹拉·庞德诗歌翻译的原则和艺术性［J］. 北京理工大学学报（社科版），2002（2）.

[10] 孙艺风. 文化翻译［M］. 北京：北京大学出版社，2016.

[11] 俞平伯. 唐诗鉴赏辞典 [M]. 上海: 上海辞书出版社, 2013.

[12] 钱兆明. "东方主义"与现代主义——庞德和威廉斯诗歌中的华夏遗产 [M]. 杭州: 浙江大学出版社, 2016.

[13] 朱徽. 中西诗艺比较研究 [M]. 成都: 四川大学出版社, 2010.

[14] 陶乃侃. 庞德与中国文化 [M]. 北京: 首都师范大学出版社, 2006.

[15] Eliot, T S. The Sacred Wood: Essays on Poery and Criticism [M]. London: Mathuen Press, 1932.

[16] Pound, E. The Spirit of Romance [M]. New York: New Directions, 1953.

[17] 王贵明, 刘佳. 今韵古风——论埃兹拉·庞德诗歌翻译和创作中的仿古倾向 [J]. 北京理工大学学报 (社科版), 2006 (6).

[18] 高博. "求异存同": 翻译社会学视域下庞德《诗经》译本再解读 [J]. 复旦外国语言文学论丛, 2017 (1).

[19] Ming, X. Ezra Pound and the Appropaiation of Chinese Poery [M] New York: Garland Publishing, Inc, 1999.

[20] 朱伊革. 跨越界限——庞德诗歌创作研究 [M]. 上海: 三联书店, 2014.

[21] Eliot, T S. Ezra Pound: Selected Poems [M]. London: Faber and Faber, 1934.

[22] Willett, S. Wrong Meaning, Right Feeling: Ezra Pound as Translator [J]. Arion, 2005 (3).

[23] Ford, M F. Ezra Pound: The Critical Heritage [M]. London: Routledge, 1972.

[24] 钟玲. 美国诗与中国梦——美国现代诗里的中国文化模式 [M]. 桂林: 广西师范大学出版社, 2003.

[25] 吴其尧. 庞德与中国文化——兼论外国文学在中国文化现代化中的作用 [M]. 上海: 上海外语教育出版社, 2008.

[26] 吕世生. 中国传统戏剧"西渐"的误读与认同 [J]. 外语学刊, 2017 (2).

[27] 张西平. 中国古代文化典籍域外传播研究的门径 [J]. 中国高校社会科学, 2015 (3).

【作者简介】

高博，南开大学滨海学院公共外语教研室讲师。主要研究方向：语料库翻译学，比较诗学。电子邮箱：gaoboluke@126. com。

改革开放到20世纪末西方教育学在中国的译介与传播研究

◎杨　菲　刘晓峰（西安外国语大学英文学院　西安　710128）

【摘　要】　西方教育学发展至今已有300多年了。自中国近代以来，许多留学于欧美的学生就开始将西方的一些教育学书籍翻译成中文。不管在留学期间还是回国后，他们对翻译引进外国教育学书籍的工作都做出了重要贡献，对中国教育学科的确立和发展产生了重要影响。虽然许多学者已经研究过近代、20世纪西方教育学在中国的译介与传播，但鲜有学者对改革开放到20世纪末西方教育学在中国的译介与传播进行研究。因此，本文将考察这个阶段西方教育学著作在中国的译介内容、翻译策略、接受与传播。

【关键词】　西方教育学，改革开放到20世纪末，译介与传播

Abstract　Up to now, the development of western pedagogy has been over three hundred years. In modern China, many overseas students who studied abroad began to translate some western pedagogical books into Chinese. Whether they are abroad or at home, they contribute a lot to the translation of western pedagogical books and exert a significant effect on the establishment and development of Chinese educational science. Although many scholars have studied the translation and transmission of western pedagogy in different stages of modern China, few scholars have studied the translation and transmission of western pedagogy in China from the era of reform and opening-up to the end of the 20th century. Thus, this paper will focus on the contents translated, translation strategy, reception and transmission of western pedagogy in China in the period.

Key words　Western pedagogy, the reform and opening-up to the end of the 20th century, translation and transmission

引言

西方教育学理论发展至今已有300多年，从近代科学奠基人培根首次确立教育学的学术地位开始，教育学理论已流派纷呈。近代以来，西方教育学著作已译入中国，其教育理念已在中国生根发芽。我国历史上曾出现过三次翻译高潮，即东汉至唐宋的佛经翻译，明末清初的科技文献翻译，五四运动前后的西学翻译。改革开放后20年来，我国出现了第四次翻译高潮（马祖毅，2006：2－3）。1982年，中国的翻译工作者协会成立。协会积极举办学术交流活动、培训翻译人才，极大地推动了西方教育学著作在的中国译介。本文聚焦改革开放到20世纪末这20年西方教育学著作在中国的译介内容、翻译策略、接受与传播。

1. 文献综述

近代以来，中国许多留学生在留学欧美之后，翻译了许多关于西方教育学的一些书籍。早期以日本为桥梁，西方教育学传入历程的第一阶段。现据实藤惠秀监修、谭汝谦主编的《中国译日本书综合目录》统计，1896年至1911年，中国共译日

本教育类书籍76种，为历史最高峰。此外，由于该目录所收标准，亦有相当部分教育学著作未被录入其内。这一阶段，西方教育学传入中国的特点是：以日本为媒介；以翻译介绍为主；以各种报纸杂志为重要载体；以编译讲义和教科书为主（周谷平，1991）。随后，以美国为指向，构成了中国教育学理论发展的第二阶段，大致从1915年到1949年，尤以20世纪20年代为高潮。我国教育学理论的发展进入第二阶段后，无论在数量还是质量上，都有了一定的提高。这一阶段，西方教育学传入中国的特点是：直接输入为主；自己编著为主；编著教科书为主（周谷平，1991）。中国新文化运动和五四运动时期，欧美先后掀起“新教育运动”和“进步主义教育运动”，欧美的教育改革对中国产生了重大影响。留学于欧美的中国留学生是这一时期译介西方教育学书籍的主力军。

现代以来，许多研究翻译领域的学者也翻译了西方的一些教育学书籍。如王承绪（1990）将*Education and Democracy*译为《民主主义与教育》。虽然王译版本由于诸多原因成为我国大陆的畅销版本，但由于译者缺少一定的跨文化交际知识，译文中还存在一定的问题。如学者赵昌汉（2017）就指出王承绪翻译中存在的问题，王译的主要缺陷，大体有欧而不化、误译漏译、术语表述欠妥等。邵瑞珍（1982）将美国布鲁纳所著的*The Process of Education*翻译为《教育过程》，1982年文化教育出版社出版了这部中译本，该书曾被列为“最重要的和最有影响的教育著作之一”，并被誉为“教育理论的一个里程碑”。赫胥黎（Thomas Henry Huxley）的*Science and Education*（1893）于英国出版，后来又于1895年、1899年、1902年、1905年连续再版四次，单中惠和平波1990年将其译为《科学与教育》，于同年由人民教育出版社出版。学者徐诚、扬汉麟（1999）将*Some Thoughts Concerning Education*译为《教育漫话》。该书原著出版于1693年，作者是英国哲学家约翰·洛克。在18世纪，这本书几乎被翻译成所有欧洲语言，洛克以后的教育家，大多都承认这本书的价值和影响。几个世纪以来，这本书都是英国最重要的一本教育哲学著作。

通过以上梳理，可以看出自近代以来，西方的教育理念、教育思想通过译介已然传入中国。毫无疑问，这对于中国的教育产生了重大影响。许多学者对西方的教育学进行了一定的研究。如周谷平（1991）考察了近代以来西方教育学在中国的传播以及影响；瞿葆奎、范国睿［1998（04）］研究了当代西方教育学的探索与发展；毛祖桓（1990（01））曾对20世纪西方教育学方法论的发展趋势作过研究。

也有基于特定时代背景研究西方教育学在中国的译介与传播的学者，如学者李广超（2009）曾对留学生所翻译的西方教育学书籍的特点和内容进行了研究。学者周谷平（1991）曾对“近代以来西方教育学在中国的传播以及影响”作过研究。但是未曾有学者专门研究过“改革开放到20世纪末”这一特定时期西方教育学在中国的译介与传播情况。改革开放后20年，中国经济、政治、文化得以快速发展，中国对外开放力度逐渐加大，与国外联系日益加强。1977年随着“文化大革命”的结束，中断了10年的高考制度得以恢复。为了促进国际社会之间的交流，中国派遣了许多留学生在欧美等地留学，留学期间，他们中的一部分人以教育学为研究领域，翻译了数量可观的国外教育学书籍及教科书，极大地促进了西方教育学在中国的接受与传播。因此，本文将聚焦改革开放后到20世纪末西方教育学在中国的译介与传播，力求抛砖引玉，引起学界对这一特定时期中国对西方教育学思想的译介情况加以重视。

2. 译者对教育学书籍的译介

这一时期，中国正处于改革开放的新时期，而世界也处于和平与发展时期，经济全球化与世界多极化趋势明显。这一时期有一批数量可观的学生选择出国留学，他们学习借鉴了西方优秀的教育思想与理念，在回国后，将西方的一些经典教育学书籍译入中国。

2.1 译者译介书籍的来源及类别

2.1.1 译介来源

中国译者在这一时期译介的教育学书籍主要来自美国、英国、德国、法国、苏联、瑞士，其中美国占据主导性地位。下面列出部分译例（如表1、表2所示）。

表1 部分译介于美国的书籍

来源	书名	著作者	译者	出版社	出版年份	出版地
美国	《教育过程》	布鲁纳	邵瑞珍	文化教育出版社	1982	北京
	《多元智能》	加德纳	沈致隆	新华出版社	1999	北京
	《民主主义与教育》	约翰·杜威	王承绪	人民教育出版社	1990	北京
	《成功智力》	斯腾伯格	俞晓琳	华东师范大学出版社	1999	上海
	《明日之学校》	杜威	赵祥麟、王承绪	华东师范大学出版社	1981	上海
	《课堂中的皮格马利翁——教师期望与学生智力的发展》	罗森塔尔、雅各布森	唐晓杰、崔允漷	人民教育出版社	1998	北京

表2 部分译介于英、法、苏、瑞、德等国的书籍

来源	书名	著作者	译者	出版社	出版年份	出版地
英国	《科学与教育》	托·亨·赫胥黎	单中惠	人民教育出版社版	1990	北京
法国	《爱弥尔》	卢梭	李平沤	商务印书馆	1978	北京
德国	《审美教育书简》	席勒	范大灿	北京大学出版社	1984	北京
苏联	《和教师的谈话》	赞科夫	杜殿坤	教育科学出版社	1980	北京
瑞士	《教育科学与儿童心理学》	皮亚杰	傅统先	文化教育出版社	1981	北京

2.1.2 译介书籍的类别

这一时期，译者译介注重选取不同种类的教育学书籍，而且不局限于某一特定的方面。这阶段翻译的教育学书籍的分支有：儿童教育学、家庭教育学、学校教育学、教育心理学、教育管理学等。

例如，在儿童教育学方面有皮亚杰著、傅统先译的《教育科学与儿童心理学》；在家庭教育学方面有瓦·阿·苏霍姆林斯基著、罗亦超译的《睿智的父母之爱》；在学校教育方面有赞科夫著、杜殿坤译的《和教师的谈话》，有罗森塔尔和雅各布森著、唐晓杰和崔允漷译的《课堂中的皮格马利翁——教师期望与学生智力的发展》，也有杜威著、赵祥麟和王承绪译的《明日之学校》；在教育心理学方面有皮亚杰著、傅统先译的《教育科学与儿童心理学》；在教育管理学方面有杜拉克著、吴军译的《有效的管理者》等。

译者译介的教育学书籍不仅仅局限于某一特定领域，而是注重译介把教育学与学校、家庭、心理学、管理学、儿童教育结合在一起探究的著作。这表明这一时期中国学者对于教育学科的理解加深了，这也促进了中国教育学各分支学科的发展。同时，译者译介的西方教育学著作也不仅仅局限于某一国家，而是美、英、德、法、俄等国并重，这表明中国与西方国家的交往加深，联系密切，积极地“引进来”，借鉴西方优秀的教育思想，这些都体现了中华文化的包容性。

2.2 译介书籍的质量

这一时期译介的书籍多为教育学方面的名著，其翻译的质量也较以前有了一定的提升。如约翰·杜威著作的《民主主义与教育》，维克多·雨果著作的《巴黎圣母院》，卢梭著作的《爱弥尔》，约翰·杜威著作的《明日之学校》，都是经典的教育学著作。同时，这一时期的译者受到了良好的教育，他们的外语水平大大提高，译介的书籍质量也有了明显提高。这些译著有利于传播西方优秀的教育学思想、教育学理念，对于中国的教育学发展有着深远的影响。

2.3 译介书籍的数量

笔者2018年11月15日14时在读秀数据库里，设定关键词“儿童教育学” “家庭教育学”“学校教育学”“教育心理学”“教育管理学”，限定年份为1978—2000年，分别对教育学分支学科进行搜索（搜索结果见表3）。

表3 读秀中搜索1978—2000年译介的各教育分支书籍的数量

关键词	不限年份	限定年份（1978—2000年）	
		总量（教育学）	译介数量
儿童教育学	25150本	2本	0本
家庭教育学	29401本	25本	3本
学校教育学	47235本	16本	2本
教育心理学	24132本	279本	23本
教育管理学	7673本	47本	0本

表3中，关键词部分为教育学的分支。笔者在读秀数据库里，输入关键词，得出不限定年份所有教育学书籍的总数量。然后再限定年份为1978—2000年，重新搜索，得出限定年份所有的教育学书籍的总数量。最后对限定年份的教育学书籍加以人工排查，得出该时期译介过来的各特定领域的教育学译著种类。可见，1978—2000这段时间译介的“教育心理学”种类最多，达到23本，“家庭教育学”和“学校教育学”分别为3本和2本，体现了对翻译引进教育心理学、家庭心理学和学校教育学的重视。当然，这里只是个大概情况，因为有些译介书目用这些关键词搜索不出来，如上面提到了皮亚杰著、傅统先译的《教育科学与儿童心理学》和杜拉克著、吴军译的《有效的管理者》就搜不到。

2.4 译者身份研究

这一时期的译者多为教育家、翻译学研究者、语言文学家、作家，他们几乎都受到过高等教育，有的留学于欧美地区，也有一些是赴欧美国家的访问学者，且大部分都已获得博士学位，现在留任高校当教师。他们都曾在教育期刊上发表过多篇与教育学相关的文章，在中国教育学发展方面做出了一定的贡献。这些译介的书籍极大地促进了中西方教育思想的交流、借鉴、融合。

3. 翻译策略

改革开放到20世纪末这一时期的中国经历了第四次翻译大潮。这一时期，译者的翻译水平和翻译著作的质量有了显著提升，其中他们遵循的翻译策略起着重要作用。翻译策略不是一成不变的，它会随着译者、文本、国情等因素发生变化。

3.1 翻译策略的影响因素

影响这一时期翻译策略的因素有主观因素和客观因素，其中主观因素主要有译者因素，客观因素有文本因素和国情因素。从主观因素方面来说，译者只有具备良好的翻译素养，以及翻译理论和实践方面的知识，才能够译出与原著相符的内容，传达出原著的思想。从客观因素方面来说，中国正处于改革开放这一时期，译介的很多书籍的思想都与改革开放这一时代所倡导的主题思想相关。文本因素也会影响翻译，不同的文本需要运用不同的翻译策略。因此，翻译策略具有灵活性，它会随着译本的不同而发生改变。

3.2 改革开放到20世纪末的翻译策略

翻译策略是译者在翻译活动当中必须要考虑的因素。常见的翻译策略有：直译和意译，异化翻译和归化翻译等。常用的翻译方法和技巧，主要包括：词义的选择、引申和褒贬、词类转译法、增词法、重复法和省略法等。本文以直译和增词法为例。

3.2.1 直译

20世纪80年代初，张培基等学者在教材《英汉翻译教程》中，对直译下了定义："所谓直译，就是在译文语言条件许可时，在译文中既保持原文的内容，又保持原文的形式。"（张培基，1980：13）

这一时期，译者对于教育学书籍的译介也采用了直译的方法。下面以从王承绪译、杜威著的《民主主义与教育》中举出两例证之。

【例1】原文：In this sense，heredity is a limit of education.

译文：从这个意义上来讲，遗传是教育的极限。

"limit"在本句中做名词，将"limit"译为"极限"，在这里用了直译的翻译策略。

【例2】原文：Society not only continues to exist by transmission，by communication，but it may fairly to be said to exist in transmission，in communication.

译文：社会不仅通过传递、通过沟通继续生存，而且简直可以说，社会在传递、在沟通中生存。

"exist"在这里直接翻译为"生存"，这是对原文的一种直译，完全按照英文句子结构顺序进行逐字翻译。

3.2.2 增词法

"增词法"是指根据意义、修辞或句法的需要，在译文中适当增加词语的翻译方法。仍以王承绪译、杜威著的《民主主义与教育》为例加以说明。

原文：The savage deals largely with crude stimuli；we have weighed stimuli.

译文：野蛮人所应付的大部分是天然的刺激。我们却估量了刺激。

原文当中并没有像"but"这样表示转折关系的词语，但是译文当中出现了"却"这一词语。在这里，译者用了增词法对原文逻辑加以显化。

4. 出版与接受

4.1 译介的出版地研究

这一时期，我国的译者译介了大量有关教育学的书籍，促进了我国教育界的思想解放，推动了我国教育学术研究的发展。被译介过来的教育学书籍的出版地从笔者掌握的材料来看多为北京和上海两地，且又以北京数量为最多，显示出这两地是我国教育领域改革和发展的前沿阵地，部分译介书籍如表4所示。

表4 部分被译介教育学书籍的出版地

来源	书名	著作者	译者	出版社	出版年份	出版地
英国	《科学与教育》	托·亨·赫胥黎	单中惠	人民教育出版社版	1990	北京
法国	《爱弥尔》	卢梭	李平沤	商务印书馆	1978	北京
德国	《审美教育书简》	席勒	范大灿	北京大学出版社	1984	北京
苏联	《和教师的谈话》	赞科夫	杜殿坤	教育科学出版社	1980	北京
瑞士	《教育科学与儿童心理学》	皮亚杰	傅统先	文化教育出版社	1981	北京
美国	《教育过程》	布鲁纳	邵瑞珍	文化教育出版社	1982	北京

续表4

来源	书名	著作者	译者	出版社	出版年份	出版地
美国	《多元智能》	加德纳	沈致隆	新华出版社	1999	北京
美国	《民主主义与教育》	约翰·杜威	王承绪	人民教育出版社	1990	北京
美国	《成功智力》	斯腾伯格	俞晓琳	华东师范大学出版社	1999	上海
美国	《明日之学校》	杜威	赵祥麟、王承绪	华东师范大学出版社	1981	上海

北京作为中国的首都，是国家的政治、经济、文化、科技创新和国际交往中心，而上海是国家的中心城市、超大城市，也是国际经济、贸易、金融、航运、科技创新中心和交通运输的枢纽，教育类书籍在北京、上海的译介、出版、传播，更有利于加强中国与国外的思想交流，借鉴国外优秀的教育思想，从而促进我国教育事业的发展。但从掌握的数据看，这也从侧面显示出推动中国教育改革力量发展的不均衡性。

4.2 收录与引用概况

从改革开放到20世纪末译介的许多教育类书籍，被国内的许多高校图书馆所收藏，而且这些教育类书籍的被引率非常可观。笔者在读秀数据库里搜索了部分教育类书籍的收藏及被引用情况，如表5所示：

表5 部分教育类书籍的收藏及引用情况

书名	著作者	译者	国内收藏馆（个）	总共被引用（次）	被图书引用（次）
《和教师的谈话》	赞科夫	杜殿坤	575	877	—
《审美教育书简》	席勒	范大灿	503	1426	2
《教育科学与儿童心理学》	皮亚杰	傅统先	477	803	—
《爱弥尔》	卢梭	李平沤	20	2056	1476
《教育过程》	布鲁纳	邵瑞珍	391	1836	—
《睿智的父母之爱》	苏霍姆林斯基	罗亦超	79	2	1

这一时期，我国译者对西方教育学书籍的译介有着深远的影响。这些译者研究、翻译了西方教育学许多分支学科的书籍，如学校教育、家庭教育、教育心理学、教育管理学、儿童教育等领域的书籍，并且译介的作品被大量引用，说明教育学界对西方的教育思想已从浅层次的译介进入深层次的消化吸收和运用。这有利于向国人普及西方教育学方面的知识，即使未受过英语教育的人们也能了解到西方的教育思想。使国民对于西方的家庭教育、学校教育、儿童教育等方面有一定的了解，从而将其优秀的教育思想加以学习和借鉴。

4.3 译著的接受情况

这一时期，从西方译介过来的教育类书籍在中国也有较高的接受度。仅以席勒的《审美教育书简》为例加以论述。

《审美教育书简》在中国的接受过程主要经历了3个时期：20世纪初到1949年、新中国成立初期到改革开放前夕、改革开放到现在。尤其是改革开放到现在，美育受到了空前的重视。这一时期，对席勒作品的译介迈向了高潮。他的《审美教育书简》的第一个汉译本是在1985年出版的，译者为冯至（徐珊，2015）。虽然冯至这本书是第一个译本，但是第一个出版的汉译本却是徐醇于1984年翻译的。除了冯至和徐醇翻译的版本外，还有一个比较完整的汉译本，那就是缪灵珠的1987年译本，该汉译本是参考前面的版本而翻译出来的

（徐珊，2015）。

这一时期，学者曾繁仁、张玉能都对席勒的美育思想进行了运用与推广。如曾繁仁就在探索美育的过程中，汲取了西方美育思想深厚的文化底蕴。曾繁仁长期从事高校教育事业，把中外美育思想与现今的教育现状进行了结合（徐珊，2015）。张玉能于1978年考入复旦大学中文系攻读硕士研究生。硕士期间，他选择了席勒作为研究对象。在此期间，张翻译了席勒的许多作品，大部分为席勒在艺术理论和美学方面的著作（徐珊，2015）。

5．译介的局限性及其建议

5.1 译介的局限性

虽然这一时期的译者受过良好的教育，翻译水平较以往的教育著作译介有显著提高，但是他们的翻译仍存在着许多问题。首先，这一阶段的译者参加的翻译实践练习比较少，所学的翻译方面的知识和技巧都是理论性的，还不能灵活地应用到具体的翻译实践活动中，也不能完全解决翻译过程中所遇到的问题。其次，他们受到的翻译实践方面的专业训练也比较少。因此，他们的翻译实践能力还有待进一步提高；同时，欠缺跨文化交际方面的知识也是重要的因素。因为这批译者从小都生活在中国，并不能完全地了解西方的文化习俗。由于受到母语的影响，很多时候，他们在翻译时倾向于使用归化原则和直译的方法，而忽略了翻译过程中的异化原则以及意译的方法。因此，这些译者并不能完全译出原著的风格，也不能完全传达出原著作者的思想。

赵昌汉就指出王承绪译的《民主主义与教育》译本存在一些问题，主要有：欧而不化、误译漏译、术语表达欠妥。其中欧而不化的例子有：

原文1：In this sense, heredity is a limit of education.

译文1：在这个意义上来讲，遗传是教育的极限。

“limit”在该句中作名词，将“limit”译为“极限”，是硬译，不符合汉语的习惯。误译漏译的例子有：

原文2：The savage deals largely with crude stimuli, we have weighed stimuli.

译文2：野蛮人所应付的大部分是天然的刺激，我们却估量了刺激。

在此句中，“weighed”应为“weigh”的过去分词。术语表达欠妥表现为：“communication”（communicate）≠沟通，而应为“交往、交流”（赵昌汉：2017）。

翻译审校也有失误，审校工作因内容太多、工作量大，存在失误是难免的。这些因素最终都会导致译文呈现出一定的问题，并影响到翻译的质量、译著的传播与接受。

5.2 译介的建议

鉴于译介存在的局限性，笔者提出了几点建议：

（1）这些学者型译者应该注意到他们自身存在的语言局限性，努力提高他们的外语水平，灵活地掌握一些翻译方面的技巧。

（2）译者也应该注意到他们与生俱来的文化局限性，努力扩充跨文化交际方面的知识，了解中西方文化的差异，更好地在翻译过程中进行文化转换。

（3）译者在翻译过程中应该遵循一定的标准和原则，把语言技能和专业知识结合起来，做到学有所用。

（4）翻译界应该重视译者的培训，为他们提供多种多样的翻译实践活动，尤其要注重培养具有某一专业领域知识的译者的翻译能力。

（5）审校工作者要发挥审校的作用。在审校过程中，应该认真负责，努力提高自身的专业水平与素养。

（6）国家之间应该加强交流，发扬并传播各自的优秀文化，互通有无，取长补短。国家之间的相互交流有利于解决国家之间的语言和文化转换障碍，为两国读者培养基本的认知语境，为译者做好翻译交流积累条件。

6. 结语

改革开放到20世纪末这一时期，由于中西方在这一时期的特殊时代背景以及中国学者和留学生的努力，西方教育学在中国经历了空前的发展。西方教育学书籍在中国获得了大量的译介与传播，译介的著作种类多样、数目可观、质量较以往有较大提高。中国学者和留学生译介的书籍来自许多西方国家，其中美国占据主导地位。这些译介过来的书籍被国内大部分图书馆收藏，为一定量的中国教育学学者所引用。译者翻译的策略也多种多样，较为灵活。然而，该时期译介的书籍还存在许多问题。为了更好地译介与传播西方教育学方面的书籍，中国译者尤其是学者型译者应该努力扩充自身的翻译知识、提高技能、遵循翻译的标准与原则，并且积极参加翻译实践与培训工作。中国应该既要引进西方优秀的教育文化，也要传播自己优秀的教育文化，只有这样，西方教育学在中国的译介与传播才能走得更远、更好。

【参考文献】

[1] 马祖毅. 中国翻译通史 [M]. 武汉：湖北教育出版社，2006.

[2] 周谷平. 近代西方教育学在中国的传播及其影响 [J]. 华东师范大学学报（教育科学版），1991 (3)：77 -96.

[3] 王承绪. 民主主义与教育 [M]. 北京：人民教育出版社，1990.

[4] 赵昌汉. 学术论著的翻译问题——以王译《民主主义与教育》为例 [J]. 长江大学学报（社科版），2017 (6)：83 -87.

[5] 邵瑞珍. 教育过程 [M]. 北京：文化教育出版社，1982.

[6] 单中惠. 科学与教育 [M]. 北京：人民教育出版社版，1990.

[7] 徐诚，扬汉麟. 教育漫话 [M]. 河北：河北人民出版社，1999.

[8] 瞿葆奎，范国睿. 当代西方教育学的探索与发展 [J]. 教育研究，1998 (4)：6 -17，45.

[9] 毛祖桓. 二十世纪西方教育学方法论的发展趋势 [J]. 高等师范教育研究，1990 (1)：64 -66.

[10] 李广超. 留学生与西方教育学书籍的译介 [J]. 教育评论，2009 (1)：118 -120.

[11] 张培基. 英汉翻译教程 [M]. 上海：上海外语教育出版社，1980.

[12] 徐珊. 席勒的《审美教育书简》在中国的接受 [D]. 成都：四川师范大学，2015.

【作者简介】

杨菲，西安外国语大学硕士。主要研究方向：应用语言学。电子邮箱：979278279@ qq. com。

刘晓峰，西安外国语大学英文学院、西安外国语大学翻译研究所副教授。主要研究方向：翻译理论与实践，翻译史。电子邮箱：liuxiaofeng@ xisu. edu. cn。

未来译论家论坛

Translation Forum for Prospective Scholars

诗歌中的概念隐喻翻译探析
——以《乡愁》四个英译本为例

◎李泽芳（西南民族大学外国语学院　成都　610041）

【摘　要】　隐喻不仅仅是一种修辞手段，更是人们认识事物的一种方式，是一种思维方式。诗歌的本质是隐喻，本文运用认知语言学的概念隐喻理论，分析余光中《乡愁》中存在的概念隐喻，并对其四个英译本进行赏析，旨在从概念隐喻的角度分析理解诗歌及其译作，为分析《乡愁》的英译提供一个新的视角。

【关键词】　概念隐喻，翻译，《乡愁》英译本

Abstract　Metaphor is not only a rhetorical device, but also a way of understanding things and a way of thinking. The nature of the poem is metaphor. Based on the conceptual metaphor theory of cognitive linguistics, this paper analyses the conceptual metaphor in Yu Guangzhong's *Nostalgia* and appreciates its four English versions. It aims at understanding poetry and its English translation from the perspective of conceptual metaphor, so as to provide a new perspective.

Key words　Conceptual metaphor, translation, English versions of *Nostalgia*

引言

《乡愁》一诗系我国著名诗人余光中所作。余光中出生在祖国大陆，并在这里度过了宝贵的青春时光，之后去了我国台湾，后来又去美国留学。1971年，余光中思乡情切，在台北旧居内写下表达思念祖国大陆之情的《乡愁》。《乡愁》是余光中的经典之作，表达了诗人对祖国大陆的无限思念之情。

诗歌是中国文化的重要组成部分，中国文化要走出去，诗歌的翻译意义重大。《乡愁》译者人数众多，包含作者本人和众多国内外翻译学者。目前可以收集到15个《乡愁》英译本。本文将选取余光中先生的当代诗歌代表作《乡愁》的四个英译本作为研究对象，从概念隐喻的角度对其进行对比，为分析理解《乡愁》的英译提供一个新的视角。

1. 概念隐喻的定义

隐喻一直被看作一种语言现象，是对语言的一种修饰，从未与思维、人类的认知方式相关联。美国认知语言学的奠基人莱柯夫（Lakoff）和约翰逊（Johnson）于1980年推出著作《我们赖以生存的隐喻》，标志着隐喻研究正式进入认知科学领域，他们从认知的角度观察和研究隐喻，并将其纳入语言学研究领域。“隐喻不仅仅是语言的问题，它更是思维的问题。”（Lakoff & Turner，1989：203）莱柯夫和约翰逊将隐喻的研究对象从表层的

语言现象转换为深层的思维方式，提出了“概念隐喻”这一重要概念。“隐喻的本质就是用一种事物去理解和体验另一种事物。”（Lakoff & Johnson，1980：5）隐喻是连接语言和认知的纽带，“其作用是在人们用语言思考所感知的物质世界和精神世界时，能从原先互不相关的不同事物、概念和语言表达中发现如同互联网中的链接点，建立想象丰富的联系”（胡壮麟，1997：56）。隐喻的建立是基于人们对不同概念域相似的经验。莱柯夫等认为概念隐喻由源域和目标域两个部分组成，通过源域和目标域之间的系统映射将两个互不相关的事物、概念联系起来，通常由一个简单具体的事物或概念映射到另一个复杂抽象的事物或概念（Lakoff & Johnson，1980）。语言学家根据隐喻的不同表现形式和特征，把隐喻分成不同的类型。根据莱柯夫的观点，概念隐喻可以分为三类：本体隐喻、方位隐喻和结构隐喻。本体隐喻是指用形象具体的概念来映射模糊抽象的思想、情感、状态等；方位隐喻是指用一类表示空间方位的概念如上下、前后等来映射另一类抽象的概念，如快乐是上、悲伤是下等；结构隐喻是指用具有清晰结构的概念来映射另一个结构模糊的概念，如“爱情是一场旅行”，用结构清晰的“旅行”概念去映射模糊抽象的“爱情”这一概念。

随着认知语言学家对隐喻的深入研究，隐喻作为一种认知思维方式和修辞手段在很多地方和诗歌有一样的功能。根据束定芳的观点，“隐喻和诗歌是同质的现象”（束定芳，2000：12）。诗歌是充满隐喻的，或者说是由隐喻组成的。隐喻将人类的思维从一个概念连接到另一个概念，诗歌同样让人类的思维在不同的概念之间跳跃。

2.《乡愁》中的概念隐喻分析

小时候
乡愁是一枚小小的邮票
我在这头
母亲在那头

长大后
乡愁是一张窄窄的船票
我在这头
新娘在那头

后来啊
乡愁是一方矮矮的坟墓
我在外头
母亲在里头

而现在
乡愁是一湾浅浅的海峡
我在这头
大陆在那头

——余光中《乡愁》

《乡愁》全诗共四节。在诗中，诗人一方面以时间变迁的四个人生阶段作为一个维度：小时候→长大后→后来→现在；另一方面，诗人又以空间隔离的四个人生阶段作为另一个维度：母子分离→夫妻分离→母子死别→游子与大陆的分离。通过这两个维度的交错，诗人为其人生的四个阶段各自找到一个表达乡愁的对应物：邮票（小时候）→船票（长大后）→坟墓（后来）→海峡（现在）。《乡愁》这首诗以时间的变迁和空间的隔离来层层推进思乡情感的抒发，构思巧妙。

诗人余光中通过邮票、船票、坟墓、海峡这几个简单的意象把本来很抽象的“乡愁”形象化、具体化了，通过“借物抒情”，取得了极佳的艺术效果。这些意象和“这头”“那头”“里头”“外头”这两对简单的方位词连接在一起，巧妙地将原本隔离的人、物、时间和空间联结起来，把愁绪的两端紧密地融合在了一起。《乡愁》以时间的变迁为经，以空间的距离为纬，在看似轻描淡写中引起读者的强烈共鸣。

“隐喻的产生和诗歌的创作都是基于相似性。隐喻的理解和诗歌一样都需要联想、类比和推理。隐喻或反映了人们正常的思维方式，或是在正常思维方式上的具有想象力的扩展；诗人的智慧在于，他在正常思维方式的基础上，具备比常人更加敏锐的观察能力和想象能力。正因为隐喻的运用，一首诗才显得意义深刻，充满魅力和趣味。”（董汀，2011：10）这首诗从一开始就点明其主题——“乡愁”。总览全诗，该诗由四个隐喻组成：乡愁是邮票、乡愁是船票、乡愁是坟墓、乡愁是海峡。全诗共四节，每一小节就是一个完整的隐喻。从概念隐喻的角度看，乡愁是比较抽象的概念，即隐喻中的目标域。为了表达心中的乡愁，诗人通过邮票、船票、坟墓、海峡四个平常、具象、可以真实感受的概念来映射“乡愁”这一比较抽象、难以表达的概念。这四个概念与“乡愁”之间的映射建立在其相似性上。首先，邮票是分隔两地的人写信来往时必不可少的物品，因为相隔遥远，所以需要写信，需要邮票，才能将“我”与母亲联系在一起。船票是坐船的凭证，正因“我”与妻子遥遥相隔，才要坐船相见。邮票与船票都代表着“我”与母亲、妻子的分离，一个在这头，一个在那头。同时又都是将“我”与母亲、妻子连接起来的工具，很好地表达出诗人对远方亲人的思念之情。坟墓代表了母亲的离去。这时，“我”虽然回到家乡，站在母亲坟前，却永远地与母亲分别了。坟墓将我和母亲分开，一个在里头，一个在外头。这时诗人浓烈的乡愁，蒙上了深深的哀愁。最后，海峡将“我”与大陆分开，大陆不仅仅代表着土地，而且是洒满儿时美好回忆、享受温馨母爱、经历浪漫爱情的故土，是“我”回顾一生、无法忘怀的故土，诗人将乡愁上升到更高一层。通过分析，这四个源域都含有与某人某物分隔的概念。而乡愁则是诗人因思念故人故土但又无法相见相守而产生的一种心理情绪。源域与目标域具有相似性，使人如临其境、如视其人，真切地感受到诗人的无限乡愁。故而此诗成为表达乡愁的经典作品。此诗中，四个源域同时都映射到“乡愁”这一目标域，这四个源域之间存在着相似性，但是并不是简单的并列排列。诗的每一小节都以时间概念开头：小时候、长大后、后来啊、而现在。这四个时间概念分别对应着邮票、船票、坟墓、海峡。因此四个源域之间存在着时间发展的逻辑关系。随着时间流逝，“我”年龄的增长，经历的分离越来越多，距离与亲人越来越遥远，与亲人越来越无法再相聚，“我”的乡愁也越来越浓稠，越来越深刻，越来越无法排解。从情感的强烈程度上来说，四个源域之间也存在着从浅到深、从简单到深刻、从哀伤到痛心的层层递进的逻辑关系。

3.《乡愁》的四个英译本研究

本文选取的第一个英译本是著名翻译家朱曼华的译作，朱曼华一生都致力于中国历代诗歌的翻译，为中国诗词走出去做出了巨大贡献，曾于2009年5月被中国翻译协会授予“资深翻译家”的称号。选取的第二个译本是扎根中国的新西兰籍汉学家路易·艾黎（Rewi Alley）的英译本，路易·艾黎曾于1984年编译了《大道上的光影：中国现代诗选》（*Light and Shadow Along a Great Road: An Anthology of Modern Chinese Poetry*）。第三个译本选自翻译理论家陈文伯的译作，陈文伯曾翻译了西方经典名著《简·爱》和《双城记》。最后一位译者许景城是一位青年翻译学者，翻译了许多中国古代诗歌和现当代散文，比如张继诗《枫桥夜泊》，李白诗《山中与幽人对酌》《送孟浩然之广陵》，以及陶渊明诗《幽兰》等，散文翻译方面有朱自清的散文《绿》《荷塘月色》，丰子恺的《竹影》等。四人所译的《乡愁》都是非常优秀的译作，具有不同的风格和特点，下文将重点分析译本中对四个概念隐喻的翻译。

【译文一】

During my childhood,
My homesickness was a small stamp,
To mail to my mother far away,
From which I stay.

When I grew up,
It changed into a shipping ticket,
A little bit narrow,
To help me sail meet my bride by boat.

And then,
My homesickness turned into a lower tomb.

Outside the tomb I was standing dumb,

Inside it my mother lived as her home.

But now,

My homesickness means the sea beach is shallow.

Still I am on this shore instead of the mainland shore,

Though the sea strait is narrow.

——"My Homesickness" Yu Guangzhong (朱曼华 译)

【译文二】

In my childhood,

nostalgia seemed to be a little postage stamp;

I here, mother there.

When I grew up,

it was like a little boat ticket;

I here,

my bride there.

Later,

it took the form of a low, square grave;

I outside,

Mother in.

And now,

it is just a sea strait;

I on this side,

the mainland on that.

——"Nostalgia" Yu Guangzhong (Rewi Alley 译)

【译文三】

When I was a child, my homesick was a small stamp.

Linking Mum at the other end and me this.

When grown up, I remained homesick, but it became a ticket.

By which I sailed to and from my bride at the other end.

Then homesickness took the shape of the grave,

Mum inside of it and me outside.

Now I'm still homesick, but it is a narrow strait.

Separating me on this side and the mainland on the other.

——"Homesick" Yu Guangzhong (陈文伯 译)

【译文四】

As a child,

Nostalgia was a tiny stamp,

Connecting me here on this shore,

With my mother far away on that shore.

As an adult,

Nostalgia was a narrow ship ticket,

Linking me here on this coast,

And my bride far away on that coast.

Later,

Nostalgia was a low tomb,

Walling me outside,

And my mother inside.

Now,

Nostalgia is a shallow strait,

Separating me here at this end,

From my mainland at the other end.

——"Nostalgia" Yu Guangzhong (许景城 译)

诗的第一小节中，乡愁是邮票。在邮票的概念中，隐含着分隔两地的人通过邮寄来表达相思之苦的含义。"我在这头，母亲在那头"，即我和分居两地的母亲通过邮寄来表达相思之苦。一枚小小的邮票将我和母亲连接在一起。以上四个译文"To mail to my mother far away from which I stay"仅仅表达出"我"通过邮票写信寄给母亲。译文二"nostalgia seemed to be a little postage stamp; I here, mother there"保留了原文的隐喻形式，未作概念延伸，没有表达出邮票所隐含的概念意义。译文三"Linking Mum at the other end and me this"表达了邮票的概念隐含意义，即我与母亲分隔两地，通过写信表达相思之苦，邮票将我与母亲连接起来。译文四"Connecting me here on this shore with my mother far away on that shore"与译文三都表达出了邮票的概念隐含意义，但译文四中添加了"far away”更能表达出一个在这头，一个在那头，因距离遥远而不能相见的哀愁。

第二小节中，乡愁是船票，与邮票类似，船票也是将分隔两地的人连接起来的象征。成年娶妻后，思念的人变成了妻子，一张窄窄的船票将两个思念的人连接起来。译文一“To help me sail to meet my bride”虽然表达出通过船票与妻子相见这一含义，但失去了原文中“我在这头，妻子在那头”的意义。译文二“it was like a little boat ticket; I here, my bride there”仅仅表达了“我”与妻子分隔两地的含义，没有表达出船票将“我”与妻子连接的隐含意义。译文三“When grown up, I remained homesick, but it became a ticket, by which I sailed to and from my bride at the other end”表达了船票的隐含意义和原文中“我”在这头，妻子在那头的意义，但译文三所使用的句式与第一节不同，原文四小节所使用的句式相同，译文也应尽力做到与原文形式相近。译文四“Nostalgia was a narrow ship ticket, linking me here on this coast and my bride far away on that coast”不仅表达了船票的隐含意义，同时也与原文的形式保持一致。

第三小节中，乡愁是坟墓。坟墓是将“我”与母亲永远分别的标志，在诗中，也是空间隔离的标志，“我在外头，母亲在里头”。而“我”只能通过祭拜坟墓来表达对母亲的思念。译文一“My homesickness turned into a lower tomb; outside the tomb I was standing dumb; inside it my mother lived as her home”，其中“lived as her home”中的“home”一词感情色彩不当，家是温暖温馨的，而诗中指母亲的坟墓，同时与诗中所表达的“我”与母亲永远分别的悲痛心情不符。译文二“Later, it took the form of a low, square grave; I outside, Mother in”表达了坟墓将“我”与母亲分开的事实，但未译出坟墓的概念隐含意义。译文三“Then homesickness took the shape of the grave, Mum inside of it and me outside”与译文二大致相同，仅仅表达了坟墓将“我”与母亲分开的事实。译文四“Nostalgia was a low tomb, Walling me outside, and my mother inside”中，“walling”一词将“我”在母亲坟墓前祭拜的画面清晰地展现出来，传神地表达出“我”对母亲的思念，以及失去母亲的痛苦。

第四小节中，乡愁是海峡，与第三小节相同，海峡是将人们分隔开的象征，此时与“我”分隔两地的不再是某个人，而是一片乡土。诗人将乡愁从个人情感升华到爱国情怀，由小时候与母亲分离的哀伤转变为对故土深深的怀恋。译文一“My homesickness means the sea beach is shallow. Still I am on this shore instead of the mainland shore, though the sea strait is narrow”未表达出海峡将“我”与祖国大陆分隔的含义，同时“the sea strait is shallow”出现两次，稍显重复与累赘。译文二“And now, it is just a sea strait; I on this side, the mainland on that”依然与原文形式保持一致，未作概念延伸翻译。译文三“Now I'm still homesick, but it is a narrow strait. Separating me on this side and the mainland on the other”表达了海峡分隔的隐含意义。译文四“ Nostalgia is a shallow strait, separating me here at this end from my mainland at the other end”与译文三都表达出了海峡分隔的隐含意义，但译文四中使用“my mainland”而非“the mainland”，更能表达出与对祖国大陆的深厚感情，对大陆那片故土的怀恋之情。

3. 结语

“从认知角度看，一个隐喻是一首小诗，一首长诗是一个巨大而扩展的隐喻网络，故隐喻是诗歌的家园，是诗歌的实质。”（贾淑月，2018：102）本文运用认知语言学的概念隐喻理论对《乡愁》中的四个隐喻邮票、船票、坟墓和海峡进行剖析，进而分析四个英译本中这四个概念隐喻的翻译效果。通过分析对比，译文四不仅传达出四个隐喻的表面意义，而且译出了其内涵意义，更好地体现出原作中诗人对故乡的强烈感情。

【参考文献】

[1] Lakoff, G., Turner. More Than Cool Reason: A Field Guide to Poetic Metaphor [M]. Chicago:

University of Chicago Press，1989.
[2] Lakoff，G，Johnson. Metaphors we live by [M]. Chicago：University of Chicago Press，1980.
[3] 胡壮麟. 语言·认知·隐喻 [J]. 现代外语，1997 (4).
[4] 束定芳. 论隐喻的诗歌功能 [J]. 解放军外国语学院学报，2000 (6).
[5] 董汀. 宋词中“愁”的隐喻学研究 [D]. 上海：上海交通大学，2011.
[6] 贾淑月. 余光中《乡愁四韵》中的概念隐喻研究 [J]. 边疆经济与文化，2018 (1).
[7] 余光中. 白玉苦瓜 [M]. 北京：北京联合出版公司，2017：54-55.

【作者简介】

李泽芳，西南民族大学硕士研究生。主要研究方向：翻译学。电子邮箱：280484344@qq.com。

译苑新谭 12
New Perspectives in Translation Studies

翻译技巧
Translation Techniques

英汉互译实践与分析（三）

英汉互译实践与分析（三）

◎林　巍　（暨南大学翻译学院　珠海　519070）

【原文】

Conflict Management

[1] Conflict is part of the human condition. A conflict arises whenever the interests and desires of one differ from the interests and desires of another in some social or business settings. Humans are social creatures—human has no meaning except in relation to other individuals or groups.

[2] At the same time, to be human is to be an individual with interests and desires that may be different from those of another. Managing conflict, balancing the interests and desires of individuals and groups is also part of the human condition.

[3] There are many methods for managing conflicts. When conflicts are not managed properly, there is a need to develop new methods to aid in conflict management and the resolution of disputes. In the United States, the general field is called Conflict Management.

[4] In short, conflict management is the process of limiting the negative aspects of conflict while increasing the positive aspects of conflict.

【译析】

本文摘自杰瑞·H. 本特利等人（Jerry H. Bentley, et al.）著的《管理学》（*Management*）。就题目“Conflict Management”而言，一般可译成“冲突管理”“冲突管控”等。

在［1］中，对于“the human condition”似有多种译法，如“人类条件”“人类生活”“人类状况”等；其实“condition”一词在不同语境中有多种涵义，如“He was concerned with the enhancement of the human condition”（他关心人类生存环境的改善）、“Her condition took a sharp turn for the worse”（她的病情突然急剧恶化）、“He was too out of condition to clamber over the top”（他体质太差，爬不到山顶）等，但此处根据上下文，可译成“人类社会”；而“Conflict is part of the human condition”，许多人译成“冲突是人类社会的一部分”“冲突是人类状况的部分内容”“冲突是人类社会的常态”“冲突乃人之常事”等，这些译法固然不错，但考虑到下面所讲内容，不妨将语气转换为“人类社会总免不了冲突”。对于“A conflict arises whenever the interests and desires of one differ from the interests and desires of another in some social or business settings”，有的译成“当一个人的利益和愿望与另一个人的利益和愿望不同时，便会产生冲突”，意思不错，但所加下划线部分有问题：“one”不宜译成“一个人”，而为“一方”（利益）；第二个“利益和愿望”属重复，可删去，该句可译为“在社交或商业场合，一方利益、愿望与另一方不同时，就会发生冲突”。而“Humans are social creatures—human has no meaning except in relation to other individuals or groups”，其中的前半部分容易译成“人类是群居动物”“人类是社交动物”“人是社交性的动物”等，但推敲起来并不太确切，如“群居”“动物”，在这里都是有所特指的，不宜照搬过来，故不妨变通为“人是‘社群动物’”。句式“has no meaning except...”可以正译为“只有……才有意义”，也可反译为“如果不这样……就没有意义”，如“Life has no meaning except in terms of responsibility”（不讲责任，人生便会失去意义）、“History has no meaning except what the winners give to it”（历史除了胜者赋予的意义外别无他意——历史永远是胜利者书写的）、

"Evaluation of product quality has no meaning except with reference to the customer's needs"（只有关照顾客需求，评判产品质量才有意义）等；就此处的后半句而言，较为典型的相关译文，如"只有与其他的个人或群体互相联系，人类才有其意义""个人如果没有和其他个体或群体来往，那么他就没有存在的意义""人类的意义就在于和其他个体或集体产生联系""只有在与他人或团体的关系中，才能体现出人的涵义"等，但是这些都不免太拘泥于原文的词面意思，不乏翻译腔；其实，该句的意思是人类的本性体现在与他人的关系之中。因而，此句不妨译为："人类社会总免不了冲突；在社交或商业场合，一方利益、愿望与另一方不同时，就会发生冲突。人是'社群动物'，而人类的本性就体现在与他人（个人或团体）的关系之中。"

在［2］中，"to be human is to be an individual with interests and desires that may be different from those of another"，有的译成"身为一个人，我们就要做好与众不同的准备。没有人的利益是完全一致的"，显然，在理解上有偏差；而"人是有利益和需求的个体，而每人的利益与需求各不相同"又有些啰唆，可简化。至于"is also part of..."，一般都译成了"一部分……"，固然不错，但也可变通，如"He says the emergence of new websites covering science is also part of the problem because they often fail to check the veracity of information they publish"（他认为新出现的各种报道科学的网站也很成问题，因为它们经常没有核实自己发布信息的准确性）、"The China trip is also part of his first to Asia as president"（此次中国之行也是他当选总统后的首次访问亚洲）等，但若译成"也是人类的天性"，则又偏颇了，即对"human condition"理解有误。综合而言，该句不妨译为"同时，人是有利益和需求的个体，而每个人的利益和需求各不相同，于是管控冲突、平衡个人和群体的利益与需求，也是人类社会所必需的"。

在［3］中，"When conflicts are not managed properly"译成"当我们无法恰当地处理好冲突时""当冲突没有得到妥善的处理""当冲突得不到合理解决时"等，都有道理；而"to develop new methods to aid in conflict management"，有的译成"开辟新途径去协助冲突管理""就有必要用一些新的方式解决冲突与争端"等，其实这里不妨把"to develop new methods"分开，译为"须研究新方法"，后面的另译。故整句为"管控冲突的方法多种多样。当管控不力时，就须研究新方法，协助管控、化解纠纷。在美国，这一领域称为'冲突管控'（Conflict Management）"。

在［4］中，"the negative aspects of""the positive aspects of"表面意思为"消极方面""积极方面"；前者不言而喻，后者体现在监督、制约等方面的作用，故可变通为"消极因素""积极因素"；句子"conflict management is the process of limiting the negative aspects of conflict while increasing the positive aspects of conflict"的宾语为"process"，但有的译文没有把握住，如"冲突管理是指采用一定手段以发挥冲突益处而抑制其害处""冲突管理的目的就是增加冲突的积极作用，并把其消极影响降到最低""冲突管理是在限制消极影响的同时产生积极的作用"等，虽然意思不错，但考虑到本句具有定义的性质，故应比较严谨地译为"简言之，'冲突管控'即是限制冲突的消极因素而增加其积极因素的过程"。

可见，翻译是个复杂的过程，有的需严谨，有的则需变通。

【参考译文】

冲突管控

［1］人类社会总免不了冲突；在社交或商业场合，一方利益、愿望与另一方不同时，就会发生冲突。人是"社群动物"，而人类的本性就体现在与他人（个人或团体）的关系之中。

［2］同时，人是有利益和需求的个体，而每人的利益与需求各不相同，于是管控冲突、平衡个人和群体的利益与需求，也是人类社会所必需的。

［3］管控冲突的方法多种多样。当管控不力时，就须研究新方法，协助管控，化解纠纷。在美国，这一领域称为"冲突管控"（Conflict Management）。

［4］简言之，"冲突管控"即是限制冲突的消极因素而增加其积极因素的过程。

项目策划：宋　颖
责任编辑：宋　颖
责任校对：周　洁
封面设计：李　敏
责任印制：王　炜

图书在版编目（CIP）数据

译苑新谭．第 12 辑 / 连真然，孔令翠主编．— 成都：四川大学出版社，2019.9
ISBN 978-7-5690-3069-3

Ⅰ．①译… Ⅱ．①连… ②孔… Ⅲ．①英语－翻译－文集 Ⅳ．①H315.9-53

中国版本图书馆 CIP 数据核字（2019）第 197181 号

书名　译苑新谭·第 12 辑
YIYUAN XINTAN · DI 12 JI

主　　编	连真然　孔令翠
出　　版	四川大学出版社
地　　址	成都市一环路南一段 24 号（610065）
发　　行	四川大学出版社
书　　号	ISBN 978-7-5690-3069-3
印前制作	四川胜翔数码印务设计有限公司
印　　刷	四川盛图彩色印刷有限公司
成品尺寸	210mm×285mm
插　　页	4
印　　张	9
字　　数	299 千字
版　　次	2019 年 9 月第 1 版
印　　次	2019 年 9 月第 1 次印刷
定　　价	38.00 元

◆ 读者邮购本书，请与本社发行科联系。
电话：(028)85408408/(028)85401670/(028)86408023　邮政编码：610065
◆ 本社图书如有印装质量问题，请寄回出版社调换。
◆ 网址：http://press.scu.edu.cn

四川大学出版社
微信公众号